KB110536

작업 인문학

아는 만큼 꼬신다   작업 인문학

김갑수 지음

살림

· # 다들 그럴 만해서 그런 것이다

편집자와 다투다 책을 내는데 내가 졌다, 끙.

사정인즉, 1, 2부 두 덩어리로 나뉘는데 무엇을 앞에 놓을지가 문제였다. 하나는 말이고 다른 하나는 글인 셈인데 결국 술술 읽힌다는 말이 앞에 놓이게 됐다. 1부는 강연 녹취록이고 2부는 공들여 쓴 잡지 연재물이다. 달리 말해 1부는 연애 시 써먹으라는 '구라'를 엮은 실전 편이고, 2부는 난마처럼 얽히고설킨 연애 심리, 특히 기혼자의 연애 심리에 대한 내 나름의 생각을 담았다. 어쨌든 편집의 균형 감각을 이유로 원하는 순서가 뒤바뀌기는 했지만 모기만 한 소리로 글머리에 적는다. 나름 좀 '변태스러운' 2부부터 읽어나가는 것도 나쁘지 않다고.

연애 잘하는 것에 비법 같은 것이 있을까. 돈 잘 버는 비결서, 인생을 잘 사는 자기계발서 따위는 전혀 신봉하지 않는 터라 연애 비법 따위도 우습기 짝이 없는 건데, 그래도 말이 되든 안 되든 책 한 권으로 엮을 만한 이야깃거리는 누구에게나 있으리라.

그거, 연애, 다들 알다시피 워낙 인생 중대사니까. 때로는 죽고 사는 문제니까. 하필이면 사람의 종자로 태어나 불가피하게 겪어나가야만 하는 삶의 고통과 슬픔, 희열과 쾌락의 최고도로 민감한 활성 단층이 연애 감정 아닌가. 그런데 대체로 잘 안 된다. 암사슴도 수사슴도 서로가 서로를 열망하는데 늘 빗겨나가고 어긋나고 어쩌다 얻은 기회마저 후회막급의 뒤끝만 남기기 일쑤이다. 그래서 이렇게 풀어봤다. 당신도 또 다른 당신도 아니, 어떤 누구라도 할 수 있는 연애 이야기 가운데 내 생각과 경험은 이런 것이라고. 어쩌면 뜻밖의 참고가 될 수도 있으리라고.

전통적인 결혼 관계가 예전에 붕괴되어 단지 파트너십으로 붙었다 떨어졌다 하는 서방권 남녀 관계에 우리나라도 얼추 근접해간다. 지금 20~30대 연애 커플들은 30년 전 관점으로 보자면 부부나 다름없다. 40대 이상, 특히 기혼자들은 비아그라 먹은 욕망을 주체하지 못해 혼외로 혼외로 담쟁이처럼 관계망을 뻗쳐나가는데 거기에는 두려움, 죄책감, 허무감 따위의 잎사귀들이 심란하게 넝쿨져 있다. 어쩌라구! 나는 이 '어쩌라구!'에 대해 팔만사천 번쯤 심사숙고하고 차마 말 못할 경험과 실수를 배회한 끝에 해답을 얻었다. 그 엄청나게 고매하고 사려 깊은(!) 해답은 다음과 같다.

"다들 그럴 만해서 그런 것이다!!"

이거 웃자고 하는 얘기 아니다.

출간 즈음에 목에 걸리는 뾰족한 가시들이 있다. 하나, 탄핵이며 시국이 이런데 뭔 연애…. 또 하나, 빈발하는 성추행 등등 SNS를 통해 고발되는 한국 남자들의 만행…. 전자에 대한 변명은 '그래도 사람은 살아간다'이다. 이건 쫌 자신 있다. 전쟁터에도 꽃은 피니까. 후자에 대한 변명은 그 고발들, 지당 마땅한 사연들이고 나 역시 폭로되지 않은 숱한 가해자 중 하나일 가능성도 있지만 그렇다고 해서 욕망 억압의 탈레반을 부르자는 취지는 아닐 거라고 믿고 출간의 용기를 낸다. 하긴, 뭐, 대단한 변태설화를 담은 것도 아니니까. 그저 더 많은 사랑, 더 익사이팅한 섹스가 세상을 좀 더 살 만한 곳으로 만들 것이라는 믿음에 기 댄다.

혹시 이 책을 읽어줄지 모를 까마득한 후배뻘에게 고한다. 연 애, 그거 순 구라빨이라구. 암, 암, 그렇지. 그렇구 말구.

차
례

2부 아는 만큼 한다 - 남자와 여자 이야기

1부

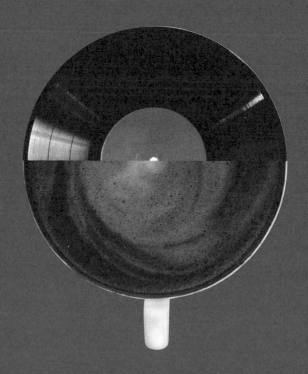

아는 만큼 꼬신다

커피와 음악 이야기

예전에 딴지일보 긴어준 총수가 진행하는 「색다른 상담소(색담)」라는 라디오 프로그램 특집에 나간 적이 있다. '아는 척 매뉴얼'이라는 코너였는데 데이트할 때 이러이러한 식으로 아는 척하면 한 자락 먹고 들어간다는 취지였다. 나는 커피에 대해 아는 척할 말들을 준비했다. 내 커피 로스팅 경력도 이러구러 20년을 넘어 상대방 홀리는 데 쓸 만한 '전문용어'는 차고 넘친다. 지금도 인터넷상에 상당한 조회 수를 기록한 그 웃기는 폼생폼사 커피 아는 척이 떠 있다. 스스로 생각해도 실실 웃음이 나온다. 오로지 이성을 꼬시기 위한 '지식'이라니. 그런데 그게 말이 된다.

연애, 그것은 대화하는 일이다. 아무리 신체 활동이 최종 목적지처럼 보여도 실은 말, 말, 말을 하는 게 연애란 말이다. 연애할 때 써먹기 좋은 말을 풀어보고자 한다. 아울러 그 말을 '막' 하고자 한다. 정교하게 다듬고 정리한 내용이 아니라, 데이트 현장에서 두서없이 지껄일 수 있는 말의 기록 말이다.

O

; 당신의 교양적 욕망을 위하여

자기 내면에 무언가 자꾸 꿈틀거리고, 자아의 고유한 영토가 확보되어
나가는 조짐이 보이면 확실히 그 점이 상대에게 영향을 미친다.

먼저, 이 글을 읽을 필요가 없는 사람들이 있다. 남달리 인물 훤
하고 스펙 출중한데 돈까지 많은 사람이라면 이따위 책일랑 획
던져버리시라. 구차하게 '썰'로 어떻게 해보려고 애쓸 필요 없다.
아무래도 썰이란 덜 가진 사람의 최종 무기다. 한데 그 썰이 때로
는 외모와 스펙을 압도해버리기도 한다.

　조금은 바보 같은 자랑 하나.

　'뇌섹남'이라는 말이 한동안 떠돌았다. '뇌가 섹시한 남자'를
줄인 말이니 식스팩은커녕 비실비실한 체구에 가진 것도 별로
없는데 괜찮은 여성들에게 꽤 먹히는 종류의 사내를 뜻한다. 포
털 매거진 기사를 검색하면 유희열, 성시경, 허지웅, 장기하 등에
이어 원조 뇌섹남으로 김갑수가 나온다.

푸하하. 생긴 것 가지고는 도저히 방법이 없지만 구라빨, 즉 말로는 어떻게 해볼 능력이 된다는 말이다. 뇌가 섹시하다는 건 멋진 몸매, 매혹적인 옷차림 대신 지성과 감성을 갖췄다는 의미다. 아마도 화장이며 염색에 문신까지 마다하지 않는 요즘 남자들의 외형 집착에 대한 반사작용으로 지적인 매력을 추구하는 것이리라.

사실, 이게 내력이 있다. 20세기가 끝나갈 무렵 세계적으로 탈근대 즉 포스트모던이 크게 유행했다. 포스트모던은 인간의 이성보다 신체의 욕망에 훨씬 큰 가중치를 두고 욕망의 최종 구현체를 몸이라고 보았다. 지금 우리가 경험하는 인간학은 모두 여기서 출발했다. 공동체의 유대를 벗어나 오직 '나'로서만 존재하는 사람들. 나의 소유, 나의 기쁨과 슬픔, 나의 행복과 불행.

그럼 과거에는 '나'가 중요하지 않았다는 말인가? 대단히 이상하게 들리겠지만 실제로 그랬다. 나의 욕망은 고통스럽게 억제해야 하는 대상이었다. 사실 내 욕망에 떳떳해지고 내 몸에 노력과 정성을 기울이게 된 것은 따지고 보면 일종의 인간 해방이다. 다만 너무 많이 해방되었는지 20세기 사람들에 비해 21세기 사람들이 상당히 부박해진 것은 사실이다. 생긴 것, 가진 것으로 인간의 우열을 매기다 보니 일군의 여성들이 그에 반발해 남성의 머릿속 생각을 더 중시하면서 '뇌가 섹시한 남자'를 예찬하게 된 것이다.

어떤 뇌가 섹시하고 매력적일까? 작은 뇌? 주름 하나 없이 해맑은 뇌? 여러 해석이 있겠지만 기성 가치에 함몰되지 않는 자기 발상, 새로운 생각을 할 수 있는 뇌이리라. 약간 정치 이념화해서 말하면 소위 말하는 '진보적 가치'를 생각한다든지, 진보적 가치 가운데 자기 개인의 내면세계가 독자적으로 존재하도록 애쓴다든지, 또 연대(連帶), 나랑 전혀 상관없는 사람들의 삶이 나에게도 의미가 있거나 책무가 있다고 느낀다든지 등등 그런 것이 아닐까.

이른바 작업 인문학은 '교양적 욕망'이다. 이건 내가 임의로 붙인 말이다. 자기 안에 무언가 갖고 있어야 이야기가 되는데 그것을 갖는 게 쉽지 않다.

교양적 욕망이란 무엇일까? 사람은 아주 천박한 것 같고, 막 사는 것 같아도 가슴 어딘가에는 진지한 것, 본질적인 것, 영원한 것에 대한 욕망이 숨어 있게 마련이다. 그러니까 사람이다. 우리가 굉장히 조롱하고 우습게 보는 사람에게도 교양적 욕망은 숨 쉬고 있다. 표현하기 힘들고 찾아내기 힘들다 뿐이지.

사람에게 근원적인 무언가가 있다는 것이 왜 중요하냐면 그 사람이 심오하다든지, 있어 보인다든지, 아는 게 많아서 남다르게 보인다든지 하는 것과는 차원이 다른 맥락이 있기 때문이다.

예컨대 도스토옙스키 저작물 중 상당량을 읽었다든지, 그래서 『죄와 벌』의 주인공 라스콜니코프가 고민하는 내용을 자기도 공감해봤다든지 하는 것들이 사람을 근사하게 만든다. 베토벤이나 말러 음악에 대해 한마디 할 줄 아는 사람도 근사해 보인다. 그건 그저 폼만이 아닌 다른 측면, 교양적 욕망의 발로라는 얘기다. 인간은 살기 위해서 사는 것이 아니라 멋있기 위해서 사는 것이다.

멋있음 또는 근사함이란 인류가 도달한 저 높은 어떤 곳을 이야기하는 것이다. 인류가 도달한 저 높은 곳이 뭘까? 쉽게 생각해보자. 대학에 가면 경제학이든 섬유공학이든 농생물학이든 특정 분야를 전공하게 된다. 그 전공에서 쓰는 전공 서적을 떠올려보라. 전공 바깥의 사람들은 전혀 이해할 수 없는, 이루 말할 수 없는 깊이의 세계가 있다. 그런 세계가 있다는 것 정도를 아는 것만으로도 등록금은 나온다. 그중 인문적 가치를 다루는 분야인 문학, 철학, 예술은 인간 영혼의 몫을 담당한다. 이런 깊은 것들을 알면 무엇을 할 수 있을까? 한마디로 말할 수 있다. 연애를 잘할 수 있게 된다.

남녀 관계에 대한 통념에 재고(再考)가 필요하다는 생각을 많이 한다. 예능 프로그램에 출연해보면 가장 세속적인 담론의 지배를 받게 된다. 이를테면 이런 것이다. 모든 남자는 여자의 외모를 본다, 몸매를 따진다, 나이를 따진다. 모든 여자는 남자의 직업을 본다, 부모의 재산을 본다, 학력을 본다. 이렇게 조건 따지는 걸 당연하게 생각하고 모든 남녀 관계의 전제로 간주한다. 이익과 교환가치를 기준으로 사람을 가늠해서 능력 있으면 좋고, 매력은 있지만 능력이 없으면 아웃이라는 분위기 속에서 예능의 시간은 흘러간다.

그렇다면 실제 세상에서도 학벌 순으로, 집안 순으로, 외모 순으로 연애하고 결혼할까? 오직 그런 식으로만 남녀가 사귈까? 실제로 그런 경우도 많겠지만 모든 남녀 관계가 그러하다면 이런 개뿔따구 같은 세상이 어디 있나. 잘난 놈은 잘난 년 만나고 못난 년은 못난 놈 만난다면 말이다. 이건 아니다. 세속적 이해득실을 초월해서, 아니 초월하기 때문에 애정도 있고 감정도 있는 거 아닌가.

나는 고3 때 집을 나와 친구 집에 얹혀산 이래 대부분 혼자 살았다. 차비가 없어 밖에 못 나가는 지경이 많았다. 몸이 아파서 하는 수 없이 병원에 갔는데 대학병원의 레지던트가 결사적으로 구애해서 할 수 없이 장가를 갔다. 하도 막 살아서 몸무게가 48킬로그램까지 빠졌던 무렵이다. 가진 게 하나도 없었다. 결혼할 즈음 400만 원짜리 반지하에 월세로 살았는데 스피커 값을 갚고 나니 딱 50만 원이 남았다. 어머니에게 전화를 했다. "나 이번에 결혼하게 됐는데 100만 원만 주시오." "100만 원이 어디 있나? 이놈아!" 정말 달랑 50만 원 들고 장가갔다. 하나도 숨김 없는 진실이다.

내 스펙을 보자. 키 작고 학벌은 성균관대 국문과에, 집안은

이북에서 내려온 삼팔따라지다. 사돈의 팔촌을 뒤져봐도 아무것도 없나. 오로지 매력 하나뿐. 내 매력이 얼마나 대단했으면 아내가 나랑 결혼했을까. 내 아내, 정말 예쁘다. 원래 조막만 한 여자를 좋아하는데 아내가 그렇다. 전문의 최종 시험을 볼 때 호텔에서 합숙을 하는데 내가 거기 가서 보았다. 전국에서 연차가 같은 레지던트들이 다 모여 있는데 그중 내 여자가 가장 예뻤다. 주책바가지라고? 하여튼 그랬다는 말이다.

내가 하고 싶은 말의 요지는 인문적 가치와 교양적 욕망 속에서 사람이 깊어지고 그런 가치와 욕망을 교류하는 관계에서는 이익을 주고받는 세속적 교환가치가 통하지 않는다는 것이다. 남녀 관계뿐 아니라 친구, 선후배 관계도 마찬가지다. 그리고 이런 관계에서 한 치만 벗어나도 정말 더러운 세상이고 나도 그렇다. 더러운 세상에, 더러운 나에게 그래도 더럽지 않은 뭔가가 꿈틀대는 영토가 요만큼이라도 있어야 숨 쉬고 살만 하지 않겠는가. 남녀 관계에서조차 상대방으로 인해 생길 이득의 주판알을 튀기며 만난다면 너무 슬프지 않은가 말이다. 내가 이와 같은 마음을 갖고 있어도 상대가 알아주지 않으면 그만이라 계산된 인간관계 속에서 살 수밖에 없더라도 일생에 단 한 번이라도 있으면 좋지 않은가.

대학 시절 내내 야학 교사를 했다. 일주일에 한두 번 가는 게 아니라 거의 날마다 가는 곳이었다. 교사는 나 같은 대학생들이고 학생들은 초등학교를 2~3년 다니다 중퇴하고 일찍이 공장에 취직한 노동자들이었다. 한국 같은 학벌 사회에서 학생과 교사의 결혼은 쉽지 않다. 우리 야학에서 일곱 쌍이 나왔다. 남자는 대학을 나오고 여자는 초등학교를 다니다 만 노동자인데 반대 케이스도 한 쌍 있다.

세속적 조건을 뛰어넘어 가치에 눈뜨게 해주는 세계가 독일어로 빌둥(Bildung), 교양이라는 깊이의 세계다. 세계문학전집을 열심히 읽는다고 학벌이 좋아지는 것은 아니다. 그러나 인간의 근원적이고 존재론적 고민들을 하는 가운데 사람이 넓어지고 깊어지고 자기만의 관점도 생긴다. 그래서 때로는 사랑도 할 수 있다.

사랑이 무엇인지는 정의하기 나름인데, 가까이 지내서 특별한 감정을 느끼고 섹스도 하는 것을 사랑이라고 간주할 수도 있다. 그런데 필생의 사랑이라는 무지막지한 별세계가 있다. 의외로 그거 한 번도 못 해본 사람을 많이 봐왔다. 죽을 때까지 한 번도 사랑해보지 못하는 사람도 있다. 필생의 사랑이란 어떤 사랑일까? 많이 생각해봤는데 어렵게 정의할 것 없다. 나보다 상대가 훨씬 중요해지면 그게 필생의 사랑이다. 나 그런 거 해봤다. 잘되지 않았다. 십몇 년을 끌었는데 결국 잘 안 됐다. 그 사랑 때문이리라. 결혼식하는데 오랜 징역살이 끝에 출소해서 인생 새출발하는 기분이었다.

몸에 상처가 심하게 나면 아물어도 흉터가 남는다. 그다음부터는 흉터가 있는 사람으로 살아간다. 흉터는 아물지 않는다. 사랑의 상처도 사람을 격심하게 이지러뜨린다. 다시 일어서서 살아가지만 그 이지러진 부위는 절대로 낫거나 완화되지 않는다.

세상에는 사랑의 상처도, 훼손도 없이 말끔하게 살아가는 사람도 많다. 그러나 필생에 한 번, 행운이 따른다면 두 번 정도 아무 색도 칠하지 않은 인생이라는 하얀 도화지에 어떤 사람으로 인한 강렬한 채색을 경험하는 것도 괜찮지 않을까? 어떻게 그런 사랑에 도달할 수 있을까. 일단 자기 탐색 과정이 필요하다.

자기 내면에 무언가 자꾸 꿈틀거리고, 자아의 고유한 영토가 확보되어 나가는 조짐이 보이면 확실히 그 점이 상대에게 영향을 미친다. 나는 남녀 관계에서 흔히 말하는 "세상은 원래 그래" 하는 경우를 한 번도 겪어보지 않았다. 여자 쪽이 내게 어떤 이득을 바라거나, 좋아하고 말고가 교환가치로 좌우되는 경험을 한 번도 하지 못했다. 이걸 어떻게 설명해야 하나? 훌륭한 여성을 선발하는 재주가 내게 있는 걸까? 흔히 말하는 조건에 좌우되는 남녀 관계에 관한 이야기, 기가 막힌 일들을 많이 들어보기는 했는데 사적으로 아는 관계에서는 한 번도 본 적이 없다. 흔히 나이 많은 사람들 연애 이야기를 듣게 되는데, 여자가 정기적으로 생활비나 용돈을 달라는 이야기도 있다. 너무 이상하지 않은가? 무슨 매춘도 아니고. 이런 일이 마구 벌어지는 세상이다. 그런데 소문은 듣는데 직접 경험해보지 못한 이유는, 만나면 브람스, 밥 딜 런, 마일스 데이비스… 이런 이야기만 늘어놓으니 상대방이 엄 두를 못 내는 게 아닐까.

TV 프로그램에 나와 함께 출연하는 연예인들이 내게 참 없 어 보인다고, 청담동 가서 피부 관리 받아보라고도 한다. 나 스스 로는 멀쩡한데 없어 보인다니…. 그런데 없어 보이는 것이 뭐가 나쁜가. 없어 보여서 여자들이 안 따를 거라고? 천만의 말씀. 애 인을 360명쯤 거느릴 셈인가? 아무 소용없는 짓이다. 두루두루 인기 많은 것은 다 꽝이다. 애인은 한 사람이면 된다. 한 사람이 부족하면 세 사람, 세 사람도 적다 싶으면 한 다섯 명 정도 애인 을 둘 정도면 되지, 거리에 나가면 누구나 쳐다보는 장동건 같은 외모를 갖추려고 노력할 필요가 뭐 있는가. 아무 의미 없다. 단 한 사람에게 특별한 존재이면 되는 것이다.

동명의 영화로도 유명한, 에릭 시걸의 『러브스토리』는 나오 자마자 큰 인기를 모았다. 내가 중학교 때였는데 몇 천만 권이 팔린 대중 소설이다. 그 소설에 두 가지 유명한 말이 있다. "사랑 은 미안하다고 말할 필요가 없는 거예요(Love means never having to say you are sorry)." "미안해"라고 말할 필요가 없는 게 사랑이 라는 거다. 사랑하는 관계에서는 희생과 헌신이 당연하다는 거 다. 또 하나는 "그는 뭔가 특별하고, 뭔가 달라요(He is something special, He is something different)"이다. 내가 그 사람을 왜 좋아하게 되었느냐 하면 뭔가 달라 보이기 때문이라는 거, 다른 사람에게는 그 사람이 아무것도 아닌데 말이다. 좋아하게 되면 상대방이 달라 보이는 거다.

누군가 달라 보이는 감정을 촉발하는 요인에는 여러 가지가 있을 텐데 그중 교양적 욕망으로 출발하는 세계가 있다. 그걸 탐색해보자.

; 아는 척, 괜찮은 이성을 잡는 방법

'아주 잘 아는 사람'이란 여러 가지를 아는 게 아니라 한 가지를 정말 깊이 있게 아는 사람이다.

남녀가 사귀는 데 속물적 세태가 많이 작용한다고들 한다. 흔히 요즘은 '돈만 안다' '스펙 본다' '집안, 부모, 할아버지가 뭐 하는 사람인지, 얼마나 재산이 있는지 본다' 하는 소리를 많이 한다. 옛날에는 그런 소리를 안 했을까? 사실은 했다. 오늘날과 크게 다르지 않았다. 요즘에는 표현을 노골적으로 할 뿐이다. 러브스토리도 세태 따라 달라지고 많이 변한 것 같은데 그래도 근본적으로 동일한 것이 있다. 그게 뭘까?

예전에는 남녀가 만나는 게 중대사였다. 가볍게 만나서는 안 되고 가볍게 헤어져서도 안 된다는 생각이 꽤 지배했다. 그에 비하면 지금은 훨씬 더 개방적이다. 좀 더 많은 사람을 만날 기회가 생기고, 맞지 않으면 기분 좋게 헤어지기도 한다. 내 아들을 봐도 알 수 있다. 대학 들어가서 지금까지 아들이 사귀었다고 자랑한 여자들을 열 손가락으로 셀 수가 없다. 지금 십 대, 이십 대들은 만난 지 100일이 되면 무슨 이벤트를 한다고 들었다. 근데 우리 세대 기준으로 보면 100일 정도는 만남이 시작된 것도 아니다. 내가 보기에 지금 같은 만남이 정상이다. 동성 친구 만나듯이 만났다, 마음이 맞지 않으면 헤어지는 것이 정상이다.

만남과 헤어짐이 좀 더 자유롭고 빈번한, 요즘의 'easy-come, easy-go(쉽게 얻는 것은 쉽게 잃는다)' 세대의 만남에는 크게 두 가지 조건이 있을 것 같다. 하나는 원료, 또 하나는 자산. 원료는 타고나는 것으로 생김새, 키 등을 말한다. 아무래도 잘생겨 보이고 예뻐 보이는 사람들이 유리한 게 사실이다. 그런데 요새는 원료가 별 의미가 없다. 저마다 자기 개성대로 잘 꾸며서 안 예쁜 사람이 거의 없는 것 같다. 내 눈에 나보다 연하인 여성은 다 예뻐 보인다. 자산은 쉽고 가벼운 만남에서 금방 드러난다. 돈을 쓸 줄 안다든지, 좀 비싼 걸 걸칠 줄 안다든지, 집안이 어떻다든지, 학교를 어디 다녔다든지 등이 자산인데 그것이 만남에서 성공을 좌우하는 게 사실인 것 같다. 인지상정이다. 사람을 만나면 나에게 얼마나 이로운가를 생각하는 게 본능이기도 하니까 탓할 순 없다.

이제부터 이야기하려는 것은 필생의, 치명적인 만남의 배경이다. 내 경험을 바탕으로 괜찮은 남자, 괜찮은 여자를 잡는 비결을 말해보겠다. 아주 간단하다. 사람이 근사해 보이면 된다. 근사해 보이면 그게 매력이 된다.

문제는 근사함이 무엇이냐 하는 거다. 남자든 여자든 속이 꽉 찬 사람들이 실제로 있다. 소위 정신적 귀족들이다. 근사해 보이게 하는 것에는 크게 두 가지가 있을 것 같다.

한 가지는, 말하면 '에이~' 하며 실망할 수도 있는 것이다. 시답잖은 소리 한다고. 그래도 한 번쯤은 귀담아들으시라. '책을 얼마나 읽었는가'이다. 고등학교의 고루한 국어 선생처럼 얘기한다고? 그런데 그렇지 않다. 나는 누구 못지않게 다채로운 경험을 한 편이다. 활동을 별로 안 하고 구석에서 조용한 삶을 살아오고 어디에 소속되지도 않았지만, 극단적으로 생활이 어려운 사람부터 재벌 그룹 회장까지 다양한 사람을 봐왔다. 그중에 소위 수준을 갖춘 사람들은 책을 보고, 책에서 즐거움을 얻는 능력을 갖추고 있었다. 그들은 책 읽는 행위를 통해 삶이 즐겁고, 시간을 즐겁게 보내고, 그 경험을 활용해 질적으로 도약하는 체험을 거의 대부분 했다고 본다. 물론 책 한 줄 안 읽고도 인생의 예지가 뛰어나서 대화가 통하는 사람도 보긴 했다. 그러나 대부분은 뭔가를 읽는다.

'뭘 읽어야 하죠?'라는 질문은 바보 같은 소리다. 뭔가를 읽으면 그다음에 무엇을 읽어야 하는지 쭉 연결이 되기 때문이다. 나는 책과 관련한 일을 오래 했고, 예전에는 직함이 출판평론가였다. 방송에서도 책 관련 프로그램을 여러 번 진행했다.

무슨 책을 읽을지에 대한 답을 간단히 정리하면 이렇다. '자기 진지를 만들어라.' 세상에는 책이 많고 책에서 다루는 분야가 한도 끝도 없다. 그걸 다 어떻게 읽겠는가. 도서 목록처럼 웃긴 건 정말 없다고 생각한다. 오랫동안 간행물윤리위원을 해서 의뢰를 받고 유명한 도서 목록 작성에 참여하기는 했지만 별 의미가 없다. 도서 목록은 분야별로 좋다고 판단하는 책을 죽 모아 놓은 것일 뿐, 자기가 읽고 싶은 책을 읽으면 된다. 더 좋은 목록이란 없다.

재미 삼아 즐겁게 아무거나 읽는 남독(濫讀)은 독서의 기본이다. 최근 나온 책 중에, 또는 책방이나 인터넷 서점을 둘러보다가 '어? 이거 재미있겠다' 하는 생각이 들면 읽는 것이다. 남독이 하나 있고. 내가 말하고 싶은 진짜 독서는 소위 진지 구축하기, 내가 깊숙이 알아야 할 한 분야를 파고드는 독서다. 스포츠 서적이든 뭐든 다 좋다. 다만 재테크 안내서는 좀 아닌 것 같다. 그건 독서라고 하기 좀 그렇다. 하여간 자기가 다른 것보다 좀 더 중요하게 생각하는 분야, 또는 관심 있는 분야, 예컨대 우주, 여행, 유럽, 중세, 조선조 등등 분야는 정말 많다.

나는 한 분야를 깊숙이 들어가는 게 독서 과정이라고 주장한다. 그동안 내가 무수히 본 사례가 그렇다. 다채롭고 수많은 책을 섭렵해 다양한 분야에서 박학다식한 것은 그 사람의 격조가 되지 않는다. 식견을 갖췄다 함은 한 분야를 깊숙이 들어가는 것이다. 그리하여 그 분야를 내 것으로 만들면, 가령 내가 미술사에 관한 식견이 굉장히 높아서 그 분야의 기본 상식을 많이 알고 고유의 의견도 있다면 다른 분야에 대한 무지는 용서가 된다. 또 하나, 한 분야를 깊이 파고들면 비교적 쉽게 다른 분야에 대한 연역이 가능하다.

이 세상에는 두 개의 문이 있다고 했다. 첫 번째 문은 상식의 문으로, 세상에 태어났으면 누구에게나 있고 누구나 공유하는 것이다. 두 번째 문은 실존의 문으로, 굉장히 안 열리고 그 너머는 컴컴하다. 두 번째 문을 여는 한 가지 열쇠가 바로 전문 분야를 갖는 것이다. '아주 잘 아는 사람'이란 여러 가지를 아는 게 아니라 한 가지를 정말 깊이 있게 아는 사람이다.

아주 잘 아는 방법에는 두 가지가 있다. 하나는 전문 서적을 읽는 것이다. 어떤 분야나 그에 해당하는 전문서가 있는데, 가장 최근에 나온 책부터 읽는다. 업데이트한 것부터 역순으로 읽어 나가는 것이다. 50여 년 전에 나온 가장 위대한 전문서보다 최근에 국내 학자가 쓴 책이 더 낫다. 과거를 정리하면서 현재에 도달하기 때문에 역순으로 읽는 것이다.

또 하나는 저널 리뷰다. 저널 리뷰는 유식한 척하려고 멋있게 하는 말이고, 쉽게 말해 잡지를 보는 것이다. 어느 분야에나 저널이 있다. 지식인의 기준에 '7종 이상의 저널을 읽는 사람'이 포함

되어 있다. 요즘에는 잡지가 정말 많이 죽어버렸다. 저널을 읽는 이유는 일단 토막토막 많은 정보를 얻을 수 있고, 업데이트 진행 과정을 알 수 있기 때문이다. 어떤 분야의 지식이든 오랫동안 축적된, 박제된 지식보다 현재 돌고 있는, 현재 어떤 사람이 그 분야에서 날고뛰는지, 어느 나라 어느 지역에서 유행하는지 등등 업데이트된 내용, 현재 돌아가는 상황을 내 것으로 만드는 게 중요하다. 이게 왜 중요하나면 내가 밥 먹고 친구, 가족, 애인을 만나고 하면서 사니까 그것이 내 생활, 내 삶의 전부인 줄 아는데, 그 삶은 필수적으로 영위하는 것이고, 가슴의 다른 반쪽에서는 현실에서 보이지 않는 것이 돌아가기 때문이다. 가령 나처럼 음반을 평생 수집하는 사람들은 지금 이베이에서 수집 가치가 있는 최고 아이템이 뭔지 열심히 찾는데, 이것은 눈에 안 보인다. 음반 시장이 어떻게 돌아가는지 알려고 늘 같이 따라가는 거다. 말하자면 저널 읽기란 자신의 관심 분야가 돌아가는 사정, 최신 소식과 상황을 함께하면서 자신도 그 일원이 되는 것이다. 또 영화 잡지를 즐겨 보면 영화에 대한 상식이 풍부해지고 영화를 선택할 때 도움이 되기도 한다. 하지만 무엇보다 현재 세계 영화의 지형도를 자신이 알고 함께한다는 데 의미가 있다. 영화인이 아닌데도 말이다. 그게 전문 분야를 이해할 때의 장점이다.

자기 분야를 갖는 것은 대단히 중요하다. 물론 처음에는 헤맬 수밖에 없다. 어렵게 생각하지 말고 자기가 좋아하는 것을 자기 분야로 삼으면 된다. 그것이 1년, 2년, 한 10년쯤 쌓이면 그 사람 일생의 과업처럼 된다. 그 분야에서 구체적으로 활동하는 게 아니어도 상관없다.

책 읽기에서 자기 진지를 구축하는 게 참 중요하고, 그것을 위해 전문서와 저널 읽기 두 가지를 병행할 것을 거듭 강조하고 싶다.

전문서와 저널 읽기를 병행한 진지 구축. 그리고 또 하나가 있다. 문학 서적이다. 또 역시 고리타분한 소리처럼 들릴지는 모르겠지만. 책방이나 도서관에 가면 '세계문학'에 꽂힌 책들이 있다. 그 책들을 평생 몇 권 읽는지를 생의 과제로 삼아야 할 것 같다. 이 위대한 정신의 소산을 시간이 없어서 못 읽는다고 한다. 스마트폰 만지다가 하루가 가고, 좀 읽는다는 게 전자책이다. 세계문학은 설사 6개월에 한 권을 겨우 뗀다고 하더라도 '현재 내가 무엇을 읽고 있다' 하는 상태가 중요하다.

예를 들어 제인 오스틴의 『오만과 편견』은 고등학교 때 읽었으면 딱 좋을 책이다. 굉장히 재미있다. 로맨틱 코미디의 원조다. 영화로도 나왔는데 영화에서는 이야기를 생략하거나 영화적 편의에 의해 재구성해버린다. 활자로 직접 읽어야 그 무지막지한 재미를 알 수 있다.

'세계 명작' 또는 '고전'이라 부르는 소설을 늘 읽고 있는 상태로 만들어야 한다. 그런 책은 웬만하면 빌리지 말고 돈 주고 사서 보자. 그래야 돈값이 아까워서라도 보게 된다. '세계 명작이 중요합니다'라는 식의 얘기는 초등학교, 중학교 때 아주 멀미 나게 들었을 것이다. 아무리 강조해도 지나치지 않는데, 사람의 상상 세계의 지평을 결국 문학 서적이 규정하기 때문이다. 몇 단계 거치면 그런 책을 읽는 게 굉장히 즐겁다는 데에 도달한다. 책을 많이 읽는 사람들을 보면 '쟤는 언제 시간이 있어서 저렇게 읽나' 하는 생각을 할 수 있는데, 그 사람들이 이를 악물고 손톱을 깨물어가면서 읽는 게 아니다. 정말 재미있기 때문에 읽는 것이다. 고전 문학이란 중요해서 살아남은 게 아니라 재미있기 때문에 살아남은 책이다. 학자들이 '이 책은 위대합니다' 해서 살아남을 수 없다. 대중이 계속 찾는 책이 교과서에도 실리고 연구도 되고 하는 것이다. 처음에는 재미있는 책이었고 100년, 200년쯤 지나 간극이 커지면서 어렵다고 느껴질 뿐이다. 원래는 재미있었던 책이 고전문학이다.

무언가 읽을 수 있는 상태를 유지하고 가방이든 주머니든 책을 넣어 다니자. 늘 뭔가 읽고 있는 상태로 있자. 그게 쌓여서 10년 정도 지나면 상당히 많이 읽게 된다.

우리가 부러워하는 서방세계의 통로가 있다. 대화 도중에, 책에 나온 문구를 출처 밝히지 않고 인용하면 상대방이 그 내용을 받아 주거니 받거니 한다. 이때 제대로 받지 못하면 아예 대접을 못 받는다고 한다. 그런 일이 흔해서 책을 안 읽으면 사람 취급을 못 받는다고 한다. 그러니 필수적 교양을 갖추기 위해 당연하게 독서를 한다. 우리 경우 책 읽은 티를 내면 옆 친구가 "너 지적인 척하지 마"라고 기를 죽인다. 잘난 체하는 것으로 본다는 말이다. 다 같이 수준이 낮아야 인간적이라고 생각하고 그걸 편하다고 여긴다.

우리나라 고등학교 졸업생 80퍼센트 가까이가 대학에 가는 세상이다. 그런데 대학 나왔다고 다 지식인이고 교양인인가. 천만의 말씀이다. 교양적 인간형은 한 사회에서 여러 요인에 의해 걸러진 소수의 사람들인데 그들은 깊이 있고 열정적인 독서를 한다. 그들을 마주칠 기회가 상대적으로 적거나 그들이 눈에 잘 안 뜨일 뿐이다. 새삼 강조하는 것은 인류사에서 봤을 때 교양인은 교양을 흡수하는 원천으로 책을 도외시한 경우가 전혀 없다는 사실이다. 다른 방식으로 습득할 수 없는 것이 책에 있기 때문이다. 책을 읽을 때 뇌의 작용이 가장 활발해진다는 실험 결과도 있다.

분명한 사실은 근사한 이성을 만나거나 만날 만한 사람으로 보이는 데에는 그 사람만의 폼과 멋, 그 사람이 내적으로 가진 것이 결정적으로 작용한다는 것이다. 뭔가 있어 보이는 사람의 토대는 책일 수밖에 없고, 그 책은 자신의 전문 분야와 관련된 책과 문학작품이다. 소위 말하는 고급한 문학작품을 섭렵해서 일상의 대화에 녹아 나오게 하는 것이다.

　근사한 사람으로 보이게 하는 또 한 가지는 일상에 존재하는 깊이의 세계다. 나는 20여 년째 커피 로스팅을 하고 있다. 커피를 볶는다는 얘기다. 그거 좀 번잡하다. 도구도 많이 필요한데 100년 정도 된 것을 구해서 하고 있다. 일종의 취미 활동이다. 이 취미를 하루 이틀도 아니고 오래 하니까 대학에서 강의를 해 달라고 한다. 참 세상 오래 살고 볼 일이다. 무엇을 오래 하고 있다 보니 먼저 원고 청탁이 들어온다. 단지 좋아서 한 것인데.

　마라톤도 좋고 등산도 좋고 피겨(figure) 수집도 좋고 뭐라도 좋다. 어떤 분야에나 깊이의 세계가 존재한다. 취미, 취향의 세계를 갖는 것이 소위 말해 삶의 문화화다. 사람이 뭔가 있어 보여서 한 이성의 마음에 들고, 이해관계나 삶의 유불리를 따지는 것을 뛰어넘어 전 인생을 걸 만한 대상이 되는 자질로서는, 앞서 말한 꾸준한 독서를 통한 내적 축적이 있고 또 한 축으로 삶의 문화화가 있다.

　그런데 한국적 지형도를 생각하지 않을 수 없다. 우리가 문화적 교양 내지 식견이라고 보는 것의 대부분이 외래 수입종이어서 그것에 대한 거부감을 가진 사람이 꽤 있다. 무식하게 구는 게 인간적으로 더 근사해 보일 때가 많다. 그러나 조금만 더 생각하면 인류가 공통으로 '문화적 자산'이라고 여기는 것들은 공연히 이루어진 게 아니고 우스운 것도 아니다. 문화를 동양과 서양으로 나누는 것은 바보 같은 짓이다. 그건 제국주의 시절 이야기다. 이른바 오리엔탈리즘 내지 옥시덴탈리즘 같은 것이다. 전통 사회 것이냐 현대 사회 것이냐 하는 구분이 대중사회가 본격화된 100여 년 전부터 동서 구분은 무의미한 것에 가까워졌다. 이를테면 스코틀랜드가 원산인 재킷 디자인을 일본의 재단사가 디자인해서 변형시키고, 중국에서 만들고 우리가 또 재구성하는 식이다. 현대인의 것이지, 서양의 것이 아니라는 말이다.

마찬가지로 우리가 문화적 취향이나 식견으로 여기는 대상들도 서양 것이 아니다. 가령 '전통은 좋은 것이여' 해서 녹차 마시고 숭늉 마신다고 더 한국적인 것은 아니란 말이다. 사실 우리가 다도로 여기는 법도의 상당 부분은 일본에서 기원한다. 아주 소수가 절에서도 다도를 행했는데, 그 절조차도 일본 영향을 받아서 변형되었다. 그러니 동서양이나 국적 따지지 말고 현재 삶에서 자신에게 가능한 취미를 가지면 된다.

; 근사한 커피를 마시는 몇 가지 조선

커피를 제대로 마시고 싶은 사람들을 위해 차근차근 설명하겠다. 구체적으로 비용이 얼마나 드는지도.

내가 이해하고 경험한 커피 이야기를 정리해보련다. 일단 커피는 전 세계적으로 석유 소비와 비슷하다. 물동량 규모가 그렇다. 그러니까 전 세계 모든 곳에서 하루 종일 커피를 마신다고 보면 된다.

우리나라에서 블루스(Blues) 하면 두 종류가 있다. 미국 남부에서 발생한 노동요 블루스와 한국의 카바레에서 남녀가 부둥켜 안고 더듬으면서 느린 곡조에 맞춰 추는 춤 부르스.

마찬가지로 커피도 오리지널 커피가 있고 한국 발명 커피가 있다. 인스턴트커피에 '프림'이라고 부르는 분말 크림과 설탕을 듬뿍 넣어 꿀물처럼 만드는 것이 한국 발명 커피다. 어디 가도 볼 수 없는 우리 민족 고유의 자랑스러운(?) 커피다. 인스턴트커피는 군용 커피인데 희한하게 일본인이 개발했다. 일본 사람이라기보다 일본계 미국인이다. 전시에 바로 먹을 수 있게 만든 커피가 인스턴트커피다.

커피는 인스턴트커피와 원두커피 두 종류로 나뉜다. 원두커피는 보통 레귤러커피라고 부른다. 인스턴트커피는 커피라기보다 커피의 일종인 어떤 것이다. 커피로 인정하지 않는다. 입가심용으로 쓰인다. 고기 먹고 입가심하는. 뭐 그런 정도로는 괜찮은 것 같다. 그러나 어쨌든 커피의 범주에 넣지는 않는다. 품종부터 다르기 때문이다.

다양한 지역에서 재배되는 커피는 편의상 크게 두 종류로 나눌 수 있다. 하나는 '로부스타(Robusta)'라는 커피종이다. 이 나무는 평지에서 자라고 열매가 많이 열린다. 주로 동남아에서 재배한다. 로부스타는 카페인을 굉장히 많이 함유하고 맛이 쓰다. 100퍼센트 인스턴트커피의 원료로 쓴다. 그러니까 로부스타는 레귤러커피에서 다루지 않는다. 흔히 다방 커피, 자판기 커피, 믹스 커피라고 하는 인스턴트커피가 우리나라 커피 시장의 70퍼센트 가까이 차지하는데 이 커피는 내 이야기에서 제외하기로 한다. 마셔도 상관은 없으나 커피 애호가들 사이에서는 그걸 마시고 커피를 마셨다고 하지는 않는다.

그러면 원두커피라고 부르는 레귤러커피는 품종이 뭐냐, 아라비카(Arabica)라고 하는 것이다. 말 그대로 아랍 지역이 원산지

일 것 같은데 대개는 고산 지역에서 재배하는 커피가 좋다. 가장 좋다고 하는 커피는 북아프리카 고산지대산이고, 가장 많고 보편적인 커피는 남미, 브라질을 중심으로 생산되는 커피다. 중남미, 코스타리카, 니카라과에서도 커피가 굉장히 많이 나온다. 그리고 폴리네시아, 하와이 등 섬 지역은 아주 고급 커피로 유명하다. 예외적으로 인도네시아에서 '만델링(Mandheling)'이라는 굉장히 좋은 커피가 생산된다. 커피에는 나라 이름을 붙이거나 지역, 도나 시 이름을 붙이거나 더 좁히면 농장 이름을 붙인다. 지역 범위가 좁을수록 고급 커피로 간주해도 된다.

이 커피를 로스팅해서 갈아서 먹는다. 커피를 제대로 마시고 싶은 사람들을 위해 차근차근 설명하겠다. 구체적으로 비용이 얼마나 드는지도. '내가 원두커피를 마시고 있어요'라고 생각하면서 마시는 것 가운데 대표적인 것이 에스프레소다. 엄밀히 말해 에스프레소는 커피 향이나 맛을 음미하고 즐기는 것과는 성격이 조금 다르다. 에스프레소는 아주 적은 양을 짙게 짜서 단숨에 들이켜는데 그 느낌이 마치 한약 같다. 그런데 제대로 된 에스프레소는 스트롱(strong)하되 쓰지 않아야 제대로 뽑은 것이다.

에스프레소는 이탈리아에서 생겨났다. 두 차례 그 이탈리아인들이 미국으로 많이 이주했다. 그들이 에스프레소를 마시는 걸 보고 미국인들도 마셔 보는데, 맛이 너무 강했다. 그래서 물을 탔다. 큰 그릇에 물을 타서 먹는 커피를 '아메리카노(Americano)'

라고 부르게 됐다. 아마 가장 많이들 마실 것이다. 시중에 아메리카노가 많은 이유는 너무 단순하다. 장사하기 쉽기 때문이다. 에스프레소 기계만 있으면 쭉 뽑아서 물만 타면 되니까.

아메리카노를 비롯해 에스프레소를 베이스로 변형하는 방법이 열두어 가지가 있을 만큼 다양하다. 카푸치노, 마키아토 같은 것들 말이다. 다만, 아메리카노는 레귤러커피이지만 커피의 향과 풍취를 즐기는 세계에 있지는 않다. 아메리카노는 햄버거나 케이크를 먹을 때 잘 넘어가라고 마시는 목 넘김용 커피다. 그걸 음미하고 즐기기는 상당히 어렵다. 왜냐하면 커피를 뽑아내는 동안 소위 '커피의 심장'이라고 하는 핵심 부분만 빠져나오기 때문이다. 아메리카노가 카페인은 제일 적다. 카페인은 일정 정도의 온도에서 일정 시간 이상이 지나야 우러나는데 에스프레소는 쭉 뽑기 때문에 카페인이 나올 시간이 없다.

원두커피, 그러니까 레귤러커피를 근사하게 제대로 마시는 방법이 뭘까? 드립커피로 마시는 것이다. 커피를 내리는 방법은 여러 가지다. 사이펀(Siphon)이라는 기구를 이용해서 내리는 방법도 있고, 항해 도중 배에서 불을 피우기가 나쁘니까 여덟 시간, 열두 시간 실온으로 내려 마시던 데에서 유래한 더치커피도 있다. 방법은 다양한데 커피를 가장 보편적으로 맛있게 마시면서 마치 와인을 즐기듯 취미로 삼을 수 있는 것은 드립커피(Drip

Coffee)라고 할 수 있다.

드립커피를 마시려면 몇 가지 조건과 기구가 필요하다.

첫째는 물이 있어야 한다. 사람이 마시는 물은 크게 두 가지로 나뉜다. 경수(센물)와 연수(단물)다. 광천수 같은 것이 경수다. 사 먹는 생수의 상당수가 미네랄워터(광천수)이며 이것이 경수다. 이 물은 차에 쓰지 않는다. 철분도 많고 여러 가지 성분이 있어서 커피 향을 죽이기 때문에 그냥 물로 마시지, 생수 사다가 커피 물로 쓰지 않는다. 물론 생수 중에 연수도 있는데 대부분 경수다.

연수는 강물이다. 대표적인 물이 아리수인데 이 물이 커피 내리기에 가장 좋다. 여러 나라의 물을 비교 검사한 연구가 있는데 한국의 수돗물 품질이 아주 좋다고 한다. 다만 염소 냄새, 수돗물 냄새가 난다. 그 냄새가 싫으면 조금 귀찮더라도 물통에 물을 받아두고 하루 정도 지나서 쓰면 냄새가 싹 날아간다. 그 정도면 100퍼센트 좋은 물이다.

커피를 더 맛있게 마시겠다고 에비앙 같은 비싼 물을 사다가 끓여 쓰면 괜한 돈을 쓰는 것이다. 수돗물은 연수일뿐더러 아주 좋은 물이다. 그래도 수돗물이 영 찝찝하면 또 방법이 있다. 약국에 가면, 가운데 필터가 있는 거르는 기구를 파는데 그거 사다 쓰면 싹 걸러진다. 나도 몇 년 동안은 그걸 썼다. 아무튼 우리나라의 경우에는 좋은 물을 찾아 헤맬 필요가 없다. 커피 전문 서적을 보면 물을 굉장히 강조하는데 그게 전부 유럽 자료다. 우리는 그럴 필요가 없다. 수도만 틀면 좋은 물이 나오니까.

둘째는 커피콩이다. 커피에 관심 있는 사람들에게 호소한다. 왜 커피를 갈아서 사 오는가? 그러면 안 된다. 커피는 반드시 콩 상태로 사 와서 보존해야 한다. 냉장고에 넣으면 냄새가 배니 넣지 말 것. 캐니스터(canister)에 보관한다. '보르미올리(Bormioli)'라는 이탈리아 제품이 있는데 크기에 따라 오천 원에서 일만 원정도 한다. 인터넷에서 주문해도 되고 남대문 도깨비시장에 가도 널려 있다. 거기에 커피콩을 보관하면 된다. 커피콩 상태로 사와서 보관하면 꽤 오래간다. 내게 이런 말을 하는 사람들이 있다. "김 선생님, 커피 좋아하신다고요? 제가 독일에서 받은 커피를 선물로 드릴게요. 작년 봄에 왔거든요." 이게 재미있자고 하는 이야기가 아니라 진짜로 벌어지는 일이다. 유명한 바리스타들의 비밀은 대단한 것이 아니다. 일주일 이상 지난 커피콩은 무조건 버린다. 커피에서 선도(freshness)는 생명처럼 중요하다. 그러니 원두 보관 통을 마련한 다음 조금 번거로워도 커피콩을 200그램 단위로 산다. 200그램이면 개인이 마시기에 적은 양이 아니다. 커피콩을 자주 사는 것이 번거롭고 귀찮다고 한 번에 1킬로그램씩 사서 몇 개월씩 먹는 것은 바보짓이다. 커피 향 다 날아간다.

로스팅은 보통 8단계로 나눈다. 커피에 대해 아는 체하려면 커피 볶는 집에 가서 "풀시티로 주세요"라고 말해보라. 뭘 좀 안다고 생각해 대접이 달라질 것이다. '풀시티'는 약간 더 볶은 것이고 '시티'는 그보다 덜 볶은 것이다. 잘난 체를 좀 더 하려면 "시나몬이 좋아요"라고 해보자. 아주 옅게 볶아서 맛이 시큼한 상태다. 커피는 볶을수록 구수하고 덜 볶을수록 시큼하다. 사실 시큼한 게 세련된 맛이다. 그런데 시큼하게 볶아서 좋은 맛을 내기란 쉽지 않다. 커피콩 품질이 좋아야 신맛이 나면서도 맛 깔스러운 커피를 만들 수 있다. 로스팅 8단계에는 강도가 낮은 순서부터 라이트(Light), 시나몬(Cinnamon), 미디엄(Medium), 하이(High), 시티(City), 풀시티(Full City), 프렌치(French), 이탤리언(Italian)이 있다.

그래서 셋째, 커피콩을 사기 전에 장만할 것이 그라인더(grinder)다. 집에 냉장고, 세탁기, 전기밥솥이 있듯이 그라인더도 꼭 갖춰놓아야 한다. 기계처럼 큰 것을 그라인더라 하고 작은 것은 커피밀(coffee mill)이라고 한다. 용도는 같다. 마트에서 3만 원이면 대만산 짝퉁을 살 수 있는데 잘 갈린다. 좀 더 욕심이 나면 이베이에서 그라인더, 커피밀을 검색해보라. 소장 가치가 있는 물건이 상상을 초월할 정도로 많다. 커피를 취미로 삼는 사람은 보통 그라인더나 커피밀을 몇 개씩 늘어놓고 산다. 그 규모가 점점 커져 자기 키보다 큰 그라인더를 소장하기도 한다. 나 역시 우리나라 임오군란 때 미국 필라델피아에서 생산된 무지 비싼 그라인더를 어렵게 구했다. 도구는 취미 생활에 멋과 재미를 부여

한다. 커피에 관심이 있고 사무실이나 집이나 내 공간에서 커피를 제대로 마셔야겠다고 마음먹으면 가장 먼저 구할 것이 그라인더다. 왜냐면 커피는 가는 순간부터 향이 날아가기 때문이다. 한 시간이면 거의 다 날아갔다고 봐야 한다. 이 세상의 모든 그라인더에는 굵기 조절기가 있다. 그게 없는 그라인더는 없다. 언뜻 눈에 안 띄어도 잘 찾아보면 있다. 굵기 조절에 따라 맛은 천차만별로 달라진다.

넷째는 드리퍼(Dripper). 깔때기처럼 생겼다. 도자기, 알루미늄, 구리 등 소재가 다양한데 처음에는 몇 천원짜리 플라스틱 드리퍼를 사면 된다. 드리퍼는 커피물이 빠져나가는 구멍의 생김새와 개수에 따라 서너 가지 종류로 나뉜다. 칼리타(Kalita) 방식, 멜리타(Melita Drip) 방식, 고노 방식 등이 있다. 드리퍼에 구멍이 하나 있으면 커피가루를 우리는 시간이 상대적으로 오래 걸려 맛이 짙어진다. 그게 멜리타 방식이다. 칼리타 방식은 일본 사람들이 개발한 것으로 구멍이 세 개 있어 커피를 빨리 내릴 수 있다. 그런 만큼 커피가루가 많이 쓰인다. 돈이 더 든다는 얘기다. 고노 방식은 아예 밑구멍이 뻥 뚫려 있어서 최대한 순식간에 커피를 내리게 한다. 드립 방식도 단박에 쏟아붓는 것부터 점 드립까지 방법이 많다.

다섯째, 드립 포트(주전자)가 있으면 좋다. 일본 칼리타라는 회사에서 나온 '알라딘'은 세계적으로 가장 많이 사용되는 포트다. 드립 포트는 주둥이가 좁고 길다. 팔팔 끓인 물을 드립 포트에 넣으면 좁고 긴 관을 지나면서 적당한 온도로 식는다. 드립 포트를 이용해 드리퍼에 담긴 커피를 처음에 한 번 적시고, 기다렸다가 조금씩 내리는 것이다.

여섯째, 커피를 받는 기구를 서버(server)라고 한다. 이 서버는 뭘 사용해도 상관없다. 보통은 유리나 동 같은 재질로 만든 걸 쓴다. 나는 좀 오래된 영국식 동 포트를 쓰는데 거기에 커피를 받으면 커피 색깔이 시꺼먼 색과 어우러지면서 갈색빛이 나서 커피가 맛있게 느껴진다.

일곱째, 잔도 중요하다. 커피 잔의 안쪽은 무조건 하얀색이어야 한다. 하얀색은 베리에이션이 1천 가지가 넘는다고 한다. 모든 하얀색은 조금씩 다르다. 잔 안쪽의 하얀색과 커피의 갈색이 어우러진 색조의 미학이 커피에서는 굉장히 중요하다. 먹음직스럽기도 하고 빨려드는 느낌이 들기도 한다. 또 커피 잔의 경사가 어떠한지에 따라 중심이 진하게 보이기도 하고, 주변이 진해 보이기도 한다.

우리나라에서는 이탈리아 '안캅(Ancap)'이라는 회사의 커피 잔이 수요 면에서 압도적 우위에 있다. 실제로도 잘 만든다. 근사한 잔에 마시고 싶다면 대형 커피 쇼핑몰인 '카페뮤제오(Caffemuseo)' 같은 온라인 매장을 검색하면 있을 것이다. 안캅 커피 잔에는 정원, 미술품 등 다양한 그림이 그려 있는데 모두 수

집 가치가 있다. 커피 잔 하나에 몇 만 원 정도 하는데 두 잔을 갖춰놓고 연인과 함께 마시면 좋지 않겠는가. 잔은 커피를 따르기 전에 미리 덥혀놓아야 한다.

자, 순서대로 해보자. 첫째, 그라인더를 하나 산다. 여유가 있는 사람은 전문몰에서 좀 비싸고 멋있는 것을 사보자. 이왕이면 폼 나는 게 좋으니까. 칼리타는 원래 비싼 제품인데 우리나라에 워낙 많이 수입되어서 가격이 싸졌다. 모양 좋은 제품을 노릴 만하고 '50만 원 이상 쓰겠다'는 사람들은 둥그런 바퀴, 휠이 있어서 돌리는 것을 꼭 사길 바란다. 갈기가 훨씬 편해진다.

그라인더를 샀으면 그다음에는 커피콩을 파는 로스터리(Roastery, 커피 로스팅하는 곳)를 찾는다. 집이나 직장에서 가까운 곳이 좋다. 조금씩 자주 사야 하니까. 요새는 꼭 그럴 필요가 없긴 하다. 택배가 너무 발달해서 전국 어디에서나 커피콩을 주문해 받을 수 있다. 이리저리 검색해서 좋은 로스터리를 서너 군데 정해둔다. 각기 다른 데서 받아 마시면 취향이 생길 것이다. 여러 로스터리에서 마셔보는 것도 나름 재미가 있다.

드립 주전자는 '지양(Jieyang)'이라는 중국 제품이 우리나라에 수입되고 있다. 2만5천 원, 3만 원 한다. 이게 아깝거나 돈을 아끼려면 네이버 카페 '커피마루(cafe.naver.com/coffeemaru)'에 중고 장터가 있는데 거기 들어가면 드립 주전자가 만 원에 나올 때도 있다. 주둥이가 좁은 드립커피 전용 주전자를 사면 된다. (물론 수

백만 원짜리 골동품 주전자의 신세계는 이베이에 따로 있다.)

유리로 된 서버기 필요하고, 커피 잔에는 반드시 돈 좀 쓰시라. 같은 커피라도 종이컵에 마실 때, 에밀 앙리(Emile Henry)에 마실 때, 안캅에 마실 때 맛이 완전히 다르게 느껴진다. 좀 뒤져 보면 정말 멋있는, 작품 같은 잔들이 있다. 잔에 새겨진 그림에 따라 비싼 것은 190밀리리터 작은 한 잔에 30만 원도 한다. 그런 잔은 소량만 만들기 때문에 수집 가치가 있다. 5만 원 내외면 꽤 괜찮은 안캅 잔을 살 수 있다. 독일 제품에도 좋은 잔이 많다. 잔은 멋들어진 것, 바깥쪽에는 예술적인 그림이 있고 안쪽은 눈부시게 하얀 잔을 사시라.

레귤러커피는 꼭 뜨겁게 마시는 것이 아니다. 식어서 차가운 것도 마신다. 커피 맛은 굉장히 빨리 변하는데 차가운 상태의 레귤러커피는 고유의 좋은 맛이 있다. 따끈하게 마시다가 식은 채로, 또는 아주 차가운 채로, 그렇게 하루 종일 그냥 내려놓고 마시는 것이다. 인스턴트커피처럼 프림, 설탕이 들어가 식으면 못 마시는 게 아니다.

낮은 불빛 아래 이런 커피를 좋아하는 사람과 함께 음미하면 좋지 않을까? 그렇게 하는 사람들이 아직은 소수인데 앞으로는 추세가 달라질 것이다. 생활수준 대비 소비가 증가하는 몇 가지가 있는데 그중에 재즈, 레귤러커피가 있다. 우리의 경우 원두커피 소비가 더딘 이유는 음식 때문이다. 한국 음식은 다 젖어 있다. 서방처럼 마른 걸 먹는 사람들은 커피 같은 음료를 훨씬 더 필요로 하는데 우리는 푹 젖은 것을 먹고 숭늉도 먹고 물도 많이 마시고 국을 먹어서 식사 후에 음료가 당기지 않고 안 들어간다.

레귤러커피는 식사 후 입가심으로 마시는 것이 아니다. 하루 중 브레이크타임에 있는 멋, 없는 멋 다 내고 폼 잡으면서 자기 생각에 집중하면서 마시는 것이다. 그 폼이 드러나는 곳이 바로 도구의 세계다. 정말 멋진 도구가 많다. 특히 잔들은 정말 예술이다. 욕심이 생겨서 조금 모으다 보면 얼마 지나지 않아 걷잡을 수 없이 많아진다. 그럴 때는 친구들을 불러서 커피 잔을 분양해 주면 아주 좋아한다.

나는 커피 볶는 기계가 네 종류 있다. 정기적으로 찾아와서 볶은 커피를 공짜로 받아 가는 인간들이 있는데 내 시간과 노동력이 들었을 뿐 가격으로 치면 별 게 아니다. 그런데도 다들 너무나 고마워한다. '뭘 해준들 이렇게 고마워할까'라는 생각이 들 정도다.

드립커피에 맛을 들이면 점점 여러 방식으로 내려보다가 궁극적으로는 로스팅까지 간다. 그런데 로스팅은 대단히 번거로운 동네다. 연통부터 따로 만들어야 하고. 그때부터는 '커피 하는' 사람으로 살게 된다. 로스팅까지는 권하고 싶지 않다. 일이 너무 커진다. 커피에 매여 살게 된다. 직접 로스팅하지 말고 한국에 뛰어난 커피 장인들, 그 사람들이 볶은 걸 택배로 받아 생활의 멋으로 즐기면 좋겠다.

이렇게 익힌 커피의 멋을 '실전'에서 어떻게 써먹을까? 그 또는 그녀를 꼬시는 데 어떻게 활용할까? 나도 잘 모른다. 다만, 성사되는 일의 절반은 상대가 이미 마음의 준비를 한 것이라고 한다. 그러니까 상대가 마음의 준비를 안 한 상태에서 무언가 되게 하는 것은 거의 불가능하다는 뜻이다. 그렇다면 마음의 준비부터 시켜야 할 일이다. 그것이 일종의 폼일 수도 있고 상대가 나를 바라보는 시선일 수도 있다. 예컨대 이런 레귤러커피를 음용하는 하나의 폼을 갖추는 것이 상대가 나를 쳐다보게 하는 마음의 준비 과정 같은 것이다. 좋은 드립커피 전문점이 꽤 많다. 지금 마음에 둔 누가 있다면 그 상대와 무지한 상태에서 하나하나 맛을 느껴가고 알아가는 재미가 클 것이다.

; 커피 드리핑의 미학

남자들은 술을 너무 많이 마시고 여자들은 화장품을 너무 많이 산다.
다른 무언가를 하고 싶다면 커피를 정말 권하고 싶다.

커피콩을 그라인더로 간 뒤 드리퍼에 담는다. 끓인 물이 담긴 드
립 포트를 드리퍼에 부으면 커피가루가 빵처럼 부풀어 오른다.
그리고 드리퍼 안쪽 밑까지 촉촉하게 물에 젖도록 20, 30초 동
안 기다린다. 늘 이 시간이 길게 느껴진다. 드리퍼에 물을 처음
부으면 거품이 많이 생기고 더 부을수록 거품이 점점 줄어든다.
거품이 없어질 즈음에는 커피가 아주 흐리고 맑다. 이때 드립을
멈추면 된다. 감각적으로 또는 취향대로 하면 된다. 커피 농도에
원칙은 없다.

인터넷에서 검색하면 커피 내리는 법에 대한 동영상이 많다.
드리핑 방식에 따라 커피 맛이 강해지거나 향이 풍부해지거나
하는데 자기 취향을 찾는 것이 중요하다. 커피 시연회에 가보

면 나처럼 머리 묶고 도사 같은 사람이 나와서 굉장한 일을 하는 것처럼 드리핑을 하는데 사실은 아무것도 아니다. 그냥 내리면 된다.

단, 한 가지는 지켜야 한다. 물이 끊어지지 않고 계속 이어가게 해야 한다. 물을 붓고 다 내려간 다음에 다시 붓지 말고 그 물이 남은 상태에서 붓고 또 붓는다. 드리핑을 하다 보면, 젖은 커피 가루에 골이 생기는데 그 골이 허물어지지 않게 안쪽으로만 물을 붓는다. 그래야 '향이 안에 품어진다'고 얘기하는 것이 된다. 거품이 많다는 것은 커피가 신선하고 좋다는 뜻이다.

물이 내려가는 동안 가끔 생각한다. 믹스 커피 탁 뜯어서 탁 털어서 물 한 번 휘저어서 탁 마시면 되는데 이게 뭔 번거로운 짓인가. 그 점에 대해 어떻게 생각하는가? 세상의 모든 좋은 것은 번거롭다. 괜찮은 여자, 괜찮은 남자도 번거롭다.

그러면 번거로운 것을 어떻게 하느냐, 역으로 즐거움으로 삼는 거다. 현재 나오는 커피 가운데 세상에서 제일 비싼 것이 게이샤(Geisha)다. 일본어로는 '기생'이라는 뜻인데 커피 게이샤는 파나마에서 나오는 것으로, 우연하게 파나마의 한 지역 이름이 게이샤다. 일본과는 관계없다. 게이샤 커피를 맛봤다면 돈 좀 써본 것이다. 정말 좋은 커피다. 코나(Kona)도 좋고 블루마운틴도 최상품인데 업소의 블루마운틴은 대부분이 짝퉁이라고 봐야 하기 때문에 별로 권장을 안 한다. 커피콩을 몇 가지 늘어놓고 그중 선택하고, 그라인더도 그때그때 굵기를 조절하는 것이 불편하다면 여러 개 갖춰놓는다.

내게는 드립 주전자가 30개쯤 있는데 긴 탁자에 죽 늘어놓았다. 그리고 '오늘은 이놈과 놀자' 하고 선택한다. 찾아보면 괴상하게 생긴 별별 주전자들이 있다. 자꾸 보면 볼수록 자꾸 욕심이 생긴다.

우리나라에 대단한 커피 장인들이 있다. '강릉 보헤미안'도 있고 몇 분 더 있다. 정말 맛있고 뭐가 다른 것 같은데 한 가지 공통점이 있다. 소위 비싸고 유명한 좋은 커피는 이상하게 한 가지 맛으로 향한다. 와인 좋아하는 사람들은 알 것이다. 고급 레드 와인은 약간 고기 비린내처럼 짐짐한 맛이 난다. 톡 쏜다든지 확 한다든지 화 한다든지 하는 와인은 다 약간은 하수이고 아주 고급 레벨로 올라가면 짐짐한 맛이 있다. 말로는 정확하게 표현을 못하겠는데 맛있는 고기 국물 비슷한 짐짐한 공통점이 있다.

이제부터 좀 비과학적인 얘기를 하련다. 나는 보통 하루에 한 끼만 식사를 한다. 어쩌다 두 번 먹을 때도 있긴 하다. 중학교 때 이후로 두 끼만 먹었는데 몇 년째 하루에 한 끼만 먹게 됐다. 물론 한 번 먹을 때 폭식한다. 그리고 잠을 굉장히 이상하게 잔다. 딱 누워서 숙면을 길게 못 하고 주로 아침에 자서 낮 12시쯤 일어나는데 그 사이에 계속 전화가 와서 잠이 끊긴다. 맹세코 나는 운동을 해본 적이 없다. 대학 시절 체육 시험에서 D를 받을 정도로 어떤 운동도 내게는 안 맞는다. 담배를 하루에 2갑 이상 피우는 제인스모커다. 술은 마시긴 하는데 조금밖에 못 마신다.

영양제 같은 걸 혐오해서 거의 안 먹고 한약은 어릴 때 멋모르고 먹은 것 외에는 먹은 적이 없다. 그리고 건강에 좋지 않다는 모든 짓을 하고 있다. 의사들이 말하는 대로라면 난 벌써 죽었어야 한다. 몸에 좋다는 것을 챙겨 먹은 적도 없고 하루에 한 끼 먹고 라면 같은 인스턴트를 좋아한다. 어떻게 보면 죽었어야 되는데 그럭저럭 유지가 된다. 아주 건강한 것은 아니지만 크게 몸이 나빠지는 않다. 내 일상생활, 식생활, 수면 습관, 먹는 약 등 쭉 살펴보면 건강에 나쁘다는 모든 것을 하고 사는데 그럭저럭 건강을 유지하는 비결이 무엇일까? 그 이유를 곰곰이 생각하면 다른 곳에서 찾아지지가 않는다.

내가 보기에는 커피다. 커피에 신비로운 물질이 있는 것은 아닐까? 커피가 몸에 좋으냐 나쁘냐는 700년 동안 이어진 논쟁거리다. 대략 700년 전에 수도원에서 사제들이 졸려서, 그때는 내려 먹는 것을 몰랐을 테니까, 빨간 열매를 씹어 먹었더니 잠이 번쩍번쩍 깨더라는 얘기다. 그런 중에 전설 같은 것이 생긴다. 에티오피아의 '칼디(Kaldi)'라는 목동이 어느 날 염소들이 풀을 뜯다가 무슨 열매를 뜯어 먹는 걸 봤는데 자세히 관찰하니 그 빨간 열매만 먹었다 하면 염소들이 펄쩍펄쩍 뛰고 춤을 추는 것이었다. '왜 그럴까?' 생각하다가 칼디도 그 열매를 따서 먹었다. 그랬더니 칼디가 미친 듯이 춤을 추면서 온 마을을 휘젓고 다녔단다. 칼디는 '이 열매가 그런 것이구나' 하고 깨달았다고 한다. 이것이 커피의 유래다. 그 후로 커피 열매를 두고 갖가지 실험이 행해진다. 커피는 과육, 살에 해당하는 것은 버리고 씨앗을 볶아서 먹는 건데 그 전에는 약제로 가장 많이 쓰였고, 갈거나 빻아서 빵에 발라 먹기도 했다.

바차라(Bazzara)라는 이탈리아 사람이 근대식 커피 음용법을 개발하고 그것을 상업화해서 회사로 만들었다. 그 회사 이름이 '가자(Gaggia)'다. 커피 기계 회사 가운데 제일 큰 축에 속한다. 발음을 좀 틀면 '배째라'가 개발한 것을 '가짜'가 상품화해서 보편적으로 만든 것이 커피인데, 드립 기술은 상당 부분 일본에서 발달한다.

새로운 관심사가 생겨서 파고들다 보면 한 번쯤 이런 물음이 생긴다. '또 일본이야?' 일본은 아시아 변방에 있고, 근대에 급속한 경제성장을 이뤄 갑자기 부자가 된 나라라고 여기기 쉬운데 그렇지 않다. 거의 모든 분야에서 일본은 세계의 중심축이다. 미국, 서유럽, 일본 이렇게. 커피도 마찬가지다. 지금은 오히려 유럽을 능가했다. 유럽의 멜리타는 독일의 멜리타 벤츠(Melitta Bentz) 여사가 발명한 드리퍼 이름이자 회사명인데 그 이름을 본떠 일본인은 칼리타라는 회사를 세웠다. 지금은 칼리타가 멜리타보다 훨씬 크다. 사이펀은 프랑스 중위가 만들었는데 일본에

가면 사이펀 커피가 유난히 많다. 사이펀은 플라스크처럼 생긴 기구인데 알코올램프로 플라스크를 가열하면 물이 증기가 되어 휙 올라간다. 얼마 뒤 와락 아래로 떨어지는 커피를 마시는데 아주 깊은 맛이 난다. 집에서 커피로 폼 잡을 때는 사이펀이 가장 폼 난다. 굉장히 멋있다.

그 밖에도 드리핑 방식이 많다. 나는 '나폴리타나(Napolitana)'라고 하는 방식을 좋아한다. 이탈리아 영화에 보면 많이 나온다. 아래쪽에는 물, 위쪽에는 커피를 담아서 중간에 막을 형성한 다음 이걸 순식간에 확 뒤집는다. 그럼 안에 공기가 확 닫히면서 그 안에서 드리핑이 된다. 위 뚜껑을 열고 커피를 따라 마시는데 향이 무척 세다. 향이 너무 세서 싫어하는 사람들도 있다. 에스프레소 좋아하는 사람들은 에스프레소 머신은 너무 비싸니까 모카포트(Moka Pot)에 커피가루를 넣어서 불에 보글보글 끓여 따라 마시는데 잘만 하면 굉장히 고소하고 맛있다.

나 자신에게 일상생활에 쓸모 있는 선물을 주고 싶은데 뭐가 좋을까? 남자들은 술을 너무 많이 마시고 여자들은 화장품을 너무 많이 산다. 다른 무언가를 하고 싶다면 커피를 정말 권하고 싶다. 커피 마시면 잠이 안 온다고 하는데 잠이 안 올 때도 커피를 계속 마시면 몸이 적응한다. 나는 그렇게 적응해서 자기 직전에도 한 잔 마셔야 잠이 온다.

보통 커피 한 잔에 카페인이 8그램 들어 있는데 잔으로 커피를 80잔 마시면 죽는단다. 카페인이 그만큼 강하다. 이 세상에 있는 진통제의 상당수가 성분으로 카페인을 쓴다는 걸 아는가? 진통 효과에 카페인이 많이 쓰인다. 카페인이 몸에 좋냐, 나쁘냐 하는 논쟁이 잦은데 어떠한 경우에도 좋은 쪽이 더 많다. 노화, 탈모, 당뇨를 예방한단다. 또한 치매 예방제로도 좋단다.

직장인들은 아침 일찍 또는 하루 일과를 마치고, 또는 직장에서 브레이크타임에 커피를 내려 마실 텐데, 이때 중요한 포인트는 내가 뭔가를 생각하는 시간이라는 점이다. 그 시간이 하루에 얼마나 될까. 실제로는 길지 않다. 하루가 어떻게 갔는지 모르게 어제가 지나가고 오늘이 지나가고 내일이 지나서 일주일이 지났는데 뒤돌아보면 어느새 한 달이 지나갔고 그렇게 한 해가 간다. 그게 우리 일상이다.

그러니까 모든 것에 브레이크(break), 그리고 생각의 출발. 이것을 절차가 복잡한 커피 내리는 과정에 하는 것이다. 복잡하니까. 여러 차례 하면 손이 거의 자동으로 움직이는데 그 순간에 생각을 엄청 집중하게 된다. 현재 자신의 고민거리도 있고 그것이 그 또는 그녀에 관한 고민일 수도 있고 업무일 수도 있는데, 드리핑이 무엇이든 집중적으로 생각하는 과정이 될 수 있다. 생각을 하다가 커피가 완성되면 자리에 앉아 커피를 마시며 그 생각을 매듭짓는 것이다.

온 세상 사람이 이해관계로 얽혀 있고 그 속에서, 이를테면 출신 학교, 집안 등 내가 변경할 수 없는 조건들에 의해 평가받고 내가 맺는 인간관계도 그 조건에 얽매인다. 그런 상황이 너무 갑갑하다고 여기는 사람은 스스로 자기 존재를 키우고 독립시키는 수밖에 없다. 자신이 원래 가지고 있는 것 이상으로 커 보이게 하는 유일한 길은 삶의 문화화다. 스스로 하찮다고 여긴 것들이 아무 문제가 되지 않는 세계가 존재하고 그 세계에서 노는 것이다.

『한겨레』 신문에 정식 칼럼을 3년 반 연재했는데 필자 명단을 보니 나 빼고 죄다 교수다. 나는 사실 석사과정을 밟기는 했는데 논문을 안 써서 수료가 돼버렸다. 어쨌거나 학사가 국문과 학사다. 이것이 유일무이한 나의 자격증이다. 그 흔한 운전면허도 아직 못 땄다. 그러니까 사람이 가지고 있는 자격이라고 할까, 등급이라고 할까, 그걸 따지는 사회와는 전혀 다른 맥락에서 인간관계가 형성되고 그 사람의 사회적 위치도 결정되는 다른 별도의 세계로 들어가는 통로는, 결국 그가 지적 교양을 쌓고 그것이 어떻게든 녹아 나와서 발현될 때 열린다는 얘기다.

첼로가 좋아지는 시간, 인생을 아는 나이

우리가 클래식 음악에 조금만 관심을 가지면 작곡가, 연주가에 대한 관심이 넓어지고 그러다 보면 반드시 첼로를 좋아하게 되는 단계에 거친다. 첼로라는 악기가 갖는 스케일이 있고, 깊은 맛이 있고 무엇보다 멋있다.

1960년대에 20대 초반의, 잘해도 너무 잘하는 젊은 연주자들이 앞서거니 뒤서거니 등장해 세상을 휩쓸었다. 세월이 획 지나서, 그때 등장한 연주자 가운데 지금까지 살아 있는 사람들은 예외 없이 최고 중의 최고, 더 이상 올라갈 데가 없는 최고로 손꼽힌다.

그 시기에 등장한 연주자 가운데 첼로를 연주한 여성 재클린 뒤 프레(Jacqueline du Pré, 1945~87)는 옥스퍼드 대학교에서 유명한 문화인류학과 교수의 딸이다. 그녀의 별명은 스마일리. 영국에서는 재클린이라고 부르지 않고 애칭 스마일리로 불렸다. 밝고 명랑한 그녀는 열여섯 살에 에드워드 엘가(Edward Elgar, 1857~1934)의 '첼로협주곡'으로 데뷔했는데 세상이 뒤집어질

만큼 연주를 잘해서 사람들을 놀라게 했다. 재클린은 러시아에 ∠년 성도 유학하고 돌아와서 본격적으로 활동을 시작, 이름을 날리면서 젊은 연주자들과 친구이자 음악적 동지로서 교류했다. 주빈 메타(Zubin Mehta, 1936~), 이츠하크 펄만(Itzhak Perlman, 1945~), 핀커스 주커만(Pinchas Zukerman, 1948~)이 그들이다.

거기에 또 한 인물, 다니엘 바렌보임(Daniel Barenboim, 1942~)이 있다. 키가 재클린 뒤 프레의 목 정도에 올 만큼 작다. 당시 그는 피아니스트였는데, 지금은 유명 지휘자 헤르베르트 폰 카라얀(Herbert von Karajan, 1903~1989)이 누리던 위세를 누릴 정도로 대단한 사람이다. 아르헨티나 출신이다. 독일에 살던 유대교인이던 그의 부모가 나치를 피해 남미로 이주했다. 어느 날 유럽 악단에 피아니스트라고 이 친구가 나타났는데 실력이 엄청 뛰어나 각광받았다.

재클린 뒤 프레와 다니엘 바렌보임, 선남선녀가 연애를 시작했다. 우리나라에 지역색이니 지역 차별이 있는데 구미에서 유대인 차별도 이에 못지않다. 철이 없고 명랑하고 과감하고 자기 인생을 멋대로 사는 스타일인데, 다니엘 바렌보임은 남미에서 온 데에다 유대인이었다. 그녀의 부모가 보기에 엄청나게 결격 사유였으리라. 심하게 반대했다. 특히 종교적 이유로 반대가 심했다. 명문 집안의 딸이고, 그 당시에는 클래식 음악이 매우 중요하게 여겨지던 시절이어서 마치 우리가 김연아를 보듯 그녀에 대한 대중의 관심도 컸다. 그런 그녀가 부모도 종교도 다 등지고 확 이스라엘로 떠나서 유대교로 개종하고 다니엘 바렌보임과 세기의 결혼식을 올린다. 이스라엘에서는 난리가 났을 정도로 굉장한 행사였다. 그 얼마 뒤에 다이애나 왕세자비가 결혼하면서 그 결혼식이 더 유명해졌지만 그전까지는 최고로 유명한 결혼식이었다. 두 사람은 연주자로 승승장구하는데 부부가 협연을 하면 1년 전부터 예약을 해야 하는 등 아주 난리가 났다.

외모도 뛰어나고 성격도 밝은 여성 첼리스트와 천재적 실력을 갖춘 신예 피아니스트가 부부가 되었으니 너무너무 행복했겠지. 지금은 어떻게 됐을까? 재클린 뒤 프레가 결혼하고 최고로 잘나가던 스물일곱 살 때쯤 미국의 유명 지휘자 레너드 번스타인(Leonard Bernstein)이 유럽에서 연주회를 갖는데 재클린가 첼로 협연자로 나왔다. 최고의 지휘자와 최고의 첼리스트가 교향곡에 맞춘 콘체르토를 선보였다. 그런데 있을 수 없는 일이 벌어졌다. 그녀가 첼로 활을 툭 떨어뜨린 것이다. 레너드 번스타인이 워낙 기가 막힌 사람이라서 잘 무마해 공연을 마치긴 했다. 며칠 뒤에도 그녀가 연주하는데 윙~ 현을 확 긁어버렸다. 어느 날은 픽 쓰러지기까지 했다. 결국 무대에 서지 못하게 되었다. '다발성 경화증'이라는 불치병에 걸린 것이다. 이게 간질 증세 비슷하다는데 지금도 고치지 못하는 병이라고 한다. 몇 차례 무대에 오르는 시도를 하지만 결국 영원히 무대에 설 수 없는 신세가 되고 말았다.

남편 다니엘 바렌보임의 심정이 어땠을까? 그를 욕하는 사람이 참 많은데, 한동안 바렌보임은 꼼짝없이 누워서 발작만 하는 아내를 곁에서 지켰다. 나는 그를 욕할 수 없다고 생각한다. 4~5년 정도 그러다가 어느 피아니스트와 눈이 맞아서 집을 나가 따로 살았다. 재클린은 마흔두 살까지 살았다. BBC에서 찍은 재클린 뒤 프레 관련 다큐멘터리 영화를 보면 활동을 못하니까 그 아름답던 여인이 뚱뚱한 모습으로 변해 정원 그네를 물끄러미 응시하는 장면이 나온다. 조금 더 들어가면 병상의 그녀가 성욕에 시달렸는데 남편은 거들떠도 안 보니까 형부한테 요구했다고 한다. 형부는 이를 악물고 처제의 요구를 들어줘야만 했던 숨은 사연이 평전에 쓰여 있다. 그런데 뭐라고 할 수가 없을 것 같다.

이 얘기를 왜 끄집어냈는가? 재클린 뒤 프레는 이 세상에 존재했던 첼리스트 가운데 10명을 꼽으면 절대로 빠지지 않는 위대하고 뛰어난 첼리스트다.

우리가 클래식 음악에 조금만 관심을 가지면 작곡가, 연주가에 대한 관심이 넓어지고 그러다 보면 반드시 첼로를 좋아하게 되는 단계에 거친다. 첼로라는 악기가 갖는 스케일이 있고, 깊은 맛이 있고 무엇보다 멋있다. 첼로는 존재하지 않는 악기처럼 그냥 협주 파트의 일부로만 여겨졌는데 파블로 카잘스(Pablo Casals, 1876~1973)에 의해 독주 악기로서 굉장히 중요해졌다.

재클린 뒤 프레의 생애를 알고 나서 어떤 소나타를 그녀의 음반으로 들을 때면 생각이 난다. 그 빛나는 활동기, 멋진 결혼, 그리고 다발성 경화증에 따른 길고 비참한 최후까지. 클래식 음악 연주가의 세계를 들여다보면 별별 일이 참 많다는 것을 알게 된다. 그건 마치 우리가 어떤 영화배우나 소설가의 일대기를 아는 것과 크게 다르지 않다. 그녀가 연주한 차이콥스키의 '로코코 바리에이션'을 듣고 있으면 마음속에 남다른 애조가 쫙 깔린다. 그녀의 삶, 그녀의 고통, 그녀의 고독. 뒷방으로 물러나 꼼짝도 못하고 마흔두 살까지 드러누워서 살았던 그 절체절명의 고독을 도대체 누가 측량할 것인가. 클래식 음악을 사랑하는 사람들은 첼리스트 재클린 뒤 프레의 음악을 들을 때 그녀의 인생을 통째로 함께 듣게 된다. 이것이 내가 말하고 싶은 것이다.

; 클래식 감상의 의미 하나, 희로애락

가치에도 우열이 있다는 걸 인정하지 않는 풍조가 있는데 고급한 것은 고급한 것이다. 애초에 그 용도가 다르다.

이런 사람들이 있다.

"야, 베토벤이든 태진아든 무슨 차이가 있느냐? 내가 좋아하면 그만이지." "더구나 그건 서양 것 아니야? 서양 깽깽이 아니야? 우리 음악이 좋지."

그런 사람은 한 대 때려주고 싶고 쳐다보고 싶지도 않다.

동양 서양, 이런 말은 웃기는 말이다. 쓰지 말자. 제국주의 시대에 만들어진 환상의 개념이다. 정복주의자 관점에서 아시아를 통칭해서 동양이라 불렀을 뿐이다. 동양인들에게 '당신들은 내면적이고 고요하고 순응적'이라는 가치를 가르쳐서 동양인 자신이 그런가 보다고 생각하는 거다. 동양과 서양이 아니고 전통과 현대가 있을 뿐이다.

옷이니 건물이니 지역과 상관없이 여기서도 조금 개발하고 저기서도 조금 더 발전시켜서 오늘날과 같은 형태가 된 것이지, 우리가 서양 옷을 빌려 입고 서양 흉내를 내어 건물을 짓는 게 아니다. 현대인의 삶이 있는 거다. 전통 사회를 존중하는 마음은 좋지만 오늘날 생활양식과 공존하기 힘든 게 많다. 예를 들어 초가집, 기와집이 굉장히 우수하다고 지금 있는 아파트 허물고 한옥으로 옮겨갈 수 있겠는가. '동양과 서양 중 어디 것이 좋고 나쁘다' '옛것이 좋은 것이여'와 같은 말은 조금 우스꽝스러운 자기기만의 말이라고 생각한다. 캐어 들어가면 만들어진 환상이 아주 많다.

가치에도 우열이 있다는 걸 인정하지 않는 풍조도 있는데 고급한 것은 고급한 것이다. 애초에 그 용도가 다르다. 그러면 우리 국악은 뭐냐고 반문할 수 있는데 국악은 로컬 컬처이다. 가령 클래식 음악의 발원지라고 할 수 있는 나라에도 로컬 민속음악이 있다. 클래식과 민속음악은 용도가 다르고 위치가 다른 음악이다. 인간이 굉장히 단순한 동물 같아 보일 때도 있지만 이루 헤아릴 수 없는 엄청난 정신세계도 겸비하고 있지 않은가. 그러니까 고급한 정신 영역을 존중할 줄 모르면 그건 그 영역이 무가치한 게 아니라 그 사람이 하찮은 것이다. 베토벤 음악을 들으면 지루하다고 하는 사람은 베토벤이 지루한 게 아니라 그가 지루한 사람이다.

고급한 것을 인정하고 존중하기는 저절로 되지 않는다. 클래식의 가치를 알기 위해서는 어느 정도 자기 노력이 필요하다. 자기 노력 없이 알고 싶은 사람에게는 나 같이 클래식에 일가견이 있는(?) 사람이 요령 좋게 가르쳐야 하는데 빠른 시간에 가능한 것은 아니다. 여기서는 클래식 감상을 '일가견적으루다' 세 가지 맥락으로 정리해보련다.

첫째는 인생의 희로애락이다. 클래식 음악은 느끼면 굉장히 각별해지는 세계다.

예를 들어보겠다. 차이콥스키 음악을 관심 깊게 들어본 적이 있는가? 차이콥스키 죽음과 관련해 몇 가지 설이 있다. 콜레라에 의한 병사, 살인에 의한 타살. 둘 중 어느 쪽이 맞을까? 둘 다 맞고, 하나가 더 있다. 러시아 공식 예술사에 적힌 그대로 말하면 자살이면서 타살이면서 병사다. 어떻게 그런 일이 가능할까?

차이콥스키는 곱상하고 조용한 사람이었다. 그리고 동성애 기질을 타고난 모양이다. 나는 차이콥스키 평전을 여러 권 읽었고, 말은 못 알아듣지만 과거 소련에서 소비에트 당국이 만든 공식 전기 영화도 봤다. 그 영화에 이런 장면이 나온다. 그 얌전한 사람이 깊은 밤에 잠자리에서 벌떡 일어나 다 때려 부수고 발로 차고 뒤엎고 서재에 꽂힌 책들을 와르르 뒤엎어 엉망으로 만들고는 눈밭으로 뛰어간다. 황량한 들길을 숨이 턱에 닿도록 뛰다가 픽 쓰러져서 눈밭에 온몸을 던진다. 너무 고통스러운 거지. 동성애적 충동을 견뎌야 하니까. 그래서 우울증도 앓고 우울증 진료 기록이 남아 있는 것만도 세 차례다.

보통 아름답고 서정적인 음악으로 차이콥스키를 기억하지만 그 이면에는 동성애를 억제할 수 없는 고통이 배어 있다. 그는 동성애 기질을 이겨보려고 가짜 결혼도 했다. 피아노를 가르치는 제자와 결혼했는데 웬만하면 대충 살면 좋을 것을 보름을 못 견디고 차이콥스키가 도망을 갔다. 그 후 이탈리아 남부에 있는 동안 걸작을 많이 남긴다. 「플로렌스의 추억」이라는 굉장히 멋진 6중주곡은 도망가서 쓴 작품이다.

요는 동성애를 슬쩍슬쩍 했으면 되는데 그게 아니었다는 것이다. 차이콥스키는 유명한 법률학교를 다녔는데 그 학교 출신들이 당시 제정러시아 말기 요직을 다 맡을 만큼 명문이었다. 그때는 연좌제 같은 게 아주 심했는지 누구 하나가 잘못하면 동시에 옷을 벗어야 되는 상황이었다. 제정러시아 시기에는 동성애를 굉장히 죄악시했는지 알려지면 처형당했다고 한다. 재판 절차를 무시하고 처형해도 아무도 뭐라고 안 했다고 한다. 차이콥스키가 학교에서 같이 기숙했던 후배 중 한 명이 바로 차르 시대에 차르 다음 정도의 권력을 가진 어떤 공작의 조카, 즉 공작 동생의 아들이었다. 바로 그와 위험한 짓을 벌였고 그 사실을 알 만한 사람은 다 알 만큼 퍼졌다. 그런데 그 공작이 알기라도 하면 차이콥스키 하나 처형되는 것으로 끝나는 게 아니라 ㄱ 동기들, 법원장노 있고 총리도 있고 대단한 역할을 하던 사람들이 일제히 옷을 벗어야만 했다. 아주 큰일이 난 것이다. 그래서 차이콥스키 학교 동기들이 차이콥스키를 불러 사설 법정을 열고 판결을 했다. 아주 짧게, "너 죽어." 차이콥스키는 "그래, 죽을게"라고 답변한다. 그다음 날 그는 콜레라가 창궐하던 시골, 오데사로 간다. 그 당시에 물을 끓여 마시면 병균이 죽는다는 의학 지식이 있어서 콜레라를 피하는 방법을 알던 때였는데 일부러 오데사에 가서 냉수를 벌컥벌컥 마시고 그날 바로 콜레라에 걸려서 사흘을 앓다가 죽었다.

차이콥스키 스스로 콜레라균을 마셨으니 자살, 콜레라 때문에 죽었으니 병사, 친구들이 "너 죽어" 그래서 죽었으니 타살인 셈이다. 차이콥스키의 인생 이력을 알면 그의 음악이 그냥은 안 들리고 무슨 막이 낀 것처럼 들린다. 페이소스라는 뿌연 막. 차이콥스키의 음악 전체에는 — 피아노곡에도 교향곡에도 현악곡에도 가곡에도 — 뭔가 설명하기 힘든 페이소스가 가득 담겨 있다.

그런데 내가 동성애자가 아니라고 그 페이소스를 이해하지 못 할까? 아니다. 우리는 삶에서 슬픔이라는 영역을 알고 있다. 왜? 태어난 자체가 슬픈 것이기 때문이다. 태어남의 슬픔을 갖고 산다. 태어나서 죄송하다는 생각이 가끔 들지 않는가? 나는 가끔 그런 생각이 든다. '왜 태어났을까'를 생각하면 누구한테 미안해

할지는 모르겠는데, 하여튼 태어나서 죄송할 때가 있다.

사람은 슬픔이라는 공유 지점을 다 갖고 있다. 치이콥스키 음악에서 그 공유 지점이 생긴다. 슬픔이 없는 사람은 사이코패스다.

다른 책에도 두어 번 쓴 적이 있는데 나는 '줄라이 홀'이라는 개인 작업실을 따로 갖고 있다. 아내하고 살아봤더니 우리가 부부이기는 하나 도저히 한곳에서 동거할 수가 없었다. 그래서 주말에만 부부가 되고 별도 공간을 내어 따로 살기로 했다. 우리 부부는 사이가 절대 나쁘지 않다. 오히려 매우 좋다. 그렇다고 해서 왜 부부가 반드시 한 공간에 같이 살아야 하느냐는 결론에 이르게 된 거다. 널찍한 내 작업실에는 스피커 14조가 쫙 둘러싸고 있고 LP 3만 장이 꽂혀 있다. 남들은 일생 번 돈이 땅에 가 있고 주식에 가 있는데 난 한눈에 다 보인다. 버는 족족 다 음반 사는 데 나간다. 오늘 아침만 해도 인터넷 쇼핑몰에서 68만 원어치 LP를 질렀다. 놀랄 사람도 있겠지만 470만원을 하루에 지른 적도 있다.

아무튼 내 작업실에는 지인만 오는 게 아니라 그들에 묻어서 오는 방문객들이 있다. 그중에 특별한 인종이 가끔 있다. 내가 잘 아는 인종. 나는 그런 사람을 '슈베르트'라고 부른다.

슈베르트들은 내 작업실에 올 때 나라는 사람을 이미 저명인사로 생각한다. 저 사람은 유명한 사람이야. 그러고 일단 반감을 품는다. 내 지하 작업실에 내려와서 둘러본다. 그리고 생각한다. '밊아, 너는 고급 오디오와 엄청난 음반을 쌓아놓은 부자니까 넌 나의 고독과 패배감을 도저히 모를 거야. 내가 얼마나 처절하고 힘든지.' 나를 부유층으로 간주하고 그들 대하듯이 한다. 같이 웃고 같이 맥주 마시지만 사실은 따로 또 같이 자의식이 자갈자갈 끓는다. 자의식의 칼이 자신을 베어 저미는 게 표정에 써 있다. 나는 그들을 잘 안다. 내 일생이 그랬기 때문에. 그러니까 외롭고 고독한 자의식을 품고 겉으로 드러내지 않는 사람이 슈베르트다.

슈베르트는 살아 있는 동안에 유명한 적이 없었다. 죽고 40년 뒤에 빈 악우협회에서 슈베르트를 재조명하면서 유명해지기 시작했다. 빈 악우협회에서는 슈베르트 얼굴을 다 다시 그렸는데 사실 그는 150센티미터 대의 작은 키에, 임신 6개월 된 임부처럼 똥배가 병적으로 튀어 나왔고 대두에 얼굴이 이상하게 얽었다. 거기까지도 괜찮다. 용서가 된다. 문제는 그가 까불이였다는 거다. 친구들 앞에서는 너무 유쾌하고 활발하며 잠시도 쉬지 않고 재잘재잘… 이루 말할 수 없는 까불이였다. 특별히 말이 많은 사람은 그냥 말이 많은 게 아니라 환자다. 우울증 증상 중에 다변다식, 많이 말하고 많이 먹는 것이 있다.

슈베르트는 왜 그랬을까? 친구들 앞에서 보여준 까불이 모습이 그의 진짜 모습이었을까? 이에 대한 증거가 나중에 나온다.

슈베르트의 평생 꿈이 두 가지가 있었는데 하나는 연애 한번 하는 거였다. 단신에 뚱뚱한 배의 가난뱅이 슈베르트를 어떤 여자도 돌아보지 않았던 거다. 또 하나는 취직이었다. 슈베르트는 초등학교 교사가 되고 싶어 했지만 오스트리아 초등학교 교사 국가고시에 번번이 떨어졌다. 도대체 얼마나 대단한 시험이기에. 인류 역사상 통틀어 천재 100명을 꼽을 때 절대로 빠지지 않을 정도로 슈베르트는 천재다. 그런데 시험에 계속 떨어져서 끝내 교사가 못 됐다. 방학 때 잠깐 했던 임시 교사직이 그의 유일한 벌이였다. 냅킨에 줄 다섯 개 그어서 작곡할 정도로 형편이 어려운 그를, 친구들이 '슈베르티아데(Schubertiade)'라는 모임을 만들어 먹여 살렸다. 슈베르트를 좋아하는 사람들이 모여서 밥도 사주고 오선지도 사준 것이다. 슈베르트 일생이 무척 짧은데 작품 수는 상상을 초월한다. 날마다 계속 끄적인 것이 퇴고 없이 다 작품이 되었다. 그 정도로 어마어마한 사람이다.

그런데 여자 한 번 못 사귀어, 돈 없어서 맨날 빌붙어, 못생긴 것 자기 스스로 뻔히 알아, 그런 남자가 주로 가는 곳이 어딜까? 사창가다. 많은 남자가 사창가에 가는 이유를 흔히 욕구 배출인 줄로 생각하지만 사실 외로움에 절어서 진흙탕에 구르는 기분으로 가는 것이란다.

당시 오스트리아 빈은 유럽에서 최고로 큰 도시였는데 슈베르트는 아마 빈의 환락가에 다닌 것 같다. 그러고 안타깝게도 매독으로 서른한 살에 죽는다. 슈베르트가 남긴 작품은 교향곡 9편에 무대곡, 현악곡, 가곡이 643편이다. 그런데 전부 다 대단한 명곡이다.

슈베르트가 죽기 1년 전에 독일 시인 빌헬름 뮐러의 시집을 읽는다. 제목은 '겨울 여행', 우리나라에서는 '겨울 나그네'라고 번역되었는데 잘못된 번역이다. 내용인즉슨 어떤 청년이 사랑을 했는데 그 사랑이 이루어지지 않아서 방랑길을 떠나 헤매다 죽는다는 이야기다. 슈베르트는 연애 한 번 못 해봤지만 그 마음의 초췌함을 시에 진하게 담아 '보리수' 등의 노래가 쭉 이어지는 연가곡집 「겨울 나그네」를 내놓았다. 그때가 죽기 1년 전이었으니 매독 증상이 심한 상태였을 것이다.

내가 20대 후반에 카세트테이프로 「겨울 나그네」를 듣고 또 들으면서 가슴을 찢었다. 외로운 사람은 슈베르트의 생애를 조금 더 알아보고 「겨울 나그네」를 들으면서 가슴을 찢어보라. 이렇게 나이를 먹었는데도 지금 들어도 미친다. 「겨울 나그네」를 테너가 부를 수도 있고 베이스 바리톤이 부르기도 하고 여자가 부르기도 하는데 다 다르다. 나는 이언 보스트리지 같은 청아한 목소리의 테너가 불러야 맞다고 생각하지는 않는다. 저마다 다른 게 있다. 굵고 강인한 목소리에도 그 사람의 연약함이 있다. 내가 '겨울 나그네'를 미치도록 좋아하는데 그 작품은 슈베르트의 생애와 깊은 연관이 있다. 얼마나 힘들었을까? 나중에 빈 악우협회에서 그와 관련된 자료를 추적하니까 일기장이 나왔는데 "나는 벌레야. 내가 디딜 한 평의 땅도 없지. 남들은 다 나를 모르겠지." 그런 얘기로 가득 차 있었다. 집 밖에 나오면 친구들과 막 까불고 떠들고 즐거웠다가 집에 들어오면 일기장에 면도칼로 살을 저미는 듯한 글을 계속 썼다. 그리고 서른한 살에 죽었다.

우리 중에도 슈베르트가 있다. 외롭고 고독하고 자의식에 시달리며 남들은 다 행복한데 나만 비참한 것 같은 사람. 남들은 다 잘 살고 있는데 나만 괴로운 것 같은 사람. 나만 괴롭다고 느끼는 게 어떤 시기의 특성 같다.

슈베르트 음악이 슈만 음악과 많이 대조되는데 슈만은 새로운 시도를 많이 한다면, 슈베르트는 마치 일부러 작곡하지 않고 원래 있는 뭔가가 흘러가는 것처럼 아주 자연스럽다. 그 점이 어떻게 보면 싱거울 수도 있는데 정말 아름답다.

차이콥스키나 슈베르트 말고도 무척 많다. 엉터리 사이비 같은 이야기도 많은데 품격 있는 잘된 책들을 찾아 읽으면 누구나 이름을 기억할 정도로 유명한 음악가 저마다의 사연이 이루 말할 수 없다는 걸 알게 된다. '그런 사람들이 하필 왜 그렇게 살았을까?'가 아니다. 이루 말할 수 없이 많은 사람이 작품을 쓰는데 그중에서 가장 뜨거운 걸 남긴 사람들이 기억되는 거다. 그 뜨거운 걸 쓰는 일종의 자격이 있는 게 아닐까. 평탄하게 살아서는 작품이 안 되는 것 같다. 인생을 지불하고 작품을 얻는 거다. 우리

신상에 별일 없으면 감사해야 한다. 우리는 작품 대신 평온을 신 것이니. 나이가 들면서 이렇게 자족하게 된다.

굉장히 많은 예술가가 굴곡진 삶을 살았다. 음악가의 예술 세계를 접할 때 그 본질은 작품을 아는 것이다, 이건 음대에서 하는 얘기다. 화가의 생애를 알면 작품을 볼 때 선입견을 갖게 된다, 이건 미대에서 하는 얘기다. 그러나 애호가나 교양적 관심으로 접하는 사람들에게는 예술가의 생애적 사실이 참 중요하고 진지한 이야깃거리가 된다. 왜냐하면 우리 모두가 그들 삶의 일부를 나누고 있기 때문이다. 기독교에서 '대속한다'는 말이 있다. 남의 죄를 대신 자기 몸으로 견디는 것이다. 예술가들이 대속의 삶을 살지 않았나 싶다. 생애적 사실을 알게 되면 그런 생각이 든다. 예컨대 음악가의 생애를 알면 그의 작품을 감상할 때 그의 삶과 연결 지어 느낄 때가 있다. 20대 어느 시기에 너무 외롭고 고달픈 내가 지하 자취방에서 작은 카세트에 슈베르트의 「겨울 나그네」를 틀어놓고 가슴을 저몄던 것과 같은 굉장히 밀집되고 촘촘한 고통이 주는 쾌감, 고통과 쾌감 사이를 오가는 체험이 클래식 음악으로 가능하다는 얘기를 일단 하고 싶다. 이게 클래식 음악의 맥락 첫 번째, 인생의 희로애락이다.

클래식 음악에 관심을 기울이는 것만큼 폼 나는 일도 드물다. 별도로 시스템을 갖추기 어려우면 컴퓨터를 통해서 듣고 라디오가 있으면 93.1메가헤르츠를 늘 켜놓고 듣다 보면 귀에 걸린다. 세상에 존재하는 것 중에 인류가 도달한 지극한 몇 가지를 꼽으라면 클래식 음악이 포함된다. 그래서 한번쯤 관심을 가져 볼 만하다.

; 클래식 감상의 의미 둘, 사적 맥락

갑자기 바그너가 들리는 사람들이 있다. 그럼 그냥 듣는 거다. 무슨 단계니 학습 과정이니 하는 것이 없다.

클래식에 인생의 희로애락이 있다면 또 하나는 지식의 세계다. 지식은 필요한데 따로 책을 사서 공부할까? 안 해도 된다. 중학교, 고등학교 때 배운 지식 범주에서 벗어나지 않는다. 지금부터 이야기할 클래식 음악 관련 지식은 '작업'에서 써먹을 수 있으니 머릿속에 잘 담아두면 된다.

클래식 음악에서 지식의 영역에는 사(史)적 맥락과 구조가 있다.

구조에는 화성이니 대위니 등등 음악 용어가 있다. 우리가 음악을 들으면 스스로 의식하지는 못해도 다섯 가지를 동시에 듣는다고 한다. 사운드도 듣고 화성도 듣고 여러 요소를 종합적으로 듣는다. 더 들어가면 너무 전문적이고 한 가지만 명심하면 된다. 멜로디 라인이 가장 중요한 것이 아니라는 사실. 대중가요를 들을 때 우리는 멜로디에 집중하게 되지만 클래식 음악은 그렇지 않다. 예컨대 바흐의 음악은 멜로디 대신에 구조만 있다. 그 구조를 따라가는 것이다. 클래식 음악의 멜로디 라인은 의외로 싱겁다. 오히려 가요나 팝송이 훨씬 재미있다. 그러니까 클래식의 경우 음이 전개되는 전체적인 상황을 듣는 거다. 몇 가지 악장으로 나뉘어 있고 그 악장 내부에 전개 과정이 있고 그런 거다.

구조를 제외하고는 지식의 영역이란 사적 맥락과 같다. 예컨대 이미자와 소녀시대의 노래를 듣고 '이미자 노래는 소녀시대에 비해서 왜 이렇게 느리고 청승맞아? 왜 이렇게 재미가 없어?'라고 생각하는 사람이 있을까? 아마 없을 것이다. 이미자 노래를 들을 때는 마음이 잽싸게 1960년대로 가게 된다. 1960년대, 사랑하는 임은 고향을 무작정 떠나 서울로 가버렸고 고향에 홀로 남은 흑산도 처녀가 까맣게 가슴이 타버린 노래다. 떠나보낸 사람을 기다리는 여인의 고통을 노래한 게 이미자 노래의 대부분이다. 그래서 그 시대의 속도, 그 시대 삶의 애환, 정경을 담고 있다. 지금 유행곡을 들을 때는 지금의 속도로 듣지만, 또 그때는 그때의 마음으로 돌아가서 듣는 게 감상 능력이다. 그걸 전후 맥락, 콘텍스트(context)라고 한다. 그러니까 진지하게 이해하려면 반드시 콘텍스트를 이해해야 한다.

김민기의 '친구'라는 노래가 있다. 유신 시대에 사람들에게 위안이 된 노래다. 당시 김민기는 아주 거대한 존재였다. 있으나 있지 않은, 매체에 나올 수 없던 금지곡을 부른 대학생 가수였다. 나와 같은 세대는 김민기의 노래를 들으면 장엄한 시대의 울림을 느낀다. 유신, 긴급조치, 사형, 월북… 온갖 험난한 시대의 사건이 노래와 함께 머릿속에 쫙 펼쳐진다. 지금 열일곱 살짜리가 김민기 노래를 들으면 뭐라고 할까? 동요 같다, 이게 뭐야 할 것이다. 콘텍스트, 전후 맥락을 이해하는 게 굉장히 중요하다.

클래식 음악도 전후 맥락이 있는데 사실 우리가 다 아는 거다. 먼저, 음악이 어떻게 발생했는지에서 시작해보자. 음악의 발생과 관련해 몇 가지 설이 있다. 신이 뮤즈를 불러서 "너 가서 인간에게 음악 가르쳐" 했다는 뮤즈설도 있고, 노동가치설을 주장하는 마르크시스트 카를 뷔허는 노동 행위의 반복적 패턴을 소리로 만든 것이 음악이라고 했다. 진화론을 주장한 찰스 다윈은 그의 책 『인간의 유래와 성 선택』 서문에서 음악은 암수가 교미하는 행위를 흉내 낸 것이라고 정의한다. 무당이 제의를 하는데 대사는 문학이 되고 동작은 춤이 되고 소리는 음악이 되었다고도 하고, 이와 같이 음악에 관한 정의가 많은데 다 썰이다. 도대체 누가 알아?

그런데 음악의 발견자는 존재한다. 바로 피타고라스다. 피타고라스는 알고 있듯이 수학자이자 철학자다. 피타고라스 살던 집 근처 대장간에서 나는 소리가 이상해서, 어떤 때는 굉장히 기분 좋고, 또 어떤 때는 아주 불쾌하게 들렸다. 그러니 이 수학자가 궁금증을 참을 수가 있나. 대장간을 지키고 서서 불쾌하게 들릴 때와 유쾌하게 들릴 때의 차이를 계속 관찰한다. 그래서 원리를 발견한다. 바로 화성의 원리다. 그래서 피타고라스가 음악을 발견했다고 하는데 이것도 큰 의미가 없다.

서양 음악, 소위 클래식 음악의 첫 출발은 보통 악보에 처음 기록한 때로 잡는다. 그 음악은 교회, 주로 수도원에서 불리는 찬송가를 의미한다. 그런데 대대로 구전되면서 변형되니까 그레고리우스 1세(임기 590~604)가 성직자들에게 이것을 적을 방법을 연구하라고 명령을 내린다. 그래서 지금 쓰는 콩나물 대가리가 아니라 쐐기로 처음 기록한다. 기록을 해서 그것만 보면 후대에도 똑같이 따라 부를 수 있게 했다. 그 배경에는 화성을 넣으면 안 되고 악기 반주를 하면 안 되고 다 신에 대한 모독이라고 생각하는 등 여러 얘기가 있는데 좌우간 음악은 교회에서 찬송가로 시작했다고 본다. 악보에 기록한 최초의 것을 음악의 출발점으로 삼는데, 그레고리우스가 명을 했다고 해서 '그레고리오 성가(Gregorian chant)'라고 부른다.

교회에서 음악이 번성하는 흐름에 변화가 일어난다. 당시에는 교회에서 하라는 대로 하고, 바치라는 대로 다 바치고, 실제로 왕 임명권도 교황이 좌지우지했다. 인류의 역사는 생산성 증대의 역사다. 당시 봉건제 아래에서도 총생산량이 늘어나니 뭐든 많이 늘고 발달하게 된다. 그런데 여전히 교회 말을 따르자니 영주들은 뭔가 찝찝하고 억울하다고 느끼기 시작한 것이다. 이제는 자기들 몫도 챙겨야 한다고 생각했다. 봉건제에서 영주는 일종의 국가 기능을 하는 분권된 독립적 단위들이었는데 그 수많은 영주, 대공(大公), 왕들이 점점 교회에 대항하기 시작한다. 결국 교회에 맞서 싸워 마침내 교회를 꺾는다. 이런 일련의 사태가 벌어진 것이 르네상스다.

생산성이 늘어나니까 왕들이 교황보다 더 큰 궁정을 짓고 더 넓은 땅을 차지했다. 그 땅을 그림으로 그려서 벽에 걸어놓으니 이것이 풍경화의 유래다. 풍경화는 일종의 '땅문서'다. 내 땅이 어디까지인지를 밝히는 거다. 또 이 시기에 사람 얼굴도 많이 그렸다. 집안 식구들, 아버지, 형, 고모, 이모, 삼촌 등등 초상화를 그렸다. 왜 그랬을까? 씨를 보존하기 위해서다. 그 당시에는 부부간에 애정이나 사랑을 느끼면 아주 천한 일로 여겼다. 에두아르트 푹스(Eduard Fuchs)의 『풍속의 역사』를 보라. 당시에는 사랑을 해서는 안 됐다. 자식을 낳아도 사랑하면 안 됐다. 그래서 얼른 부모한테서 떼어 유모의 품에 안겼다. 왜 그랬을까? 그 당시 결혼이란 집안과 집안의 계약이었다. 계약관계에 있는 두 사람이 특별한 감정, 애정을 느끼면 계약 이행에 차질이 생길 수 있다는 거다. 예컨대 남자가 여자를 너무 사랑하면 남자 집안의 봉토를 여자에게 넘겨줄 수도 있지 않은가. 부부가 사랑해서는 안 되니, 사랑은 다른 곳에서 해결해야 했다. 어떻게? 정부를 두는 게 제도화돼 있었다. 그때 관습이 그랬다.

아무튼 르네상스를 거치며 교회 중심의 중세음악에서 궁정음악으로 넘어온다. 왕이 행차할 때, 밥 먹을 때, 뒷일 볼 때, 연회를 베풀 때 등등 왕의 모든 거동에 음악이 쓰인다. 궁정음악에는 여러 장르가 있는데 하나로 묶으면 그 배경은 춤이다. 이때까지 감상은 음악의 주된 목적이 아니었다. 찬송가로 대표되는 중세음악에서 사람의 목소리가 중요했다면 궁정음악에서는 나팔이나 오늘날의 것과는 좀 다른 트럼펫 같은 관악기가 초기에 발달한다.

그즈음 이탈리아 남부 지역에 이상한 젊은이들이 나타난다. 음악을 담당하는 사제들인데 연주를 아주 잘했다. 당시 음악은 행사용이고 합주여서 똑같이 하는 게 중요하지 누가 특출하게 잘하면 안 되었다. 그런데 이 바이올린을 든 일군의 젊은이들이 멋진 연주를 하니 사람들이 푹 빠져 듣게 된다. 그러니까 음악을 '듣는' 일이 자꾸 생긴다. 음악은 춤추느라고, 연애하느라고, 걸어갈 때나 밥 먹을 때 기분 좋으라고 있는 거였는데 음악을 듣는 일이 생긴 것이다. 그래서 그 젊은이들을 향해 '이런 싸가지 없는 놈들' '왕싸가지'라고 했는데 이 말이 포르투갈어로 '바로코'다. 바로코는 욕이었다. 직역하면 일그러진 진주, 진주 세공할 때 탁 깨져서 내다버리는 것이다. 그런 젊은이들과 그들의 행태를 욕하는 말이 프랑스어 '바로크(baroque)'가 되고 음악사에서 전문용어가 되었다.

바로크는 미술, 음악 등 예술사 전체에 나타났다. 일군의 젊은이들이 등장해 그림도, 뭔가 구경할 만하고 인간의 체취가 많이 배게, 멋있게 그렸다. 바로크 시기에 새로운 풍조도 나타난다. 오페라도 생겨나고, 극장도 그때 처음으로 생긴다. 평민은 바닥에, 귀족은 발코니에 앉아서 구경했다. 이렇게 음악에서 사적(史的) 변화가 일어난다. 바로크 때부터 음악을 일반적인 감상의 대상으로 삼게 된다. 텔레만(Georg Philipp Telemann, 1681~1767), 북스테후데(Dietrich Buxtehude, 1637~1707) 비발디(Antonio Lucio Vivaldi, 1678~1741), 헨델(Georg Friedrich Händel, 1685~1759), 바로크의 위대한 작곡가 바흐(Johann Sebastian Bach, 1685~1750)가 대표적이다. 바로크 시대에 음악의 여러 가지 형식이 생겨난다. 그다음은 너무나 잘 알듯이 고전주의와 낭만주의, 이 둘이 대립하는 식으로 흘러왔다. 이름이 여러 가지로 변형되고 바뀌지만 그 흐름은 같다. 고전에서 낭만, 낭만에서 고전, 고전에서 낭만. 우리 삶이 다 그러하다는 점에서 이건 굉장히 의미심장한 흐름이다.

하이든, 하이든의 제자 모차르트, 하이든의 쫓겨난 제자인 베토벤, 이 세 사람을 '빈 고전파 삼인조'라고 부른다. 사실은 다른 음악가들도 다 무엇인가를 했는데 이 세 사람이 한 것들을 따라 했기 때문에 후대에 이들의 성과가 정설이 된 것이다. 현악기 세 개를 세 파트로 나눠 A, B, A, 빠르게, 느리게, 빠르게 연주했더니 듣기에 멋있고, 그러니까 다들 따라 했다. 스트링 트리오의 탄생이다. 오페라에서 막과 막 사이가 길어 기다리는 데 지루하니까 악사들이 노래 없이 악기만 연주하는 것을 '심포니아(symphonia)'라고 하는데, 오페라 간주곡을 세 덩어리 내지 네 덩어리로 만들어서 그것만 연주했더니 멋지거든. 그것이 심포니, 교향곡이 됐다. 이처럼 계속 뭘 만들고 분류하고 정리하는 걸 클래시파이(classify)라고 하고 그래서 클래식 음악이라는 명칭이 생겨난다.

그런데 이런 흐름이 음악에만 있었던 게 아니다. 프랑스 시민혁명이 일어나고, 백과전서파가 활동하는 등 많은 변화가 일어났다. 그 변화의 핵심이 뭘까? 이 세상을 신이 주관한다는 믿음에서 빠져나와서 과학기술 문명의 근대인으로 재탄생한 것이다. 인간의 이성으로 이 세상을 만들어가는 과정이다. 그전에는 신앙이 가장 중요한 가치였고 인간은 신의 뜻에 복무하기 위해 태어났고 텔레올로지(teleology), 즉 인간은 어떤 목적과 사명을 갖고 태어났다고 생각했다. 신에게 봉헌하는 게 자기 삶의 사명이라고 생각했다. 그런데 가만히 생각해보니까 뻥인 것 같다. 성경에서 하지 말라는 짓을 아무리 해도 아무 일도 생기지 않거든. 그러면서 사람들이 신앙 대신 이성을 발달시키게 된다. 가령 그 이성을 사람살이에 활용해 법전 같은 것을 만든다. 이성을 확대하기 위해서 백과전서파들이 지식을 확대 생산하고 정리한다. 법, 제도 등이 그때의 산물이다. 우리가 근대라고 말하는 출발기다. 과학기술 문명이 신앙을 대체하게 된다.

바로 그 이성이 탄생해서 왕성하게 이 세상을 지배하는 원리가 된 이후 가장 중대한 발명품이 무엇일까? 자아, '나'라는 관념이다. 그 전에는 나가 없었을까? 없었다. 나로서 존재하지 않았다. 나는 어떤 거대한 집단에 속해 있었다. 왕의 신민으로, 어떤 가문에 복무하는 대상이었지, 나만의 사적 욕망을 갖는 것을 굉장히 금기시했다. 왜? 나는 주군의 소유물이니까. 근대에 들어서 자아가 가장 중대한 관심사가 되고 새로운 영토가 되었다. 그 자아가 이 세상을 좀 더 잘되게 하려고 이성을 발달시키면서 무수한 제도가 생겨난다. 미셸 푸코를 공부한 사람은 알겠지만 그렇게 해서 발명한 이성의 산물이 다시 인간을 옥죄게 된다.

인간의 자아는 참으로 이상하다. 분류(classify)를 잘해서 예컨대, 음악은 고전주의(classicism)가 생겨나서 음악에 질서가 잡히고 아주아주 듣기 좋은데 꼭 이상한 놈들이 나타난다. 자아가 너무 왕성해져서 팽창해서인지 다른 걸 꿈꾼다. 이것도 저것도 아닌 다른 어떤 게 없을까? 이제 이성보다 이상을 꿈꾸게 된다. 이상을 실현하려면 어떻게 해야 되는가. 기존의 질서를 파괴해야 한다. 음악에서는 음이 순행 질서를 거부하고 불협화음을 넣는다. 세 개 아니면 네 개이던 악장을 다섯, 여섯, 일곱 개까지 늘린다. 한 악장이 15분에서 20분이었는데 37분, 40분으로 더 늘린다. 무엇보다도 인간의 감정을 아주 중요하게 생각한다. 사랑하는 그녀가 비록 유부녀이지만 내 마음을 받아주길 간절히 바랐는데 뜻대로 되지 않으니까 권총 자살을 한다. 그게 '젊은 베르테르'다. 『젊은 베르테르의 슬픔』을 읽고 수많은 사람이 주인공을 따라 죽는다. 이 흐름을 슈투름 운트 드랑(Sturm und Drang), 질풍노도라고 한다. 감정이 너무너무 중요해진 것이다.

정리하면, 나중에 이름을 뭐라고 붙였든지 이성을 통해서 이 세상에 질서를 세우고자 한 욕망에 의해 구현한 것이 좁은 의미의 고전주의다. 그리고 그 질서를 파괴해서 어떤 격정의 드라마를 엮고 이상을 찾아가는 것, 그것이 음악에 구현되면 뭔가 모험적인 탐색을 마구 하는데 이를 낭만주의라 한다. 도라지 위스키를 마시며 뽕짝뽕짝 하는 게 낭만주의가 아니다. 무언가를 추구하는 것, 기존의 질서를 깨고 막 치닫는 것이다.

프랑스에 베를리오즈(Hector Berlioz, 1803~69)라는 작곡가가 있다. 그의 선율을 들으면 그냥 클래식으로 들리는데 사적(史的) 맥락에서 들으면 굉장히 기이한 선율의 전개를 느끼게 된다. 슈베르트와 슈만이 왜 그렇게 다른지, 슈만하고 브람스는 왜 또 다른지. 브람스 정반대에 바그너가 있는데 왜 브람스는 소수파가 되고 바그너는 전 유럽의 대세가 되었는지 등 그 모든 게 고전과

낭만의 양대 구도에서 왔다 갔다 하는 역사다

이런 기본 틀을 알고 콘텍스트에 대한 관심을 늘 가져야 축적할 수 있다. 음악은 체계적으로 들어서 공부하는 게 아니라 그냥 불쑥불쑥 아무 데서나 들으면 된다. 조금씩 들어도 된다. 또 쉬운 것에서 시작해 점차 어려운 것으로 옮겨가며 듣는 것도 아니다. 그냥 메시앙(Olivier Messiaen, 1908~92) 같은 작곡가의 음악을 바로 듣는 것이다. 그러다 딱 들어서 좋으면 계속 좋고, 아니면 던져버리면 된다. 어렵고 쉬운 것이 따로 있지 않다. 이는 분명한 사실이다. 갑자기 바그너가 들리는 사람들이 있다. 그럼 그냥 듣는 거다. 무슨 단계니 학습 과정이니 하는 것이 없다. 하지만 콘텍스트, 전체의 전후 맥락은 있다는 것이다. 음악 공부는 맥락 잡기가 전부다.

**; 클래식 감상의 의미 셋,
또 하나의 문으로 들어가기**

나에게 아무 이득도 돌아오지 않는데. 모든 걸 걸다시피 하는 그런 세계가 따로 있다. 그런 걸 일종의 실존이라 부른다. 현실의 맥락을 떠나 오롯이 나 자신으로 존재한다.

클래식에는 음악가의 생애적 사실, 인생의 희로애락이 담겨 있어서 내 자아와 동일시해서 때로는 분노하고 때로는 행복해하며 듣게 된다. 그럴 여지가 음악이라는 예술에 많다. 그다음에는 사적 맥락을 통해 들어야 좀 더 흥미롭다.

마지막은 우리 삶이 하나가 아니라는 점에서 출발한다. 내 자아가 하나가 아니듯이 우리 삶은 하나가 아니고, 굳이 나누면 두 개다. 하나는 상식의 세계다. 우리가 태어나서 살아가는 세계다. 이 세계를 굴러가게 하는 기본 원리는 생존이다. 살아남기 위해 고투하고 일하고 싸우고 경쟁하고 좌절하고 때로는 성취감을 맛보고, 그게 인생이다. 그런데 그게 다일까? 어느 중년 사나이가 아침에 바삐 출근하다가 아파트에서 조그만 민들레꽃이 보도

블록 틈을 비집고 자란 걸 보고는 걸음을 멈춘다. 그는 넋을 잃고 민들레를 쳐다본다. 왜 그럴까? 생존을 위해서? 그럴 리가 있나! 현실 이익을 위해 사는 것이 삶의 전부일 수도 있고 실제 그렇게 사는 것처럼 보이는 사람도 많다. 인간이 생존 원리가 통용되는 상식의 세계에서만 사는 거 같은데, 동일한 장소에 겹쳐지는 또 하나의 현실이 있다. 그것이 생의 두 번째 문, 존재의 두 번째 문이다.

첫 번째 문은 태어나서 들어온 상식의 문이고, 두 번째 문은 저 깊은 곳 캄캄한 데 있어 열리지도 않는다. 간신히 열었더니 그 안에는 텅 빈 공동, 캄캄한 빈 공간이 있다. 현실과 다른 그곳으로 기어 들어가는 사람들이 있다. 다른 내가 있다는 걸 깨닫는 종류의 사람들이다.

우리는 "너 누구니?" 물으면 "어느 학교 나온 누구예요" "어느 동에 사는 누구예요" "우리 어머니, 아버지 이름은…" "누구의 언니예요" "누구의 친구예요" "한국 사람이에요" "천안에서 태어났어요" 등등으로 대답한다. 그런데 그것이 그 사람을 설명하는가? 그저 연고일 뿐이다.

지금은 유행이 지났지만 사르트르니, 카뮈니 이런 천재들이 사상적 격투를 벌이던 전후(戰後), 실존주의가 유행했다. 그때 실존주의자들은 인생이란 아무 의미도, 목적도 없이 그저 시간 속에 툭 던져진 것이라는 주장을 했다. 나 역시 그렇다고 본다. 그저 하나의 생물체로 툭 태어난 것이다. 그래서 인간이 해야 할 일은 기투(企投), 스스로 생에 의미를 부여하는 일이라고 생각하는데, 이 툭 떨어진 상태가 모든 연고를 끊어버린 자아의 상태다. 그것을 실존이라고 부른다. 그러니까 우리가 사는 평범한 상식의 세계에서는 생존의 원리가 지배해서 내가 갖고 있는 주식의 주가, 북한 동향 등 온갖 것에 관심을 갖지만 그런 것이 아무 맥락이 없고, 의미도 없어지는 다른 세계, 연고가 존재하지 않는 세계에는 다른 것이 가치 있다.

예컨대 재클린 뒤 프레를 좋아하는 누군가에게는 자신의 통장 잔고 못지않게 그녀의 연주가 중요한 가치를 갖기도 한다. 생소할지 모르나 그럴 수 있다. 즉 현실 맥락에서 중요한 것과 별개로 자기의 돈과 시간, 정열을 쏟아가며 애착을 갖고 전념한다. 나에게 아무 이득도 돌아오지 않는데. 모든 걸 걸다시피 하는 그런 세계가 따로 있다. 그런 걸 일종의 실존적 영역이라 부른다. 현실의 맥락을 떠나 오롯이 나 자신으로 존재한다. 내 실존과 대면하러 가는 것이 예술 행위이기도 하다. 사운드나 색채, 형상물을 창조하는 예술은 다른 상태의 인간형을 직면하게 만들어 낸다. 예술 체험, 클래식 음악 체험은 나의 실존에 가닿는 행위다. 그 실존에 가닿으면 무슨 일이 벌어지는가? 한마디로 다른 것이 보인다.

현실 맥락에서는 하나도 중요하지 않은 것이 실존적 공간에서는 엄청나게 중요한 것일 수가 있다. 가령 첼리스트가 두 명 있는데 로스트로포비치는 첼로 보잉(bowing)을 이렇게 하고, 요요마는 저렇게 한다는 사실이 현실에서는 아무것도 아니다. 그런데 그게 너무 재미있거나 너무 신기하거나 너무 감동적이라고 느끼는 것이 이른바 예술 향유 행위다. 사실, 평범한 음대 교수와 세계 최고의 첼리스트의 연주 실력이 그리 많은 차이가 나지 않을 수도 있다. 1밀리미터, 아주 작고 미약하고 미세한 것을 확대해서 꼼꼼하고 깊이 있게 보고 많이 느끼면서 그걸 크게 생각하는 것이다. 그것이 예술을 향유하는 행위다. 이익이 지배하는 세계에서는 음악에 열광하는 사람들을 정신이 좀 어떻게 된 사람이라고, 그런 행위를 아무것도 아니라고 여기기 쉽지만, 확대경으로 들여다본 세계가 너무 재미있는 것이다. 너무 신기하고 너무 이상하고 너무 멋있는 것이다. 가치가 역전되고, 가치 자체가 다르다.

미세한 것을 크게, 절실하게 느끼는 세계는 저절로 도달할 수 없다. 반드시 집중을 요구한다. 나는 음대 근처에도 가지 못했지만 나름 진지한 음악 관련 책을 몇 권이나 썼다. 그렇게 하려면 공부를 해야 된다. 퀸스 칼리지 음대의 교재, 프랑스 라루스 음악사전에 나오는 자료들을 머리카락을 쥐어뜯으며 공부했다. 그 자료들에서 공통적으로 나오는 얘기가 음악과 가까워지려면 귀를 기울여 들으라는 것이다. 집중이 필요하다고 엄청나게 강조

한다. 때로는 슈베르트를, 차이콥스키를, 또는 베토벤을 들으며 잠깐이라도 위로받고 싶다면 가장 중요하게는 귀를 기울여 들어야 한다. 집중하다 보면 아주 미세하고 아무것도 아닌 것들이 크게 보인다. 작은 차이나 변화를 크게 볼 줄 알아야 한다. 미술 전시관에 가면 가끔 이상한 인간들이 있다. 하염없이 오래 서서 보는 사람들. 대개 미대 출신이거나 프로들이 흔히 그런다. 느끼는 지평이 넓은 것이다.

인생의 희로애락이 배어 있기 때문에 교감하면서 느낄 여지가 클래식 음악에 많다는 이야기를 하면 "가요도 그런데요?"라고 말하는 사람이 있다. 가요는 너무 짧고 너무 소비재적이다. 가요를 폄하하려는 것이 아니라 클래식 음악과 가요는 용도 자체가 다르다. 가요나 팝은 노동 사회, 대중사회에서 새롭게 생긴, 족보가 다른 음악이고 휴식과 위로를 위해 소비하지 진지하게 탐색하는 음악이 아니다. 가치, 우열을 따지기 이전에 용도가 다르다.

사적 맥락, 콘텍스트를 이해하는 것. 이는 음악뿐 아니라 모든 것에 적용된다. 뭐를 좀 안다는 것은 콘텍스트와 용어를 아는 것이다. '난 느낌만 충분하면 돼'라고 할 수 있는데, 그것은 사실 느낌도 없는 것이나 마찬가지이다. 특정 전문 분야와 관련해서 얘기가 나올 때 먼저 용어부터 정리하고 풀어나간다. 그만큼 용어가 아주 중요하다. 사적 맥락과 거기에 등장하는 용어를 이해하고 집중해서 듣는 체험을 반복적으로 해야 된다. 공연장에 가서 들어도 좋고, 오디오 시스템을 갖춰놓고 들어도 좋다. 아쉬운 감이 있긴 해도 유튜브에서 들어도 좋다. 단, 영상이 있으면 사운드가 잘 안 들린다. 동작과 색채에 넘어가기 때문이다. 그래서 나는 영상 없이 듣는 걸 좋아한다. 소리에 집중하려면 눈에 보이는 것이 없어야 하기 때문이다. 그래야 제대로 느낄 수 있다.

; 누리는 음악에서 나누는 음악으로

인생이 너무 힘들고 고달프다. 그러니 당연히 슬플 수밖에. 그 슬픔을
그 당시 흑인들이 우아하게 시적으로 형상할 수는 없고, 그냥 직설적
으로 표현했다.

클래식 음악이 아닌 모든 것, 이른바 파퓰러 뮤직(popular music,
대중음악)에 관해 이야기하려 한다. 이성을 유혹하는 방법론에서
음악이 어떤 역할을 할 수 있을까? 일단은 대중음악 전체를 한
달음에 꿰뚫어 그걸 가지고 그 혹은 그녀를 공략하자. 약간 유식
하고 개념 있는 얘기를 함으로써 자기를 돋보이게 하는 데 도움
이 되길 바란다.

　일단 클래식 음악을 한 장르로 두고 대중음악을 팝, 록, 재즈,
블루스, 월드 뮤직 등으로 나눌 수 있다. 영미권 팝뮤직에 포함되
지 않는 장르를 월드 뮤직이라고 따로 구분하기도 했었는데 요
즘은 다 뒤섞여버렸다. 또 록 음악을 팝뮤직과 구분하여 5대 장
르로 나누기도 한다. 다 구분하기 나름이다. 이 장르가 각각 언제

어떻게 생겨서 현재는 어디까지 왔는지, 그 흐름에서 중요한 인물이 누구인지 등을 상식으로 알아두자. 요새는 유튜브에서 모든 걸 볼 수 있으니 궁금한 인물은 검색해보면 된다.

대중음악이 한 이삼백년 전, 혹은 천 년 전에도 존재했을까? 대중, 대중사회, 대중문화는 사람이 많이 모여 있다고 해서 존재하는 것이 아니다. 대중문화는 매스미디어 발달과 깊은 연관이 있는데, 길어야 그 역사가 150년이다. 대중은 새롭게 생겨난 인간군이다.

대중이란 무엇인가. 첫째 일정한 학교교육을 받은 사람들이다. 학교교육을 받는다는 것은 단일한 이념과 지식을 주입받음을 의미한다. 비슷하게 생각하고 비슷한 가치관을 갖고. 원래 국가 이데올로기 주입이 제도 교육 탄생의 주목적니까. 그러니까 단일한 가치관, 내가 한국인이라는 정체성, 심지어 한 민족의식 등을 갖게 하는 것이 학교교육이다. 그리고 대중은 신문, 라디오, 나중에는 텔레비전까지 합세한 매스미디어를 통해 지역과 지역이, 주로 도시가 연결되면서 문화적 근친성을 갖게 된 사람들이다. 대중을 구성하는 공통적 특징이 뭔가 하면 자기 노동력을 팔아서 생활하는 임금노동자 사회를 뜻한다. 임금노동자 하면 노가다판에서 일하며 빈곤에 허덕이는 아저씨들을 떠올리는데 사실은 우리가 다 임금노동자다. 교사든 박사든 뭔가 할 수 있는 자기 노동력, 능력을 팔아 수입을 올려서 생활하지 않는가. 대중문화 형성에서 임금노동이 갖는 의미는 굉장히 중요하다.

대중이 일하고 사는 데 필요한 여러 조건들이 있으니, 예컨대 가정이 그러하다. 가정의 단위가 아주아주 많아진다. 세습이 이루어지던 신분사회에서는 실제로 가정의 수가 많지 않았다. 고관대작들, 귀족 계층이나 오늘날 우리가 생각하는 가족 형태를 꾸리고 살았고 하위 계층은 그냥 이렇게 얽히고 또 저렇게 찢어지고 대충 그런 식으로 살았다.

대중사회가 형성되면서 부부와 자녀를 기본으로 하는 개별 가정이 많이 생겨났다. 그래야 노동력이 마구 늘어나니까 단위 가정을 엄청나게 증가시키는 것이 자본주의의 생산 전략이다. 사람들은 이제 거대 장원에 소속된 농노가 아니라 각각이 자기 가정에 귀속돼 신분이 해방된 것처럼 보인다. 한편으로 사람들은 모두 자기 가정을 부양하고 유지시켜야 하는 환경에 놓인다. 그 전처럼 느슨한 사회일 수가 없다. 그래서 모두 노동에 참여하고, 살기 힘들고 고단한 거다. 그 전하고 뭐가 다른가? 전에는 일과 놀이가 확연히 구분되지 않았다. 물론 명절에 즐기는 이런저런 놀이가 있긴 했다. 그러나 평상시에는 일하는 것과 일하다가 놀이하는 것, 한잔 마시며 쉬는 것이 엄밀하게 구분되지 않았다. 그러던 것이 대중사회로 진입하면서 일과 놀이가 완전히 구분되었다. 철저히 다른 영역이 되었다.

우리가 그렇게 살지 않는가. 대부분 월요일부터 금요일까지 일하고 토요일, 일요일에 쉰다. 이제 별도의 휴식이 필요해졌다. 일이 돈 받고 하는 것, 내 일과 중 일부로 구분되는 행위가 됨으로 해서 휴식도 새로운 가치를 갖게 되었다.

모든 대중문화는 노동으로 고단해진 몸과 마음에 위안과 휴식을 위해 생겨나고 존재하며 발전했다. 대중음악도 바로 그런 목적과 용도로 생겨나고 발전했다. 따라서 진지한 탐구 대상이라기보다는 마음에 위로가 되고 즐거움을 안겨주는 것이 가장 중요하다. 그래서인지 대부분의 대중음악은 댄스를 동반한다. 또는 일상의 소소한 이야기를 다룬다. 대중음악이 주로 사랑 얘기를 다룬다고 생각하기 쉬운데, 통계상 전체 팝 가사에 가장 많이 등장하는 것은 뜻밖에도 러브(love)가 아니다. 엄마(mama)다. 그리고 고향(hometown), 돈(money) 얘기, 아이 또는 연인(baby), 그다음이 사랑이다. 이렇듯 대중음악은 일상의 소소함, 누구나 공통적으로 느끼는 정서를 담는 특징을 갖는다.

'매스(mass)'는 단지 다수를 의미하지 가치 개념이 없는 말이다. 그런데 '파퓰러(popular)'에는 대중의 자각이라든가 어떤 지향성이 담긴다. 그렇다면 그 전 단계에 존재했던 클래식 음악이 대중음악으로 변화된 것일까? 아니다. 둘은 족보가 완전히 다르다. 클래식 음악은 형성부터 마지막까지 귀족 사회를 배경으로 이루어졌다. 반면 대중음악은, 물론 귀족들이 버린 악기도 사용하고 그들 선법도 부분적으로 차용하기는 했지만, 대중이 생겨나면서 자생적으로 여기저기에서 생겨난 것이다.

나라마다 지역마다 종교음악이 아닌 세속음악이 당연히 있어서 발전해왔다. 프랑스 경우에는 샹송이 있다. 샹송은 우리말로 그냥 '노래'라는 뜻이다. 에디트 피아프가 부른 노래 등 우리가 알고 있는 샹송이 프랑스 대중음악 장르다. 그런 노래들이 나라마다 있다. 일본에는 엔카(演歌)가 있고, 일본에서 건너오긴 했지만 한국식 변형을 거친 트로트가 있고, 이탈리아에는 칸초네(Canzone)가 있다. 칸초네도 직역하면 '노래하다'는 뜻이다. 포르투갈은 파두(Fado)인데, 항해 나간 남편들이 맨날 죽으니까 그리워서 부른 연인의 한이 담긴 노래다. 저 아르헨티나로 가면 탱고(Tango), 좀 유식하게는 '땅고'다. 탱고는 영어식 발음인데 그 발생지는 분명 남미, 아르헨티나다. 근데 방송에서 '땅고'라고 발음하려니 쑥스러워서 못하겠더라. 땅고가 뭐야, 땅고가. 근데 실제로는 땅고가 맞다. 아무튼 지역마다 고유의 음악이 있다.

20세기 전반이 되자 영미 음악이 전 세계를 다 뒤덮어버렸다. 영어권이라는 의미에서 영미라 하지, 사실 발생지는 미국이다. 미국에서 생겨나서 영국에서 발전하고 다시 미국으로 돌아가고. 그런데 역수입한 영국의 음악이 더 잘나가고 대중에게 더 먹힌다. 그래서 영국의 침공(British Invasion)이라는 말이 여러 번 나온다. 비틀스 경우도 그렇다.

도대체 무슨 일이 있었던 걸까? 먼저, 유럽 백인들이 미국으로 계속 건너갔다. 한편으로는 아프리카에서 흑인 노예를 계속 미국으로 데리고 왔다. 유럽에서 건너온 백인과 아프리카에서 건너온 흑인. 이 두 부류는 미국에서 전혀 별개의 삶을 살게 된다. 그들이 섞이는 것은 있을 수 없는 일이었다. 당시 노예는 사람이 아니었으니까, 그냥 마릿수, 가축으로 취급됐다. 그래서 생활과 문화도 별개로 전개된다.

유럽에서 온 사람들이 백인이라고 해서 처음부터 죄다 잘살거나 상위 계층일 리 없다. 많은 사람이 시골에서 농사짓고 살았다. 그러니까 대도시 얘기는 한참 뒤에 나온다. 시골에서 어렵게 어렵게 마을을 개척하는데 그때 생겨난 음악이 블루그래스(bluegrass)다. 땡때대땡땡, 아니면 땐때댄땐 뭐 이런 음악이다. 지금 들으면 되게 유치할 수 있는데, 우리나라 노인들이 트로트 좋아하듯이 지금도 미국 사람들은 블루그래스를 좋아한다. 그 외에도 여러 갈래의 음악이 생겨났다.

'레드넥(redneck)'이라는 말이 있다. 우리말로는 빨간 목인데 왜 목이 빨갈까? 들판에서 일을 해서 그렇다. 즉 가난한 하층 백인을 가리키는 말이다. 주로 농사꾼인 하층민들, 그러니까 레드넥 하면 가련한 백인을 의미한다. 또, 힐빌리(hillbilly)라 일컬어지는 사람들이 있었다. 힐은 언덕, 빌리는 우리나라로 치면 깐돌이쯤 되는 사람 이름이다. 미꾸라지처럼 요리조리 잘 빠져나가고,

여자 잘 꼬시고, 거짓말 잘하고 성공하고. 말하자면 힐빌리는 시골의 멋쟁이, 까불이라는 뜻이다. 시골에도 백바지 입고 백구두 신고 노는 날라리가 있을 거 아닌가. 그러니까 농촌 시골에 들판에서 일하는 레드넥 같은 순박한 농부도 있고, 힐빌리 같은 촌놈 멋쟁이도 있었는데 그들의 음악이 비슷했다. 나훈아가 노래를 꺾어서 하는데, 힐빌리의 음악도 꺾는 거다. 레드넥과 힐빌리들이 하는 음악이 민간에 번지기 시작하는데 그런 음악을 다 묶어서 통칭하는 용어가 생기니, 바로 컨트리앤드웨스턴이다. 옛날에 「역마차」 같은 서부 개척 영화를 보면, 밴조, 하모니카, 기타, 만돌린 등 간편한 악기들이 나온다. 건반은 시설이 있어야 하니까 피아노는 쓰지 않는다. 백인 음악은 컨트리앤드웨스턴, 줄여서 그냥 컨트리음악, 더 줄여서 컨트리라고 불리게 된다.

흑인들은 뭘 했을까? 흑인들은 백인과 섞일 수도 없고, 그들의 일과는 오로지 일이었다. 처음에는 흑인들이 지금처럼 미국 전역에 퍼져 살지 않았다. 나중에 시카고 등에 공장 지역이 생기면서 이주했지, 처음에는 루이지애나, 미시시피 등 미국 남쪽 목화 농장에서 일했다. 흑인들은 목화 농장 일꾼이 압도적으로 많았다. 당시 이 사람들은 주중에 일하고 주말에는 파티하고 놀았다. 흑인들도 쉬고, 일요일에는 예배를 본다. 이 세 가지가 굉장히 중요하다. 흑인음악 혹은 지금 현대 대중문화를 규정하는 거의 모든 내용이 여기서 나온다고 보면 된다.

자, 주중에 일하는 데 음악이 어떻게 결합됐는가 지금은 농업인구가 줄어서 구경하기도 힘들지만, 농사를 지으면 그 특유의 풍경이 있다. 농부들이 들판에서 일할 때 제각각 흩어져서 저마다 하고 싶은 대로 할까? 그럴 리 없다. 노동이란 거는 뭔가 체계적으로 돌아가야 효율이 높아지고 힘도 덜 든다. 영화나 텔레비전에서 모심기하는 장면을 한 번이라도 봤다면 알 것이다. 어떤 일이 벌어지는가. 사람들이 한 줄로 반듯이 선다. 그리고 맨 앞에 한 사람이 선다. 그 사람이 선창자가 되어 먼저 '어허!' 하며 딱 심는다. 그러면 바로 받아서 다음에 쭉 한 줄로 선 사람들이 어허! 어허, 어허! 어허, 박자를 맞춰서 딱 꽂고 한 발. 딱 꽂고 한 발. 그렇게 한다. 이렇듯 박자를 맞춰서 일하면 능률이 높아진다. 목화 농장도 마찬가지였다.

앞에 사람이 '어허!' 하고 콜(call) 하면 뒷줄에 쭉 선 농부들이 응답한다(response). 콜 앤드 리스폰스(call & response). 이게 노동요의 기본이다. 들판에서, 목화 농장에서 일하는데, 어허! 어허, 이렇게 주거니 받거니 하면서 일했다. 정리하자면 흑인들이 들판에서 일하는데 그 일은 콜 앤드 리스폰스 형태로 이뤄졌다. 이것이 당시 흑인음악의 중요한 특징 세 가지 중 하나다.

또 한 가지는 적나라하고 일상적이면서 슬픔을 담은 가사다. 허구한 날 농장에서 일하고 농장주가 쪼끔 주는 거 먹고, 자고 또 다음 날 새벽같이 일어나서 일하고 또 먹고 자고. 어쩌다 틈

나면 여자하고 한번 하는 거밖에는 쾌락이 없다. 인생이 너무 힘들고 고달프다. 그러니 당연히 슬플 수밖에. 그 슬픔을 그 당시 흑인들이 우아하게 시적으로 형상화할 수는 없고, 그냥 직설적으로 표현했다.

마지막으로 표현 방법이다. 흑인들의 슬픈 일상을 음악적 효과로 표현하는 방법이 있다. 음악 용어로 펜타토닉 스케일(pentatonic scale)이라고 하는데 우리나라에도 이미 있었다. 칠음계 가운데 '파'와 '시'에 해당하는 음을 빼고 그다음에 '미'를 반음 내려 '도레미솔라'만 쓴다. 그러면 소리가 아주 우울하게 들린다. 그 음계를 블루노트(blue note)라고 한다. 미국에는 블루노트 공연장이 있고 블루노트 음반사도 있다. 블루노트는 영화에도 자주 나오는데, 반음계를 절분시키는 것이다. 그래서 아주 슬픈 효과를 내는 선법을 뜻한다.

이 세 가지 요소가 결합돼서 새로운 음악이 생겼으니 바로 '블루스(blues)'다.

컨트리음악이 대체로 경쾌하고 인생을 구가하는 밝은 분위기를 보이는 데 비해 블루스는 기본적으로 슬프고 우울하고 적나라하고 고통스러운, 그런 내용을 담았다. 아주머니, 아저씨들이 카바레에서 딴딴 띤띠리디디 하는 것과는 거리가 멀다. 블루스는 노동요다. 일하는 노동자의 음악이었다.

블루스 이전, 한 이백 년쯤 전에 미국 노예노동 초기, 흑인들이 이주할 당시에 스피리추얼(spiritual)이라는 음악이 있었다. 우리말로 흑인영가라고 번역한다. 그런데 단 한 줄의 악보도, 아무도 기록한 적이 없기 때문에 막연하게 흔적만 있을 뿐 스피리추얼이 어떠한 음악인지는 잘 모른다. 'sometimes I feel like a motherless child(때때로 난 고아처럼 느껴져요)'라는 노래를 들어 봤을 것이다. 너무 유명해서 알 수밖에 없는 노래다. 이런 노래를 흑인영가의 후손이라고 하는데 정확한 기록은 없다. 미국 음악의 출발점은 블루스와 컨트리라고 보면 된다. 이 둘은 두 개의 문화, 미국이라는 한 문화권 내에서 각각 별도의 발전 과정을 거친다.

블루스에서 로큰롤까지, 흑인음악과 백인음악의 조우

흑인음악은 흑인음악대로 블루스에 기초해서 나중에 R&B가 된다. 백인음악은 컨트리앤드웨스턴에서 출발해서 팝송이 된다.

블루스와 컨트리음악의 태동이 대중음악, 파퓰러 뮤직의 출발이다. 그 시점이 대략 1900년대 접어들 무렵이다. 이런저런 일들이 벌어지고 대학도 도시도 발달한다. 흑인들이 대도시, 특히 시카고로 많이 이주하게 되는데, 그러면서 온갖 일이 생긴다.

흑인들의 블루스가 어떻게 되었을까? 흑인들은 목화 농장에서 일하면서 노동요로 블루스를 짓고 불렀다. 악기도 없었지만. 주말이면 농장 한 귀퉁이에서 그들도 춤추며 놀았다. 파티에 음악이 필요한데 블루스는 춤을 추기에는 좀 그렇다. 너무 울적하니까. 부기우기라는 주법이 유행해 둥따당따 춤출 수 있게 되지만 그건 나중 얘기다. 기본적으로 블루스는 끊어진 기타줄 몇 개로 연주했다. 어쨌든 파티하고 놀려면 춤이 필요하다. 그러자니 반주 음악이 필요했다. 그냥 쌩으로 출 수는 없으니까. 그 춤이 반주 음악을 흑인 특유의 방식으로 만들어 내기 시작한다. 또 그들이 많이 참조한 게 있다. 흑인들은 누가 죽으면 관을 들고 거리 행진을 했다. 마피아 영화 「대부」에 보면 거리 행진 장면이 나오는데 그것과 비슷하다. 물론 그쪽은 이탈리아계이지만. 흑인들이 거리 행진을 하는데 사용된 음악을 딕시랜드(Dixieland)라고 부른다. '저 머나먼 고향' 정도로 해독할 수 있는데 딕시랜드 뮤직이 바로 그것이다.

사실 미국은 처음부터 영국이 지배한 나라가 아니었다. 미국사를 보면 미국 땅은 프랑스어를 쓰는 나라일 뻔도 했고 에스파냐어를 쓰는 나라일 뻔도 했다가, 나중에 영국이 다 먹은 거다. 미국의 남부 지방은 많은 지역이 프랑스령이었다. 그래서 프랑스 백인과 흑인이 섞여 새로운 혼혈인, 크레올(Creole)이 생겨나는데 그들이 케이준(Cajun)이라 부르는 특유의 음악을 했다. 그 밖에 또 하나가 있는데, 영화 「스팅」에 나온 음악을 기억하는지. 건반으로 따다단 따다다단 하는. 아주 경쾌하게 치는 흑인음악인데 통상 래그타임(ragtime)이라고 한다. 지금도 래그타임은 미국인들이 아주 좋아하고 방송에서 꽤 나온다. 래그타임, 딕시랜드, 크레올 음악 등 여러 가지가 결합돼 토요일 춤출 때 반주로 쓰였다.

이쯤 되면 눈치챘을 거다. 맞다, 재즈(Jazz)다. 뭐든 한 가지 원인으로 딱 생길 수 없듯이 재즈의 유래를 둘러싸고도 논란이 무척 많은데, 기본적으로 흑인 노예들이 토요일에 파티하면서 춤추고 노는 댄스음악이었다.

흑인 노예들도 일요일에는 교회를 갔다. 아프리카에서 온 사람들이 왜 중동의 신을 믿어야 하는지 모르겠지만, 하여간 기독교회를 가서 열심히 간구를 했다. 흑인들이 교회에 가서 예배를 보고 찬송가를 부르는데 백인들과 달랐다. 마구 외쳤다. 막 소리지르면서 노래한다. 샤우팅(shouting)이다. 샤우팅 창법으로 흑인들이 부르는 가스펠(gospel) 음악. 주중에는 블루스, 주말에는 재즈를 즐기고, 일요일에는 교회 가서 가스펠을 불렀다. 블루스는 앞서 말한 여러 음악적 요소가, 재즈는 춤이라는 기본이, 가스펠은 창법이 그 특징이다.

흑인들의 블루스 음악은 동네 아저씨들, 아주머니들이 부르는 노래였는데 그중 제법 직업적으로 음악을 하는 송스터(songster)들이 생겨난다. 송스터, 그냥 가수라는 의미다. 이런 동네 가수들이 등장해서 여기저기 불려 다니는데 이 사람들 실력이 만만찮다. 1920년대의 송스터들, 시골 마을에서 노래 좀 잘하는 아저씨들이 대도시로 나와 가수가 된다. 하울링 울프(Howlin' Wolf, 1910~76)니 라이트닝 홉킨스(Lightnin' Hopkins, 1912~82)니 하는 블루스의 대가 중에 농촌 출신이 많았다. 이렇게 블루스가 태동했다. 그래서 클래식 블루스라는 용어를 쓰기도 하고 어번

(urban) 블루스라고도 하고 또 컨트리 블루스라고도 하고 블루스 용어가 무척 많은데 초기 블루스는 시골 블루스와 도시 블루스, 딱 둘로 나눠서 생각하면 된다.

블루스를 들어보면 사람이 노래하고 기타가 따라라라 받아 주는 걸 알 수 있다. 그게 앞서 설명한 콜 앤드 리스폰스다. 음악 이 원래 그렇지 않나 하는 의문이 들 것이다. 그렇지 않다. 블루 스에서 시작되었다. 그 전에는 반주는 반주대로 떵떵떵떵 나갔 다. 근데 이제는 노래하고 응답하고. 주로 기타로 응답한다. 그것 이 바로 들판에서 콜 앤드 리스폰스를 하던 방식인데 모든 블루 스는 그 패턴을 유지한다. 에릭 클랩턴의 음악도 그렇다.

팝 음악을 들을 때에는 멜로디 라인에 집착하지 않는 것이 좋다. 우리 가요는 멜로디 라인이 강하다. 기승전결 구조로 감 정을 고조시키는 그 패턴이 우리에게 익숙하다. 그런데 블루스 는 멜로디 라인이 아주 소박하다. 그냥 싣는다. 몸과 마음을 실어 서 흘러가는 것이 블루스다. 록 음악을 좋아하는 사람은 다 알고 특히나 헤비메탈을 사랑하는 사람들은 정말 잘 알 거다. 메탈의 리프를 분석해서 듣는 사람이 어디 있는가. 그냥 당당당당 둥둥 둥둥 따라가는 거다. 내가 아주 좋아하는 라이트닝 홉킨스는 젊 었을 때 음성이 꽤 칼칼했는데 노경에 부른 노래를 들으면 달관 하고 초탈한 할아버지의 음성이다. 인생을 초탈하고, 겪을 거 다 겪은 사람이 느슨하게 부르는 그런 부드러운 노래다. 그렇게 세월 따라 노래 따라 가는 거다. 그러면서, 각자 자기 고통, 자기 즐거움, 자기 삶의 사연들을 같이 싣는 거다. 이렇듯 듣는 법에 대한 마음의 준비가 약간 필요하다. 미국에서는 뮤지션이 한번 유명해지면 그때 팬이 죽을 때까지 같이 간다고 한다. 할아버지 밴드 롤링스톤스가 아직도 공연 순위 최상위권을 유지한다. 평생 가는 것이다.

흑인음악도 깊이 들어가면 복잡하다. 목화 농장에서 시작돼 시대가 흐르면서 여러 변화가 생기는데 특히 두 가지 큰 변화가 일어난다.

첫 번째 변화는 농장 일꾼들이 일자리를 찾아 북부로 대거 이동하면서 일어났다. 당시 흑인들은 자동차 공장이 있는 디트로이트, 시카고 등지로 많이 갔다. 그런 지역에는 특별한 장소가 있다. 한쪽에는 무대가 있어 가수들이 춤추고 노래했고, 그 옆에 있는 계단으로 올라가면 방이 있었다. 그 방에서 무엇을 했을까? 말하자면 매춘굴이다. 매춘굴에서 미국의 대중음악이 발전했다. 업소에서 노래하는 것은 시골 들판에서 대여섯 명 앞에서 통기타 들고 딩가딩가 하는 것과 차원이 다르다. 사람이 많고 술 마시면서 들으니까 시끄럽다. 그래서 그때부터 전기를 이용하게 된다. 일렉트릭이 시작된 거다. 소리를 크게 내고 노래도 마이크에 대고 부르기 시작했다. 이런 음악이 대도시, 특히 시카고에서 발생했기 때문에 명칭도 '시카고 블루스'다. '어번 블루스'라고도 한다. 시카고 블루스는 전형적인 블루스 음악과 달리 사운드가 세고 강렬하며 쥐어짜면서 큰 소리가 난다. 어쨌든 간에 도시 블루스가 시작된다.

도시 블루스 특징은 일렉트릭을 써서 사운드가 크다는 점이다. 거기에 일요일 날 흑인들이 찬송가 부르며 하던 찬송가 샤우팅 창법이 점점 가미된다. 흑인 특유의 창법이 개발되는 거다. 목젖을 찢어가면서 삶의 애환을 막 불러젖힌다. 그게 사람 애간장을 녹인다. 그때는 음반을 개인이 내는 시절이어서 몇 달러 들고 공장에 가서 음반 몇 개 찍어 주위에 선물로 돌리곤 했다. 그 당시 음반을 찍어 내는 기술과 라디오 방송국이 발전하고 있었다. 흑인들을 깜둥이, 니거(nigger)라고 부르며 인종차별을 하던 때인데 흑인들 중에도 음악을 하고 좋아하는 사람들이 점점 늘어났다. 흑인들도 경제력이 생겨서 스토리빌도 가고 라디오 사서 듣는 사람도 있고, 집에 전축이 있어서 음반을 구매해 듣는 사람도 생겼다. 그렇게 해서 흑인음악이 점점 번져 많은 사람이 듣게 되고 발전한다.

세월이 지나 블루스가 흑인의 대중음악으로 발전한다. 댄스만이 아니라 멜로디가 있는 발라드한 창법 등 여러 음악적 요소가 혼합되며 많은 사람이 좋아하는 쪽으로 발전한 흑인음악 전체를 일컫는 말이 리듬앤드블루스, R&B이다. 백인음악인 컨트리앤드웨스턴, 시앤드더블유(C&W)에 대응해 흑인들의 대중음악, 흑인들의 팝송이 R&B인 것이다. R&B는 특정한 장르가 아니라 대도시에서 형성된 모든 흑인음악을 가리킨다. "나는 R&B도 좋아하고 힙합도 좋아한다" "나는 솔(soul)과 R&B를 좋아한다"고 말하는 사람이 있는데 그거 틀린 말이다. 분류에 종, 속, 과, 목, 강, 문, 계가 있다. 상위 장르와 하위 장르를 대등하게 비교할 수 없는 거다. '여기 사람이 있고 한국인이 있다.' 이거는 말이 안 된다. '한국인, 일본인, 중국인이 있다'와 같이 대등하게 비교해야 한다. 마찬가지로 R&B는 흑인음악 전체를 통괄하는 흑인 대중음악을 의미하고 시기별로 하위 장르가 계속 생겨난다.

어쨌든 흑인음악은 R&B 스타일에 샤우팅 창법이 특징이다. 기타로 콜 앤드 리스폰스를 강렬하게 주고받는다. 그리고 무엇보다 무대에서 노래하면서 몸을 흔든다. 당시로서는 아주 놀랄 일인데 흑인들에게는 몸을 요동치듯이 흔드는 게 아주 자연스러웠다.

백인음악의 경우, 블루그래스 음악이 컨트리음악으로 발전한다. 컨트리앤드웨스턴 음악은 두 군데, 멤피스와 내슈빌 지역이 본향이다. 그곳에서 레코드 회사, 방송국이 시작되어서 노래하는 뜨내기 백인들이 거기 가서 음반도 내고 몸을 비빈다. 멤피스 사운드는 흑인들의 솔이 가미되어 강렬하고, 내슈빌 사운드는 우아하고 곱고 서정적이고 달콤하다. 이렇듯 두 사운드가 다른 경향으로 발전한다. 즉 강렬한 사운드와 우아한 사운드, 두 경향성으로 발전하면서 백인들의 대중음악이 형성된다.

유행가라는 의미에서 팝송의 출발은 백인음악이다. 컨트리 앤드웨스턴의 변형된 형태다. 오리지널 컨트리음악은 그것대로 있고 거기에 대중성이 가미되고 다른 음악적 요소를 받아들이고 발전시키면서 팝송이 된다. 나중에 흑인음악도 팝송에 편입되지만 스탠더드 팝, 팝송은 백인들 노래를 의미했다. 백인 중심의 스탠더드 팝송은 나중에 이지 리스닝이라고도 불렸고 MOR(Middle-of-the-road)로 정착된다. 미국은 나라가 원체 넓지 않나. 트럭으로 운송하는 일이 많아지면서 트럭 운전사용의 음악이 발전한다. 운전하면서 듣는다는 게 무슨 의미일까? 집중해서 듣지 않는다는 거다. 음악을 계속 틀어놓고 귓등으로 들으며 그냥 기분 좋게 달리면 된다. '호텔 캘리포니아' 같은 노래가 미들 오브 더 로드 노래다.

그러니까 흑인음악은 흑인음악대로 블루스에 기초해서 나중에 R&B가 된다. 백인음악은 컨트리앤드웨스턴에서 출발해서 팝송이 된다. 물론 1950년대부터 R&B 역시 팝송에 포함되는 것이고.

그런데 굉장히 새로운 일을 경험하게 되는데 거슬러 올라가면, 대략 1940년대부터 시작된다고 보면 된다. 1945년 제2차 세계대전이 끝날 무렵 일찍이 없었던 일이 벌어진다. 제2차 세계대전 당시 미국 군인 중에는 당연히 흑인도 있고 백인도 있을 거 아닌가. 그런데 모든 백인은 장교이고 모든 흑인은 하급 병사일까? 그렇지 않았다. 군대는 계급사회다. 계급이 똑같은 샘도 있고 톰도 있고 에드워드도 있다. 그러니까 흑백이 다 같이 섞여 있다. 물론 인종차별이 있었겠지만 계급을 기준으로 같은 거다. 그렇게 흑인과 백인 군인이 섞여 전장에 나가 총 들고 싸운다. 그러면서 싹 트는 것이 전우애다. 가축으로 취급했던 흑인이 너무나 소중한 나의 동료가 된다. 흑인과 백인이 뜨겁게 교류하는 체험을 하게 된다. 그것도 젊은이들이. 한 나라 안에서 흑인과 백인이라는 전혀 다른 두 인종, 다른 문화가 전쟁 시기에 교류하고 섞인 것이다. 함께 술 마시고 함께 울고, 흑인 백인 상관없이 전투에서 죽은 전우 때문에 같이 통곡하면서 친해지는 일이 생겨났다. 물론 흑인과 백인의 문화적 교류도 생겨났다. 흑인이 백인 노래 따라 부르고 백인이 흑인 노래 따라 부르며 같이 논다. 이게 새로운 음악 장르의 한 가지 배경이다.

또 한 가지 배경은 1950년대에 일어난다. 예전에 주병진이 차린 팬티 회사 이름이기도 했던 미국 영화배우 제임스 딘. 젊고 삐쩍 마른 이 친구가 영화 다섯 편 찍고 일찍 죽었다. 제임스 딘이 유명한 것은 영화에서 반항기 많은 청춘 역을 주로 맡았기 때문이다. 실제로도 반항기가 많았다고 한다. 제2차 세계대전이 끝나고 나서, 1950년대 젊은이들이 자기 부모가 어떤 인간인지 가만히 생각해보게 된다. 젊은이들이 볼 때 자기 부모들은 한마디로 천하의 위선자였던 거다. 그때만 해도 미국은 격식을 중요시하는 사회였다. 그런데 기독교, 복음의 말, 온 세상의 좋은 말은 다 하면서 할 짓 못할 짓 다 하고 남의 나라에 가서 사람 쏴 죽이고 돈밖에 모르고. 야, 이거 기성세대 개판이구나, 인간 같지도 않구나 하고 1950년대 미국 청춘들은 분노와 경멸감에 빠져들게 된다.

1960년대에 접어들면, 젊은 영혼들 사이에 기성세대에 물들까 봐 서른 넘은 사람을 믿지 말라(Don't believe over thirty)는 말이 유행했다. 그러면 어떻게 해야 하느냐, 서른 이전에 죽어버리자! 실제로 많이 죽었다. 서른이 넘기 전에 죽어버려야 기성세대에 오염되지 않는다, 기성인이 되지 않겠다고 결심한 것이다. 그 단초가 제2차 세계대전 종전 후 1950년대 젊은이들이다. 그들은 부모 세대를 위선자, 개떡으로 보기 시작했다. 그런 자의식이 퍼져나간 현상을 일컬어 '이유 없는 반항'이라고 명명했다. 물론 이유는 있다. 그런데 뭐라고 설명을 못하겠다. 부모와 말이 안 통하니 대화가 단절된다. 그 전에 어른이 무슨 말을 해도 젊은이가 따르고 어른을 공경했는데, 이제는 픽픽거리고 따로 놀고 자동차 사고 일으키고 마약을 한다. 어른이 보기에 개차반으로 나갔다. 젊은이들은 '나는 어른이 되기 위한 예비 단계에 있는 게 아니에요. 지금 나는 독자적인 삶을 살고 독자적인 문화가 있고 내 인생이 있어요' 하고 주장하면서 세대 갈등, 세대 투쟁이 일어난다. 젊은 세대가 반항 내지는 저항이라는 코드로 묶이게 된다. 모든 기성의 것을 의심하고 문제시하고 '아니'라고 생각하는 거다. 자기가 올바르다고 믿는 부모들을 경멸하고 증오하고 미워한다. 그런 소재가 영화로 만들어지고 소설이 되어 쏟아져 나온다. 전후문학이라고 하는데, 정말 강렬한 작가들이 많이 있다. 그중에 잭 케루악(Jack Kerouac)이 쓴 『길 위에서(On the road)』 부류의 책은 몇 십 년이 지난 지금 읽어도 굉장히 뜨겁다. 읽기를 정말 권하고 싶다. 젊은이의 반항, 반란이라는 현상의 중요한 축이다.

흑인과 백인이 전우로 어울리면서 인종 관념이 흐려진 점, 젊은세대의 반항, 그 외에 또 한 가지가 있다. 흑인이건 백인이건 노동자 계층이 광범위하게 성장한다. 일만 하고 술만 먹고 잠만 자는 게 아니라 노동자들에게도 문화적 소비 욕망이 생긴다. 그 모든 것의 종합으로 흑인 문화와 백인 문화가 뒤섞인다. 젊은이들의 반항, 불만, 분노가 결합하고, 노동 계층이 중심이 되어 새로운 음악이 탄생한다. 바로 로큰롤이다. 로큰롤은 그 당시 쓰던 속어(slang)인데 우리말로 하면 '성교하다'라는 점잖은 표현이 아니고 정확하게는 '씹하다'는 어감의 말이다. 예술사에 보면 많은 용어가 비속어에서 나온다. 특히 남녀의 성행위에서 유래한 것이 많다. 어쨌거나 로큰롤은 그렇게 탄생했다.

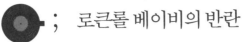

로큰롤 베이비의 반란

백인의 컨트리앤드웨스턴과 흑인의 리듬앤드블루스가 음악적으로 만나고, 주로 젊은이들이 노래하고 춤추고, 그리고 주로 노동 계층이 환호하는 음악이 로큰롤이다.

20세기가 끝나고 21세기에 접어들 때 세계 유수 언론들이 지난한 세기를 정리하는 작업을 했다. 그때 미디어에서 가장 많이 사용한 단어가 '저항의 세기' '반역의 세기'였다. 사람들이 20세기에 한 것처럼 계속 세상을 전복시키려고 하면서 살았느냐 하면 그렇지 않다. 긴 세기 동안 노예처럼 순종하며 살았다. 그러다가 20세기 100년 동안 사회주의혁명도 일어나고 제3세계도 생겨나고 여성해방운동도 일어나는 등 인간 삶에서 전면적 변화가 일어난다. 사상과 종교뿐 아니라 모든 면에서 전면적 전복이 20세기 전반에 걸쳐 일어난 것이다. 또 노동자 중에서 중산층이 형성되고 그들이 사회 주력 계층이 되면서 이른바 상대적 안정성을 갖는 그들만의 독자적 문화가 생겨났다. 그런 변화를 가장 적극적으로 반영하고 표현한 음악이 바로 로큰롤이다. 록은 20세기를 상징하고 전면적으로 반영하는 음악 장르다.

처음에는 로큰롤, 나중에는 앞의 로큰(rock and)을 떼고 다른 말을 붙여서 무슨 록, 무슨 록, 온갖 종류의 록이 생겨났다. 록이 넓은 의미로 통칭된다.

로큰롤은 빌 헤일리라는 가수 때문에 정착된 용어인 셈이다. 그의 밴드 빌 헤일리 앤드 히즈 코미츠(Bill Haley & His Comets)의 노래 '록 어라운드 더 클락(Rock Around the Clock)'이 1954년 빌보드 차트 1위에 올랐다. 록 어라운드 클락이니까 시간 주위에서, 말하자면 하루 종일 로큰롤을 합시다, 이런 의미의 노래다. 지금 들으면 동요 같지만 그 당시 기성세대가 보기에는 기절초풍할 일이었다. 왜? 빌 헤일리는 백인이다. 그때까지 흑인음악은 대중문화계에 전면적으로 나올 수 없었다. 저 어두운 사창가에서나 불릴 노래를 백인이 노래하면서 엉덩이를 흔들고 몸을 흔든 것이다. 지금으로선 당연한 게 그때는 너무 놀라운 일이었다. 그때는 "We were waltzing together to a dreamy melody~" 이렇게 우아하게 불러야 했는데 흑인 깜씨들만 하는 샤우팅 창법도 서슴지 않았다. 있을 수 없는 일이었다. 그건 정말 마이너, 그것도 뒷골목의 아주 망가진 애들의 음악이라고 여겼던 터였다. 그런 노래가 빌보드 차트 1위를 했으니 놀라운 일이었다.

1990년대 너바나의 커트 코베인은 "나는 세상을 조롱하고,

니네들이 참 싫어" 하는 음악을 냈는데 세상이 그걸 너무 좋다고 박수 치고 대통령까지 옹호했다. 그러자 커트 코베인이 나더러 어쩌라고, 도저히 안 되겠어. 난 차라리 죽어버릴래 그러고 머리에 총 쏘고 죽었다. 그 원조 격으로 거슬러 가는 거다. 마이너 음악이 대중적으로 히트하는 음악으로 발전하는 일이 생긴 거다. 로큰롤이 대열풍과 사회현상으로 비화한다.

로큰롤은 아주 묘하게 교차되는 두 가지 맥락, 두 개의 시선으로 동시에 봐야 한다. 우리나라에서도 오래전에 논쟁이 있었다. 음악평론가 임진모 씨는 록은 저항의 음악이라고 했고 다른 한편에서는 무슨 얼어 죽을 놈의 저항이냐 헛소리 마라 그랬는데 사실은 록에 그 두 가지 면이 동시에 있었다. 한편으로는 젊은 이의 저항, 시대에 대한 거부 의식이 있었다. 왜냐하면 록은 젊은 이의 음악이었고 노동자의 음악이었기 때문에 계층적으로나 세대적으로나 자연스럽게 저항 의식이 배어 있었다. 그러나 그 저항을 사회운동 차원이나 이념과 실천의 차원으로 표현하지 않고 막 나가서, 규범을 깨버리는 식으로 표현했으니까 굉장히 소비적이고 타락하고 막가는 듯이 보인 것이다.

인류사에 나타난 '저항'이 후대에 아주 드라마틱한 혁명의 모습으로 평전이나 역사서에 쓰이지만, 규범을 해체하고 시대의 억압을 해체하는 여러 사건에는 맥락이 전혀 다른 게 많다. 예컨대 우리가 좌파 운동이라고 부르는, 의식된 좌파의 연원을 문화

사적으로 찾아보자. 근대가 시작되던 어떤 시점, 백과전서파 시절쯤이다. 그때 좌파라고 불리던 사람들이 하던 운동이 만화운동의 첫 촉매제가 된 것이다. 코믹스. 근데 완전 생포르노를 그렸다. 신부와 수녀가 성행위하는 장면, 적나라하게 드러난 성기, 혼음, 수간, 시간, 별 괴상망측한 장면을 그렸다. 왜 그랬을까? 기독교적 윤리가 안고 있는 권위를 깨고 싶었기 때문이다. 때로 저항이란 뭔가 거창한 이념과 논리를 내세우는 것이 아니라 막 나가는 것이었다. 기독교 사회가 요구하는 품위, 질서, 신의 세계에 대한 복종, 헌신, 이 모든 게 웃기다, 지배 논리에 대해 '니들 웃겨' 하는 정서를 그림에서 사제들에게 섹스를 시키는 식으로 표현했다.

저항의 여러 차원 중에 혁명도 있다. 레닌은 아무리 생각해도 위대한 사람 같다. 어떤 각도로 어떻게 보아도 위대한 사람들이 있다. 기독교인들은 예수를 인간이라고 생각하지 않을 텐데 나는 예수가 뛰어난 기독교 선지자 중 한 사람이라고 본다. 신의 아들의 반열에 들 수 있는 인간들이 인류사에 있다. 레닌도 그런 인물이라고 본다. 그런데 저항과 혁명의 얼굴은 프랑스 카툰 운동이나 1950년대 미국 젊은이들의 반항과 같은 식으로 드러낸다. 그런 방식으로도 기성 가치가 깨지고 점차 다른 국면으로 세상이 전진하는 일이 벌어진다.

어쨌든 백인의 컨트리앤드웨스턴과 흑인의 리듬앤드블루스

가 음악적으로 만나고, 주로 젊은이들이 노래하고 춤추고, 그리고 주로 노동자 계층이 환호하여 생겨난 음악이 로큰롤이다. 당시에 공연장이 오늘날처럼 넓지는 않았지만 로큰롤이 번성하면 콘서트 문화가 발전했다. 기독교 부흥회에서 교인들이 열광하고 무아경에 빠지는 체험을 하는 것과 비슷한 일이 록 콘서트장에서 벌어졌다. 그렇게 로큰롤이라는 음악이 전 세계를 휩쓴다.

엘비스와 비틀스, 영웅의 탄생

록음악 듣는 동네에서는 비틀스 좋아하면 좀 모지리 취급을 당하기도
한다. 그럼 누구를 좋아하느냐. 롤링스톤스를 좋아해야 멋있는 사람이
된다.

적강 문화론과 적층 문화론이 있다. 뛰어난 사람이 뭔가 만들어
서 그게 점점 아래로 퍼진다는 설이 있다. 적강이다. 아니다, 평
범한 다수가 좋아하는 걸 어느 시점에 뛰어난 사람이 잘 정리해
자기 것으로 딱 만들었기 때문에 그 사람이 돋보일 뿐이지 실은
밑에서 광범위한 다수가 이미 작업을 한 거라는 설, 적층이다. 어
느 설이 맞을까? 나는 잘 모르겠고, 그냥 문화사적 논쟁이다. 새
로운 문화 예술 장르가 생기면 '그거 이미 광범위하게 드러나지
않게, 빛나지 않게 있었던 걸 천재가 반추했을 뿐이다' '아니야,
위대한 천재가 나타나서 딱 던지니까 대중이 점점 수용해서 보
편화된 거야' 이러면서 싸운다. 그런데 어쨌든 뛰어난 천재로 상
징화되는 건 어쩔 수가 없다.

로큰롤 역시 뛰어난 존재를 전제로 생각하지 않을 수 없을 만큼 워낙 우뚝 서는 인물들이 등장한다. 팝 평론가들이 하는 구분상, 노래 부르는 싱어가 있다. 노래도 부르고 작곡도 하며 자기 개성을 발휘할 수 있는 음악을 하는 사람을 뮤지션이라고 부른다. 그리고 정말 특별한 사람, 아티스트라고 부른다. 뮤지션 내지는 아티스트급이 등장하는 시대가 온다.

편의상 십 년 단위로 나누면, 1950년대의 상징적 존재는 엘비스 프레슬리다. 백인인데 무대에서 엉덩이를 흔들고, 마이크에 대고 소리를 지른다. 당시로는 도저히 있을 수 없는 일을 그가 했다. 물론 엘비스는 잘생겼고 발라드가 되는 사람이었다. 아주 떨리는 음색으로 노래를 멋지게 부르고, 게다가 음악적 요소를 다양화해서 모든 계층이 좋아하게 만들었다. 반항적이고 인생 안 풀리는 뒷골목 젊은이들의 일종의 인디 음악이던 초기 로큰롤이 세계인이 사랑하는 보편적인 음악이 되는 데에는 엘비스 프레슬리라는 특별한 존재가 있었기 때문에 가능했다. 한마디로 엘비스는 마이너리티들의 막가는 유흥 음악을 세계인의 음악으로 만든 존재다.

엘비스 프레슬리 이전에 유명한 사람으로 빙 크로스비가 있고, 장르는 다르지만 프랭크 시나트라 같은 무지막지한 스타가 이미 많았지만 로큰롤로 한정해 보면 엘비스 프레슬리는 정말로 굉장한 존재로 등극했다. 왜냐면 대중 스타가 된 최초의 로커이고 엘비스 프레슬리로 인해 사람들이 로큰롤의 어법이나 방식을 전혀 이상하지 않은 것으로 받아들이게 되었기 때문이다. 엘비스 프레슬리는 집에서 홀로 뒷일 보다가 죽었다. 화장실에서 힘쓰다가 맥없이 죽었는데, 외로움에 몸부림치다가 죽은 거다. 20대 초반부터 대스타가 되어서 온 세상이 떠받드니까 한편으로는 외로웠다. 외로워서 새벽에 도넛을 마흔 개씩 먹기도 했다고 한다. 얼마나 외로우면 자기 몸을 망치면서까지 먹었을까. 엘비스가 보기에 모든 사람이 자기에게 이익을 바랄 뿐, 마음이 통하는 사람이 없었던 거다. 그걸 보면 사람이 너무 대단해지면 안 되는 거 같다. 엘비스 프레슬리가 1950년대 로큰롤의 대중성을 폭발시켜서 지금도 할머니 팝송 세대 중에는 그를 영원한 연인으로 여기는 사람이 많다. 매력적이고, 그의 바이브레이션은 무척이나 애절하다.

1960년대는 인류사에서 가장 위대했던 시기 같다. 그 10년 동안 모든 것이 분출해서 그 시기를 특별한 연구 대상으로 삼기도 한다. 팝 뮤직으로 보자면 1960년대는 록의 시대이다. 이 시기에 다른 뮤지션들은 명함 내밀기 힘들 만큼 우뚝 선 존재가 있다. 너무 우뚝하다 못해 거의 신적인 존재다. 바로 비틀스다. 비틀스에 대해서는 너무 많이 알려져 있으니 길게 설명할 것 없이 그들이 왜 중요하고 대단한지만 말하겠다.

비틀스가 처음부터 뛰어난 음악을 한 게 아니다. 처음에 '러브 미 두(Love me do)'라는 노래가 히트했는데 아주 가벼운 버블송 같은 노래다. 그런데 1960년대 초부터 1970년에 해산할 때까지 일 년에 두어 장씩 앨범을 내는 동안 그들 음악이 비약적으로 성장했다. 록 음악의 데이터베이스를 다 깔아놓았다고 보면 된다. 록 음악은 이렇게 하라는 전범을 계속 제시해서 후대에 다 그렇게 따라 했다. 지금도 그 영향을 미치고 있다고 볼 수 있다. 1990년대 영국 록을 '브리티시 팝', 줄여서 브릿팝이라 일컫는데 결국은 비틀스의 세계를 재현하자는 취지를 갖는다. 비틀스는 음악적 표현으로나 가사의 세계에 있어서나 아름다운 화성의 세계의 극한을 구현했다. 또 1960년대 히피 저항의 물결을 적극적으로 반영해서 더벅머리 스타일로 반전 평화운동에도 깊이 관여한다.

비틀스는 록의 데이터베이스다. 첫 앨범 다르고 두 번째 앨범 다르고, 사이키델릭 음악을 선도하고, 「서전트 페퍼스 론리 하츠 클럽 밴드(Sgt.Pepper's Lonely Hearts Club Band)」라는 앨범은 헤비메탈의 원조 격으로 인정된다. 사이키델릭 뮤직, 펑크 등 온갖 영역의 원조이고, 모든 장르적 원형이 비틀스 음악 속에 있다. 후대 뮤지션들이 비틀스 음악을 밑천으로 끊임없이 변형시키고 발전시켜 나갔으니 얼마나 대단한 그룹인가. 아마 힙합 정도만 새로운 것일 뿐 지금도 거의 모든 대중음악이 비틀스라는 틀 안에 있다고 볼 수 있다. 도무지 그 바깥에 있기가 어렵다.

　그럼 폴 매카트니가 멋있을까, 존 레넌이 멋있을까? 폴 매카트니는 기사 작위도 받고 싶어 하고 여왕 앞에서 폼도 잡고 싶어 하고 돈도 꽤나 밝힌다. 존 레넌은 정반대의 삶을 살았다. 멋지게 음악을 하다가 아내 오노 요코 때문에 수년 동안 전업 남편으로 집에 틀어박혔다가 나와서 「스타팅 오버(Starting Over)」 음반 하나 내고 몇 달 만에 마크 채프먼이라는 정신이상자가 쏜 총에 맞아 죽었다. 그 전에 존 레넌은 오노 요코와 같이 홀딱 벗고 기자들 앞에 선 적이 있다. 인류 평화를 주창하기 위한 퍼포먼스였다. 전위예술가 오노 요코와 둘이 맨몸으로 오랜 시간 부둥켜안고 이 세상은 사랑이어야 한다는 메시지를 전했다. 우리나라 라이선스 음반에서는 지웠지만 털이 적나라하게 나왔다. 그런 못 말리는 시대가 있었는데 그 한 극치가 존 레넌이다. 평전 등 그에 관한 책을 세 권쯤 읽었는데 진짜 멋있는 사람이다. 솔로 앨범 들어보면 알 수 있는데, 그의 목청은 가늘고 그리 좋은 목소리를 타고나지 않았다. 그러니까 노래 실력이 좋다기보다 자기 스타일을 창안해 음악적 깃대를 꼽아버린 것이다.

　폴 매카트니는 역사상 가장 재능 있는 뮤지션으로 기네스북에 등재돼 있다. 실제로 그는 음악적으로 뛰어나다. 근데 가치의 차원에서 보면 폴 매카트니가 아니고 존 레넌이 영웅이 된다. 음악 근처 사람들이 대부분 동의하는 의견이다. 나는 중학교 때부터 조지 해리슨을 좋아했다. 신비롭다. 한동안 활동을 하지 않던 조지 해리슨이 솔로 음반을 내서 나온 노래가 '기브 미 러브(Give me love)'인데 아, 지금도 좋다.

책에서는 다루지 않는 비공식적 이야기를 하면, 음악 듣는 동네에서는 비틀스 좋아하면 좀 모지리 취급을 당하기도 한다. 그럼 누구를 좋아하느냐. 롤링스톤스를 좋아해야 멋있는 사람이 된다. 비틀스 음악은 화성의 세계다. 미국의 대단한 지휘자 레너드 번스타인이 1960년대 청소년을 위한 음악 강좌를 했는데 한때 그걸 보는 게 유행이었다. 나도 학교에서 봤다. 클래식 강좌인데 레너드 번스타인이 비틀스를 자주 언급했다. 비틀스 음악이 대위법적으로, 화성적으로 얼마나 수준 높게 구성되었는지를 얘기하곤 했다. 아름다운 화성의 세계, 멋진 대위의 흐름, 시적인 가사, 예술적 품격을 갖췄으니 압도적 다수가 비틀스를 좋아하는 거다. 그런데 조금 멋있는 시크한 사람들이 보기에 비틀스는 웃기는 거다. '니들이 그러면야, 내게는 베토벤이 있는데?' 싶다. 비틀스가 싫은 거다. 왜? 주류의 세계이니까. 비틀스는 아름답고 조화로운 질서를 노래하는 셈이니까.

롤링스톤스 음악은 쓰레기 코드다. 선율은 단조롭고 믹 재거는 아주 메마른 목소리에 음정도 불안하고 맨날 틀린다. 이 세상에서 음정을 못 맞추는 위대한 가수가 지미 헨드릭스, 밥 딜런, 믹 재거이다. 이 사람들이 음정이 안된다니 못 믿겠지만 사실이다. 굳이 드러내서 얘기하진 않으나 조금 멋 부리는 사람들은 롤링스톤스를 좋아한다. 그리고 실제로 멋있다. 특히나 1960년대 중반기까지 나온 롤링스톤스 음반들은 굉장히 단순하고 가사도 아주 유치하다. 근데 크게 틀어놓고, 또는 이어폰 꽂고 볼륨 좀 높인 다음에 그냥 넋 놓고 쭉 들어보라. 모든 인간의 내면에는 고상함 못지않게 양아치가 숨어 있다. 양아치가 부리는 겉멋의 극대화가 롤링스톤스에 있다. 멋있다. 통쾌하다. 굳이 비틀스만 듣겠다면 말리지는 않겠다. 사실 비틀스를 외면한다는 건 할 짓이 아니다. 정말 대단한 존재이니까. 하지만 롤링스톤스….

; 록 스피릿, 천천히 쓰러지기보다
불타 없어지겠노라

머리 길다고 나보고 히피라고 하는 사람도 있다. 내가 그렇게 훌륭한
줄 아나? 히피는 문명을 거부하는 사람들의 공동체를 의미한다.

1960년대는 아주 많은 이야기를 할 수밖에 없는 위대한 시기다.
반전·평화·인권 등 우리가 사는 현대사회의 중요한 가치들이 그
시절에 만개했다. 우리는 지금도 1960년대의 영향권 내에서 산
다는 생각이 든다. 그때 고양된 인간의 가치가 지금은 오히려 퇴
행하는 것 같지 않은가?

68혁명의 영향으로 유럽에서는 모든 기성 가치가 재구성됐
다. 지금 유럽 사회는 68혁명의 결과물이다. 그때 청년들이 지금
대통령을 하고, 사회 주류가 되었다. 그때 생겨난 가치들이 현재
유럽이라고 보면 된다.

미국에는 '스튜던트 파워'가 있었다. 이 세상을 변혁시킬 주
체는 더 이상 노동계급도, 기성세대도 아닌 새로운 지식을 습득

한 학생 세대라는 것이다. 그 이론적 기초를 제공한 사람이 독일 학자 마르쿠제다. 마르쿠제는 프랑크푸르트학파다. 그 학파는 막스 호르크하이머를 비롯해 젊은 소장파 청년 학자 집단에서 출발했다. 그들이 마르크시즘을 연구하다가 마르크스 생전에는 미처 생각하지 못한 많은 사회현상을 발견했다. 그래서 사회철학, 비판철학이라고, 사회를 분석하는 새로운 틀을 만든다. 마르쿠제는 유태인이라서 제2차 세계대전 당시 미국으로 망명했는데 미국 젊은 세대들에게 혁명을 주창한다.

마치 우리나라에서 1970년대 한양대 리영희 교수가 냉전 대결 의식의 허구성을 설명한 『전환시대의 논리』라는 책이 학생운동에 깊은 영향을 준 것과 같다. 거의 모든 대학생이 리영희 교수의 영향을 받듯이 미국에서는 마르쿠제가 그런 존재였다. 미국에서는 인권(human rights)보다 민권(civil rights)이라는 용어를 많이 썼다. 권력에 대비되는 민중의 권력 그리고 인종에 대한 편견 거부, 여성의 권리 등 지금 우리가 소중한 가치로 생각하는 것들을 그 당시 청년들이 추구했고, 무엇보다 그 모든 것을 결합해 전쟁 없는 세상, 핵무기 없는 세상에 대한 열망을 퍼부었다. 또 청년뿐 아니라 일반 대중도 그런 열망을 표출했다.

그런데 그때 미국은 전쟁을 하고 있었다. 지금 생각하면 참말도 안 되는데, 미국 영토와 관계없는 먼 나라에 가서 폭탄을 퍼붓고 민간인까지 죽이면서 그것이 자유를 위한 거라고 했다. 무슨 개똥 같은 소리이냐 말이다. 자기네 나라 이익을 위해서 총알을 쏘고 우리나라를 포함해 약소국가들의 병사를 동원해 사람을 죽이면서 무슨 가치를 구현하겠다는 건가. 자기들 이익을 위해서라고 하면 차라리 솔직하기라도 하지. 근데 이라크 같은 데 가서 폭격하고 사람을 죽이면서 이라크 사람을 위해서라고 주장한다. 정말 말 같지 않은 소리다. 왜 전쟁을 하는지 생각해보면 어떤 전쟁도 평범한 사람들과는 상관이 없다. 권력 집단들이 권력을 더 강화하기 위해서 한다. 권력이 약화되고 내부가 불안해지면 권력을 유지하기 위해 전쟁을 이용하는 사례도 많다.

한국의 보수 정권이 북한의 위협을 계속 강조하는 이유가 무엇인가? '적이 있다, 큰일났다, 단결해야 된다. 말 안 들어? 너는 적의 편을 드는 거지?' 하는 공포와 분할통치를 이용한 지배 논리다. 예컨대 전라도라는 한 지역을 멸시하고 짓밟음으로 해서 나머지 사람들이 난 저기 사람 아니야, 우리끼리 뭉치자 하는 심리를 만든다. 그렇게 쪼개놓으면 맨 위에 있는 최종 권력은 안전해진다. 분할통치는 아주 오래된 통치 기법으로 박정희 시절에 써먹던 것이다. 그런 통치술로 해서 왕건이 어쨌고 이성계의 훈요십조가 어쨌고 역사적 근원을 만드는데, 제대로 연구된 문헌 자료를 보자. 다 개뻥이고 해석의 오류다.

1960년대 사회현상 중에 굉장히 영향이 컸던 한 가지가 히피(hippie) 무브먼트다. 흔히들 괴상하면 다 히피라고 한다. 머리 길다고 나보고 히피라고 하는 사람도 있다. 내가 그렇게 훌륭한 줄 아나? 히피는 현대 문명의 비인간성을 거부하는 사람들의 공동체를 의미한다. 대개 교육 수준이 높은 사람들이 히피가 됐다. 도시 거주자 중에 반항적이고 의식 있는 젊은이들이 히피로 전환해서 가령 사유재산을 거부한다든지 자녀를 공동육아로 키운다든지 그랬다. 히피 중에는 맹인이 된 사람들까지 있었다. '나는 저 태양에 저항하겠다' 하면서 하루 종일 해를 쳐다보다 눈이 먼다. 뭐, LSD(마약)를 해서 그럴지도 모른다.

히피 문화에서 빠지지 않는 게 마약인데 지금 우리가 생각하는 범죄로서의 마약과는 다른 개념이다. 마약을 통해 이 지구를 탈출한다는 의미를 담고 있었다. 낡고 지루하고 지겨운 이 현실을 탈출하는 여러 선택 가운데 마약, LSD라는 것을 이용하는 것이다. 열렬한 LSD 예찬자 가운데 한 사람이 하버드 대학의 티머시 리어리(Timothy Leary, 1920~96) 교수다. 지금은 마약 복용이 당연히 불법이고 사회악이지만 그 시절에는 하나의 유행 현상이었다.

"샌프란시스코에 가서는 머리에 꽃을 꽂으세요(If you're going to San Francisco be sure to wear some flower in your hair)"라는 가사가 나오는 스콧 매킨지(Scott Mchenzie)의 노래 '샌프란시스코'는 히피의 상징 노래였다. 게이도 많지만 히피도 많았던 샌프란시스코의 한 구역이 있다. 그 지역에서 성 정체성을 거부하고 바이섹 슈얼, 양성애가 유행했다. '왜 꼭 남자와 여자가 해야 돼? 남자끼리도 하고 여자끼리도 하고 또 남녀 간에도 하면 되지'라는 생각이 퍼져 나갔다. 양성애는 꽤 광범위하게 퍼져 나간 현상이기도 했다. 모든 기성 통념, 가치 등에 대한 저항이었다.

록 히피들이 공동체 이상을 추구하고 사유재산을 거부하는 현상이 록 음악에도 반영된다. 그중 하나가 그레이트풀 데드 (Grateful Dead)다. 일곱 명으로 구성된 이 밴드는 샌프란시스코 헤이트애슈베리(Haight-Ashbury) 파크에서 많은 공연을 했는데 거의 다 무료 공연이었다. 그들은 공동생활을 하고 개별 채산을 하지 않았다. 1960년대를 기억하는 사람들에게 히피 문화는 열정, 뜨거움이다.

기독교 신자 중에는 왜 그따위 짓을 하느냐고 생각하는 사람이 많을 텐데, 그 모든 미친 짓의 배경에 진보적 신념이 자리한다. 인간은 항상 어떤 미몽에 갇히게 되어 있다. 파고다공원 같은 데서 배지 단 할아버지들, 또 무슨 연합회 하는 사람들, 그분들에게는 그게 진실일 것이다. 왜? 미몽. 눈에 덮개가 씌워서 이 세상이 안 보이는 거다. 그 사람들은 지나간 냉전 시대의 피비린내 나는 적군과 아군의 싸움을 여전히 한다. 한쪽을 궤멸해야 한다는 신념으로 무장하고 인생을 살아간다. 그런 식의 미몽을 깨야 인간은 자유를 얻는다. 자유를 획득했을 때 비로소 나 자신이 될 수 있다. 자유를 얻지 못한 사람은 노예 의식을 갖게 된다. 자신을 노예로 생각한다. 노예는 자기 상전의 이익을 자신의 신념으로 삼는 자다.

인간은 자신의 이익을 위해서 산다. 그리고 나만의 이익 추구가 집단에 해악을 미치는 걸 우려해서 연대라는 가치를 만들었다. 나와 상관없는 사람들과 함께 고민하고 저 사람의 아픔이 내 아픔이 되는 것이 연대의식이다. 이게 깨어 있는 진보의 신념이다. 1960년대에 그 모든 것이 개화되었는데 그중 가장 극단적인 문화운동이 바로 히피즘이다. 그런 문화적 성격이 강한 히피와 대조되는 또 하나의 세력이 있었으니 이피(Yippie)라고 불렀다. 이피들은 총기를 들고 경찰서 등 정부 시설이나 기관을 공격하고 쏴 죽이는 방법으로 세상을 전복시키려고 했다. 하지만 미국은 저항 문화권이 아니라서 이피가 성행하지는 않았다.

흑인들의 민권운동도 두드러진다. 가령 맬컴 엑스의 주장은 이렇다. 흑인들이 왜 이렇게 고통 받고 살아야 되느냐, 우리는 구걸하지 않겠다, 우리가 흑인독립공화국을 만들 테니 미국의 한 주만 달라고 요구했다. 특히 월남전 때문에 반전운동이 확산되면서 60년대는 참으로 요동치는 세월이었다.

1950년대 중반에 로큰롤이 생겨 번성하고 1960년대에는 로큰롤이 록이 된다. 딴 뜻은 아니고, 아주 단조로운 셔플 리듬에서 벗어나서 다채로운 음악 형식 실험이 진행됐고 음악적 변이가 생겨난다. 이때 피아노로 생난리를 치는 뮤지션 제리 리 루이스(Jerry Lee Lewis), 키가 아주 작고 땅땅한 리틀 리처드(Little Richard) 등 독특하고 재미난 뮤지션이 다 나오는데 이들이 젊은 세대에게 큰 영향을 미친다. 앞에서 말한 '기성세대를 믿지 말라. 서른 넘기 전에 죽고 싶다'와 함께 '천천히 쓰러지기보다 불타 없어지겠노라(It's better to burn out than to fade away)'가 청년들의 표어가 된다. 젊은 날 무대에서 죽어버리는 것. 그런데 진짜로 죽는다.

공교롭게 정말 뛰어난 뮤지션 세 명이 스물일곱 살에 죽는다. 더욱 공교롭게도 이름이 J자로 시작해 그 셋은 '3J'라고 불리며 별이 된다. 한 사람은 재니스 조플린(Janis Joplin), '빅 브라더 앤더 홀딩 컴퍼니(Big Brother and the Holding Company)'라는 밴드의 싱어 출신이다. 재니스 조플린은 못생겼다는 콤플렉스를 안고 살았던 모양이다. 재니스 조플린의 유명한 곡이 많지만 그중 특별히 히트한 적이 없는 'Maybe'라는 노래를 가장 좋아한다. 내가 발견한 노래다. 재니스 조플린은 거의 목청을 찢고 발광하며 노래하는데 이 노래는 별로 안 찢고 비교적 조용히 부른다. 그 대신 듣는 사람 가슴을 찢어놓는다. 내가 라디오에서 팝 음악을 무척 많이 틀었는데 이 곡을 참 자주 틀었다.

또 한 사람은 도어스(The Doors)라는 밴드의 싱어 짐 모리슨(Jim Morrison)이다. 밴드 이름은 윌리엄 블레이크의 시 가운데 "인식의 문이 열리면 모든 것이 무한히 드러난다(If the doors of perception were cleansed, everything would appear to man as it is, infinite)"는 시구에서 따왔다. 짐 모리슨은 아주 지적인 사람이었다. 음악은 거의 발광하듯이 하지만 해군 제독 아들에 전형적으로 부잣집 공부 잘한 도련님 출신이었다. 그의 평전 『No One Here Gets Out Alive(이곳에서는 아무도 빠져나가지 못하리라)』에는 그가 열몇 살 때 인디언들을 보고 충격을 받은 이야기가 나온다. 인디언들이 모여서 집단으로 군무 추는 걸 보면서 어떤 영감을 받고 자기가 속한 백인 사회와 문명에 반감을 갖게 된다. 짐 모리슨은 사회주의자가 아니었다. 다만 자본주의가 인간에게 매우 불합리하고 잘못된 제도라는 굳은 신념을 가졌다. 그래서 자본주의에 대한 저항으로 영적인 세계를 찾는다. 짐 모리슨 공연을 보면 꼭 중간에 빙빙빙 도는 인디언들 혼령 춤을 춘다. 짐 모리슨 전기 영화 「도어스」에서는 발 킬머가 짐 모리슨 역할을 했는데 아주 잘했다.

마지막으로 흑인 아티스트가 있다. 살아생전에 꼭 한 번은 우드스톡 페스티벌 다큐멘터리를 보기 권한다. 1997년, 99년 페스티벌도 재미있지만 최초의 것, 1969년 페스티벌이 진짜다. 그건 정말 우드스톡 네이션, 젊은이의 공화국이 별도로 생겨났다고 할 만하다. 그런 거 안 보고 살면 헛사는 거다. 페스티벌 맨 마지막에 지미 헨드릭스(Jimi Hendrix)가 기타 한 대로 미국 국가 '성조기

(The Star-Spangled Banner)'를 연주한다. 그냥 기타로 폭탄 방 터트리고 방 터트리고, 거친 소리를 내는데 조롱과 전율, 비난과 분노 모든 게 섞여 있다. 지미 헨드릭스는 기타리스트이면서 보컬이기도 했는데 노래하고 나면 항상 쥐구멍에 숨고 싶었다고 토로했다. 나같이 노래 못하는 놈의 노래를 들어주다니 하는 마음에. 그의 목소리는 탁하고 이상한데 그게 매력이 됐다.

이 세 사람이 다 스물일곱 살에 죽었다. 미국에서 티셔츠에 뭘 새기고 다니는 것이 자기주장이나 정체성의 표현이라고 한다. 우리나라에서도 그런 경우가 있지만 미국은 소규모 제작을 많이 해서 더 성행한다. 그런 티셔츠에 압도적으로 많이 나오던 인물이 세 사람 있다. 체 게바라, 브루스 리(이소룡), 그리고 지미 헨드릭스다. 그 정도로 지미 헨드릭스는 전설이고 추앙받고 사랑받는 존재다. 이 사람은 기타 연주 중에 불을 지른다. 기타를 때려 부수거나 이빨로 연주하기도 한다. 기타를 등에 대고 연주하는 등 기타가 몸의 일부가 된 사람이다.

1960년대 유산으로 빼놓을 수 없는 뮤지션이 하나 더 있다. 위대한 기타리스트 지미 페이지(Jimmy Page)가 결성한 레드제플린(Led Zeppelin)이라는 영국 밴드이다. 재밌는 것은, 빛을 못 보고 있던 어떤 싱어를 그룹 보컬로 영입하려고 했는데 그 친구가 싫다고 거절하면서 자기 대신 로버트 플랜트(Robert Plant)를 추천했다는 것이다. 레드제플린 보컬을 했다면 비틀스 다음쯤 되는 그룹의 싱어로 이름을 날렸을 텐데 말이다. 그가 바로 불운한 천재 테리 리드(Terry Reid)인데, 끝끝내 빛을 보지 못했다.

기타리스트 지미 페이지, 보컬 로버트 플랜트, 존 보넘(John Bonham)이라는 드러머, 존 폴 존스(John Paul Jones)라는 베이시스트, 이 네 명으로 구성된 레드제플린은 록 음악이 도달할 수 있는 극한까지 가버렸다. 음악적으로는 가장 뛰어났다. 비틀스가 록 음악이 발전하기 전 단계에 훌륭한 걸 다 했다고 한다면 음악적으로 극한적으로, 최고까지 간 건 레드제플린이다. 그 후로 레드제플린을 따라갈 수 있는 그룹은 영원히 없다고 말하는 것이 과장은 아닐 것 같다. 인기 높은 그룹이야 계속 등장하지만 음악적으로는 아마도 더 이상 영원히 안 나올 거다. 드러머 존 보넘이 과음으로 죽어버렸다. 그러니까 이 세상에 존 보넘을 대체할 수 있는 드러머가 없다고 믿는 거다. 그가 죽자 그 펄펄 날던 나이의 멤버들이 밴드를 해체해버렸다.

도어스도 짐 모리슨이 죽고 나서 밴드를 해산하고 산산이 흩어져버렸다. 건반 치던 친구는 작가가 되어 책도 많이 쓰고 꽤 높은 평가를 받았다. 한 명은 화가, 또 한 명은 금융계에서 크게 성공한다. 보통 인물들이 아니었던 것이다. 1960년대라는 시대가 그렇게 사람을 길러낸 것이다.

지금 이 세상을 조화롭게 잘 만드는 것을 추구하자, 그러기 위해서 법이나 제도를 만들고 그런 것을 잘 만들려고 인간의 이성을 극대화한다. 이것은 고전주의다. 인간은 이성만으로는 살수 없으니까 이것도 저것도 아닌 다른 어떤 것이 없을까 하며 기성 질서를 마구 파괴해버리면서 새로운 것을 추구하고, 인간의 이성보다는 감성적 요소가 훨씬 더 중요해지는 예술 행위가 로맨티시즘, 낭만주의다. 그 로맨티시즘, 현실 파괴 충동, 이상향의 추구 등이 한 시대를 점해서 1960년대에 거의 모든 분야에서 난리법석이 일어나는데 음악도 예외일 순 없었다. 별별 짓이 다 일어났다. 그 시대에 참으로 많은 이야기가 있으니 언젠가 흥미롭고 재밌게 1960년대 문화사를 찾아보기 바란다.

팝처럼 살 것인가,
록처럼 살 것인가

엘턴 존의 록은 일정한 비트가 세게 계속 반복하는 스타일인데 참 좋다. 그런데 그런 곡들은 대중적으로 히트하지 못했고 발라드한 곡들만 히트했다.

1960년대라는 격동의 시대에 많은 일이 벌어지는데 그게 계속될 수가 없었다. 피곤하기 때문이다. 우리나라도 똑같다. 1980년대 내내 거리에서 노동자들이, 대학생들이 돌을 던졌다. 노학연대라고 노동자와 대학생이 하나 되어 싸웠다. 당시 미국 언론에서 한국인을 일컬어 'stone throwing people'이라고 쓸 정도였다. 돌 던지는 국민. 조롱하는 말은 아니었다. 10년 동안 그러고 나니까 민주화라는 성과도 얻었고 사실 지치기도 했다. 1990년대는 점이지대와 같다. 한국 사회가 최초로 소비사회로 전환했다. 노태우 정부에서 돈 쓰는 맛을 알게 했다. 그때 경제정책이 참 놀라웠다. 노동자 실질임금을 단기간에 세 배로 올려놓은 것이다. 그게 정교한 계산에 의한 건지 사회적 요구에 어쩔 수 없이 끌려

간 건지는 설명하기 어려운데 결과적으로 어떤 일이 벌어지냐면 혁명하자던 결사체가 대부분 사라지고 시민운동이라는 용어가 새롭세 퍼진다.

시민운동은 혁명적이지 않다. 일종의 중산층 운동이라 할 수 있는데 그 배경에 파격적인 소득 향상이 있다. 민주화 운동의 목표를 정치권력 획득으로만 생각하기 쉬운데, 실은 경제성장의 과실을 노동 계층에게도 나누어 달라는 분배 요구가 핵심이다. 그리고 상당 부분 달성됐다.

그랬더니 놀라운 현상이 생겼다. 대기업은 더 성장했고 노동자들은 보수화되었다. 피라미드형으로 중산층이 생겨나기 시작한 것이다. 1990년대에 한국 사회는 안정기로 진입한다. 그때 사회를 불가역적으로 진보시켰더라면 얼마나 좋았을까. 세상은 앞으로만 전진하는 것이 아니라 거꾸로 가기도 하는 모양이다. 지금은 보수화를 넘어 극우 논리가 사회에 퍼지고 있다. 냉전 시대로 되돌아가는 퇴행 현상이 전 사회적으로 펼쳐지는 중이다.

미국도 유사했다. 한국의 1990년대가 미국의 1970년대이고 한국의 현재가 미국의 1980년대라고 보면 된다. 미국의 1960년대는 히피가 판쳤다. 그런데 1970년대 접어들자 반문명, 반전, 평화를 내세운 법석에 피로감을 느끼게 되고 한편으로는 그들의 요구가 현실에서 상당 부분 받아들여지기도 했다. 미국은 우리가 비판적으로 보면 아주 난폭한 나라인데 그 안의 내부 건강성을 보면 가장 무서운 나라이기도 하다. 지난 100년 동안 과학기술계의 위대한 발명의 태반이 미국에서 일어났다.

1970년대에 접어들면서 큰 변화가 일어나니, 히피들이 집으로 돌아와서 여피(yuppie, young urban professional)가 됐다. 히피만큼이나 여피도 광범위하게 쓰인 용어다. 히피가 집을 나와서 문명을 거부하고 공동체 생활을 하고, 인디언 옷을 입고 머리 길게 기르는 등 차림새가 아주 가관이었다면 여피들은 학교 열심히 다녀서 스펙 쌓고 머리 짧게 깎고 슈트 딱 차려입고, 도시에서 전문직이나 좋은 직장에 취직해 돈 잘 벌면서 가족 아끼고 아주 성실하고 모범적으로 살자는 거다. 그때는 오히려 그게 새로웠다. 깽판을 쳐야 젊은이이고 멋있다고 생각했는데 어느새 여피의 단정한 모습이 새로운 흐름이 됐다. 그러니까 사람들이 어디로 시선을 돌리느냐 하는 것인데, 한때는 멋지다고 생각한 히피 차림이 1970년대 접어들어서는 촌스러운 것이 되어버렸다. 머리 길러서 이가 드글드글 끓는 것도 지저분하고. 나는 지금 1960년대 헤어스타일을 고수하며 살고 있는데 그 이유는 그 시대가 좋기 때문이다. 목숨이 붙어 있으니 현재를 살고 있지만 정신적으로는 그때를 살겠다는 의지다.

1970년대에는 도시 중산층 중에 엘리트 계층이 사회 주도 계층이 된다. 여피의 시대가 열리고 그들이 좋아한 음악이 당연히 록에서도 중심이 된다. 내가 굳이 '록'이라는 용어를 쓰는 이유는 팝과 록을 구분해야 하기 때문이다. 팝은 말 그대로 우리말로 '유행가'다. 물론 유행가 범위에 편입되는 록도 있지만 음악적으로 그 의미를 구별할 필요가 있다. 가령 레드제플린의 음악을 팝송이라고 하지 않는다. 그건 록이다. 비틀스 음악은 팝이면서 록이다.

1970년대에 여피들의 세계가 열렸어도 1960년대 뮤지션들은 여전히 살아 있다. 생전에 지미 헨드릭스는 이빨로 줄을 깡깡깡 물어뜯으며 연주하다가 마지막에는 기타에 휘발유를 좍 붓고 불을 붙여 태워버렸다. 여기서 더 나간 게 영국의 더 후(The Who)라는 밴드이다. 지금도 영상을 보면 대단하고 굉장히 위대한 그룹이다. 나는 어릴 때 AFKN(주한 미군 방송)으로 그들의 라이브 공연을 보곤 했는데 마지막에는 공연에 동원된 모든 것을 부쉈다. 베이스 기타로 드럼을 부수고 스피커니 마이크니 완전히 다 때려 부순다. 그걸 보면서 악기 값이 만만찮을 텐데 참 돈도 많다는 생각을 했다. 그런데 어느덧 그런 행위가 힘들고 또 하기도 싫어진다. 아직도 변두리에서 히피 짓을 하는 사람들이 있지만 이제는 마이너이고 주위에서 촌스럽다고 여긴다. 세련된 여피들은 다른 걸 원했고 록 뮤지션들은 세 갈래로 나뉘게 된다.

1970년대 록의 한 갈래는 아름다운 록이다. 록의 정신은 기본으로 깔고 가되 팝과 다를 바 없이 듣기 좋은 멜로디 중심의 록이다. 가사도 판에 박은 내용이 아닌 데다 아름답다. 대표적인 뮤지션이 엘턴 존(Elton John)이다. 몇 년 전에 엘턴 존의 내한 공연을 가보고 그때 그를 존경하게 됐다. 로커들은 공연할 때 멘트를 거의 하지 않는다. 그 노인네가 공연 시간 두 시간 반 동안 수십 곡의 노래만 쫙 부르고 들어가는데 와, 그 에너지에 탄복했다. 키도 쬐그마니 나보다 작은데 진짜 대단하다는 말이 절로 나왔다. 그래서 대가수인가 보다.

영국 왕립음악원이라고 굉장히 좋은 음악대학에서 엘턴 존은 피아노를 전공했다. 조그맣고 볼품없게 생긴 젊은이가 피아노 치면서 '식스티 이어스 온(Sixty years on)' '유어 송(Your song)' '대니얼(Daniel)' '크로커다일 록(Crocodile rock)' 뭐 이런 노래 부르는데 정말 파워풀하면서도 애절하고 사람 미치게 만들었다. 나이 먹고 엘턴 존도 약간 트로트 가수와 비슷해졌다. 다이애나 추모하는 노래를 하고 무슨 애니메이션 배경음악을 만들고 그랬다. 젊었을 때 강렬하게 멋있던 사람도 나이 들면 달라지는 것 같다.

엘턴 존의 록은 일정한 비트가 세게 계속 반복하는 스타일인데 참 좋다. 그런데 그런 곡들은 대중적으로 히트하지 못했고 발라드한 곡들만 히트했다. 어쨌든 1960년대 음악과 분위기가 상당히 다르다. 그런데 엘턴 존의 노래에는 일단 오케스트레이션이 많이 구사된다. 어떻게 보면 음악적 발전이라고도 볼 수 있다. 1970년대 들어와 록도 멜로딕하게 변해갔다고 이해하면 된다.

1970년대 록의 또 하나 경향은 예술을 하겠다는 흐름이다. 여기에 속하는 뮤지션들은 현대음악이나 복잡한 클래식, 가령 바흐의 선법 등을 록 음악에 반영했다. 그들의 음악은 길고 복잡한데, 무엇보다 연주력이 뛰어난 일군의 뮤지션들이 1970년대를 장식한다. 그 갈래를 일컬어 '프로그레시브(Progressive) 록'이라고 했다. 그리고 그런 뮤지션들의 음악에 컬트적으로 열광하는 부류가 있었다. 성시완 씨처럼 평생 프로그레시브 록에 열광하고 보급하는 사람도 꽤 있다. 심오하면서도 어지러운 록이다. 곡 하나가 이십 여분이 넘기도 하는데 대중적으로 성공하는 그룹들이 생긴다. 프로그레시브 록, 지금 용어로 '아트 록'이라는 새로운 형태의 예술적 록이 한 줄기를 이룬다.

대중성을 얻은 대표적인 프로그레시브 록 밴드가 핑크플로이드다. 이들의 최대 히트곡 '어나더 브릭 인 더 월(Another Brick In The Wall)'은 상당히 대중적으로 만든 곡이다. '그레이트 기그 인 더 스카이(The Great Gig In The Sky)', '타임(Time)' 등이 실린 음반 「다크 사이드 오브 더 문(The Dark Side of the Moon)」은 상업적으로 가장 성공한 앨범으로 빌보드 앨범 차트에 741주 이상 올라 기네스북에 올랐다. 음반을 소장하는 사람 중에 그 앨범이 없는 사람이 없을 정도였다. 어디 핑크플로이드만 있겠는가. 킹크림슨(King Crimson), 에머슨 레이크 앤 팔머(Emerson, Lake & Palmer), 나이스(The Nice) 제네시스(Genesis) 등등 수많은 밴드가 명멸했다. 무디블루스(The Moody Blues)는 클래식 선율을 사용해 노래를 했다. 프로그레시브 록에 관심을 갖고 한번 빠져들면 내내 그것만 듣는 사람들이 많다. 다른 장르의 음악을 아주 우습게 안다.

팝에 근접한 아름다운 록, 프로그레시브 록, 그리고 또 하나가 있다. 전기의 힘을 빌려 앰프 볼륨을 한없이 높이는 방식을 음악에 적용한 밴드들이다. 기술이 계속 발전하니까 하이파이(hi-fi)에서 엄청난 음량을 내는 것이 가능해진 것이다. 스피커도 고성능화되어 엄청난 볼륨으로 뺑뺑 때리면 사람들 심장이 벌렁벌렁한다. 공연장도 야구장, 축구장처럼 몇만 명씩 모일 수 있게 규모가 커진다. 이쪽의 선구자가 레드제플린이다. 레드제플린 음악은 록의 가장 완성된 형태라고 얘기한다. 한마디로 '넘사벽'이다.

레드제플린과 함께 인기 있었던 밴드가 딥퍼플(Deep Purple)이다. '하이웨이 스타(Highway Star)'는 우리나라에도 굉장히 인기 있다. 그런데 지금까지 언급한 태반이 영국 밴드들이다. 웃기지 않는가? 활동은 주로 미국에서 하고 미국 사람들이 음반을 사서 돈을 버는데 실력 좀 있다 하는 그룹은 대개 영국 출신이다.

그때는 이런 부류의 음악을 하드록이라고 했다. 하드록이 아닌 팝송은 이지리스닝, 나중에는 어덜트 컨템퍼러리(Adult Contemporary)라고 했다. 1970년대부터 록은 엘턴 존식의 아름다운 음악, 핑크플로이드식의 예술 음악, 그리고 레드제플린이나 딥퍼플시의 하드록으로 전개되어갔다. 하드록은 나중에 '헤비메탈'로 바뀐다. 그런데 살짝 족보가 달라서 헤비메탈을 록의 범주에 넣지 않는 평론가들도 있다.

; # 펑크록과 디스코,
음악으로 불타오르다

디스코는 춤이기도 하고 음악이기도 하다. 원래 노래 장르 명칭과 춤의 장르 명칭은 따로 논다. 룸바, 탱고는 춤의 명칭이지 음악 갈래는 아니다. 그런데 디스코는 구분이 안 된다. 그런데 디스코는 흑인의 음악일까, 백인의 음악일까?

1970년대는 내용적으로 근사한 것이 참 많다. 꼭 음악만이 아니라 모든 분야에서 그러하다. 1960년대를 상징하는 단어를 하나로 요약하면 '스피릿(spirit)'이다. 록 스피릿(Rock spirit). 뭔가를 추구하는 정신, 기질, 도전 등이 중요했다. 문학작품도 그렇고 회화, 미술 동네에서도 1960년대에는 액션 페인팅이니 우연의 뭐니 하면서 해프닝, 이벤트 온갖 용어를 쓰면서 괴상한 아방가르드 퍼포먼스를 많이 했다. 그런데 1970년대의 산물은 대중이 좋아하게끔 근사하게 완성된 형태로 변한다. 지금 봐도 멋있다. 여피라는 세련되고 돈 많은 계층을 배경으로 해서인지 우아하고 품위가 있었다. 그걸 어떻게 받아들일 것이냐는 개별 판단의 문제이지만 말이다.

그런데 쭉 근사하면 좋을 텐데 그게 그렇지가 않다. 이상하게도 좋은 쪽으로 가다가 꼭 뒷걸음질 치거나 구렁텅이로 빠지거나 딴짓을 하게 된다. 1980년대를 예고하는 모습들이라고 할 수 있는데 1970년대 말에 두 가지 일이 생겨난다.

하나는 펑크(punk)라는 현상의 출현이다. punk와 funk는 다르다. funk 혹은 'funky하다'는 흑인들이 핫하다는 의미로 쓰는 용어다. 흑인음악에서 그루브를 타면서 신나게 빵빵 때리는 것이 funk이다. punk는 1960년대 히피의 변형된 버전으로, 1990년대 얼터너티브의 전사이기도 하다.

1970년대 말경 가난한 청소년들이 밴드 활동을 하는데, 음악을 하는 게 싫었다. 그건 사기라고 생각하고 음대 출신처럼 하기 싫어하는 부류가 있었다. 영국에 우리나라로 치면 동대문시장 같은 곳에 옷가게가 하나 있었는데 그곳에 조니 로튼(Johnny Rotten)이라는 아주 건달 같은 놈이 자주 들렀는데 그가 또 다른 건달, 시드 비셔스(Sid Vicious)를 만나서 둘이 록밴드를 결성하기로 한다. 두 사람은 제대로 기타를 잡아본 적도 없었다. 잘 연습하고는 공연을 했다. 말도 안 되는 일을 어떻게 했을까? 기타 코드에서 C, G, D 딱 세 코드만 짚을 줄 알게 연습해서 그것으로 노래를 다 만들었다.

그것을 쓰리 코드(Three Chord)주의라고 한다. 두 사람은 '모든 음악은 쓰리 코드 안에서 다 끝나야 한다, 절대로 3분을 넘으면 안 된다, 그리고 이 세상은 더럽다, 별로 살 만한 데가 못 된다', 이런 생각을 배경으로 막가는 음악을 시작했다. 조니 로튼의 '로튼'은 썩었다는 뜻인데, 모습을 보면 양아치도 그런 생양아치가 없다. 누추한 변두리 동네에서 얼쩡거리던 친구들이 아무렇게 나 음악을 했는데, 그게 대박이 났다. 그룹 이름은 섹스와 총, 섹스피스톨스다. 쓰리 코드로 만든 '아나키 인 더 유케이(Anarchy in the U.K)'라는 노래가 수록된 음반 「네버 마인드 더 볼럭스, 히어 스 더 섹스피스톨스(Never Mind the Bollocks, Here's the Sex Pistols)」 를 낸다. Anarchy는 무정부주의, U.K는 영국, "우리는 영국의 무 정부주의자다"라고 소리 지른다.

우리나라에도 원조 펑크 그룹이 둘 있다. 크라잉넛과 노브레 인인데 그 친구들, 기성 가요의 관점에서 보면 보컬 안된다. 뭘 할 줄 몰라서 그러는 게 아니라 그렇게 해야 하는 거다. 모든 곡 이 다다다다다다다 둥둥둥둥둥둥둥 띠디디디디디디 땅 하고 끝 난다. 3분도 안 걸린다. 그런데 사람들이 미쳐버린다. 펑크가 그 런 거다. 발광하는 듯한 막춤, 마구 찢어 입은 옷 그리고 무엇보 다 짧고 노랗게 물들인 머리와 스모키 화장! 그 모든 것이 조합 된 것이 펑크다. 그런데 대중문화, 대중음악 전문가 중에 펑크를 무시하는 사람은 없다. 연구하는 사람도 많다. 왜 생양아치들이 연구 대상이 될까?

사실 펑크의 원조, 아니 선조가 있다. 1970년대 말 영국에서 섹스피스톨스가 등장하기 훨씬 전, 미국의 시러큐스 대학에 루 리드(Lou Reed)가 나타난다. 목소리로 봐서는 노래가 안되는데 그런 사람이 줄리어드 음대에서 비올라를 전공한 친구 존 케일이랑 밴드를 만들었다. 정확히 말하면 팝아티스트 앤디 워홀이 프로듀스를 한 그룹이다. 통상 예술과 연관된 어휘로 영혼성, 유일무이성, 아우라 등을 꼽는다. 누구도 복제할 수 없는 단 하나. 그래서 예술이 가치를 지닌다는 건데, 앤디 워홀의 생각은 달랐다. '웃기네, 대량 복제 시대 아니야? 막 카피하면 되잖아. 얼마든지 카피하는 걸 난 예술이라고 할 거야.' 하는 생각으로 팩토리라는 스튜디오를 만들어 복제 그림을 양산하고 아주 이상한 행위들을 한다. 그중 하나가 니코(Nico)라는 독일의 멋진 여성 모델과 그다지 노래가 안되는 친구들을 모아 벨벳언더그라운드(The Velvet Underground)라는 그룹을 만든 것이다.

그룹의 리더였던 루 리드가 2013년에 죽었는데 그는 이미 1960년대 후반에 벨벳언더그라운드라는 그룹을 만들면서 쓰리 코드주의를 주창한 바 있다. 영화 「접속」의 사운드트랙 '페일 블루 아이스(Pale blue eyes)'를 부르는 보컬이 바로 루 리드다. 노래가 안되는 사람인데 끝내주는 분위기와 독창성으로 간다.

루 리드는 록 음악의 발상을 풍요롭게 만든 사람이다. 작법을 어렵게 한 게 아니라 매우 유치한 발상법으로 구현했다. 시인으로 데뷔하기도 했다. 뒷골목 양아치 조니 로튼이 지성인 루 리드의 철학을 알 리 없는데 두 존재는 긴밀하게 연결이 된다.

　1970년대 말에 쓰리코드주의를 내걸고 펑크 음악이 나타나는데 펑크록에 섹스피스톨스처럼 파괴와 허무주의만 있는 것은 아니다. 남진이 있으면 나훈아가 있듯이 섹스피스톨스와 쌍벽을 이루는 밴드가 나타나니 바로 클래시(The Clash)다. 역시나 영국 출신이다. 클래시는 정치적 선동 음악을 했다. 정부 입장에서 보면 대단히 곤란한 메시지를 담았다. 우리나라로 치면 홍대에서 어떤 인디밴드가 '김정은이 하고 잘 놀아보세!' 하는 노래를 한 것이다. 니들 왜 그렇게 북한을 조롱하니, 걔네들도 사람이야, 같이 잘 놀아보세, 뭐 이런 식의 노랫말을 불러재꼈다. 영국이나 미국 정부 측에서 보면 섬멸해야 할 반군을 옹호했으니 눈엣가시였다. 그런 곡들이 히트작 반열에 올랐다. 클래시의 정치적 선동 음악 역시 펑크의 주요 흐름이다. 나중에 그쪽으로 쭉 이어지는 계보가 생긴다. 여기서는 상징적인 밴드만 이야기하지만 정말 무지하게 많다. 1990년대가 되면 부잣집 도련님들이나 펑크를 부정하는 펑크 키드들이 나타나는데, 특히 그린데이(Green day)가 그중 한 밴드이다.

　1970년대 말에 나타난 또 하나의 조류가 디스코다. 디스코는 춤이기도 하고 음악이기도 하다. 원래 노래 장르 명칭과 춤의 장르 명칭은 따로 논다. 룸바, 탱고는 춤의 명칭이지 노래의 갈래는 아니다. 그런데 디스코는 구분이 안 된다. 그런데 디스코는 흑인의 음악일까, 백인의 음악일까? 그것도 묘하다. 디스코로 크게 닐린 여가수 도나 서머(Donna Summer)는 흑인인데 디스코 열풍을 일으킨 영화 「토요일밤의 열기」로 디스코를 유행시킨 대스타 비지스(Bee Gees)는 순종 백인들이다. 말하자면 초창기 로큰롤처럼 흑백 구분이 없는 장르다. 디스코가 밤무대를 점령해버렸다. 공연장을 다 없애버렸다. 춤추는 곳에 밴드가 노래하고 연주를 해야 하는데 그러면 돈도 많이 들고 거추장스럽다. 디스코 유행과 오디오 산업의 발전이 결합했다. 부스 하나 차려놓고 레코드를 틀고 춤을 추기 시작했다. 디스코텍이라고 부르는 것이 생겨난 것이다. 그때는 연주자 없이 춤추는 것이 무척 낯선 일이었는데 디스코텍을 중심으로 전 세대가 빠른 속도로 디스코 춤에 열광하게 된다. 노래와 춤이 결합된 디스코가 휩쓴 것도 1970년대의 한 가지 현상이다.

**; 마이클 잭슨, 마돈나,
그리고 얼터너티브**

이 모든 얘기의 핵심은 여자 또는 남자를 어떻게 해서 꼬시냐는 것이다. 그러니까 아는 척을 하려면 1960년대 폭발하는 정신에 대한 이해가 필요하고 펑크, 1990년대 얼터너티브 현상도 알면 좋다.

1980년대 미국에서는 대통령 레이건, 영국에서는 수상 대처가 이 시기 내내 집권하는데 정말 이상하게도 우리나라에서 유별나게 훌륭한 인물들로 각광 받는다. 내가 보기에 자본주의 시스템을 불행으로 몰아넣은 두 장본인이 레이건과 대처다. 사실은 그 두 사람이 주도한 것도 아니다. 그 시대 상황, 과잉생산의 결과로 시민 계층이 부패했기 때문이기도 하다. 이 사회를 내가 책임질 일은 없고 그저 하루하루 재밌게 살면 그만인 거다.

자국의 노동자나 하위 계층을 생각하고, 먹고살 만해지면서 어려운 다른 나라들, 제3세계를 생각하는 등 인류사가 제법 건강한 방향으로 진전했는데, 이젠 힘센 놈이 다 먹는 세상이라는 금융자본주의가 1980년대에 확산된다. 우리가 신자유주의라고 부르고 '아, 이게 진짜 문제 있구나'라고 이제야 깨닫게 된 모든 현상이 그때 시작되었다.

금융자본주의가 무엇인가? 자본주의는 공장에서 물건을 만들어 그것을 소유하고, 팔아서 돈을 버는 시스템인데, 그런 과정과 전혀 무관하게 숫자에 적힌 것이 소유가 되는 세상이다. 그 숫자를 마구 돌리면 증폭되고 그것이 실질적으로 부의 원천이 된다. 세상에 한번도 망치를 쳐본 적도, 한번도 씨앗을 뿌린 적도, 물건을 날라본 적도 없는 사람들이 여의도나 월가에서 숫자를 두드려 거부가 되는 세상이다. 원점에서 생각해보면 굉장히 이상한 일들이 벌어진 거다. 그 모든 단초가 1980년대에 제공된다.

음악도 시대를 닮아 크게 달라진다. 이 시기에 어떤 악기 소리든 유사하게 낼 수 있는 전자악기가 전면적으로 쓰이게 된다.

잠깐 일렉트로닉과 일렉트릭을 구분하고 넘어가자. 일렉트릭 음악은 전기를 사용해서 사운드를 증폭시키는 것이다. 록은 일렉트릭 음악이다. 일렉트로닉은 소리를 변형시키는 것이다. 별별 다채로운 소리를 인위적으로 다 만들어 낼 수 있는 것이 일렉트로닉이다. 신디사이저 계통의 건반악기들, 신디사이저로는 트럼펫 소리도 낼 수 있고 오케스트라도 구현된다. 그러니 많은 연주자가 필요 없다. 프리 세팅된 전자건반을 두드리면 뭐든 만들 수 있으니까. 수없는 세월 죽으라고 연습해서 기타를 신묘하게 잘 치고 할 것도 없다. 이른바 뮤지션십의 가치가 점점 하락

하는 것이다.

이 시기의 상징적 존재가 두 사람 있다. 마이클 잭슨과 마돈나다. 마이클 잭슨은 가족 밴드 잭슨 파이브(The Jackson 5)의 막내로 활동했다. 잭슨파이브는 흑인음악의 본산 모타운 레코드가 배출한 정말 뛰어난 그룹으로 솔, 펑키의 시대를 이끌었다. 마이클 잭슨이 성장해 1977년 「오프 더 월(Off the Wall)」이라는 음반을 내면서부터 그 전과 다른 음악을 한다. 그때부터 마이클 잭슨이 특별히 중요한 존재가 되는데 바로 비트의 음악이다. 그 전에 팝적인 멜로디가 중요한 적도 있고 록 음악이 추구하는 리프가 중요한 적도 있는데 마이클 잭슨은 모든 음악을 비트의 음악으로 만들어 하나의 추세를 만들어냈다.

마돈나는 1980년대 사회 분위기에서 가능한 건데 가리고 숨겼던 본능의 욕망을 전면에 내세우는 트렌드를 이끌었다. 어떻게? 속옷을 겉옷으로 입었다. 이른바 란제리룩이다. 그건 굉장히 상징적이다. 마돈나 데뷔 초기 앨범 사진을 보면 가슴을 유난히 돋보이게 했다. 쾌락이라든지 삶에서 나만의 행복이 가장 중요한 가치로 대두되던 시기에 그 상징적 존재가 바로 마돈나였다. 어떤 의미에서는 여권신장과 결합된 면도 있다. 마돈나는 1980년대에 가속화되기 시작한 욕망의 정당화와 맞아떨어졌다. 그 전에는 인간이 자기 욕망에 너무 휘둘리는 것은 옳지 않다는 내적 규율이 있었다. 그 전 세대는 가령 기독교적 윤리, 유교적 전통 규범, 그리고 사회주의적 이상에 부합하는 인간상들이 서로 보완하고 대립하면서 사람들을 어느 정도 통제했는데 그걸 다 벗어던졌다. 그러고 나니 섹스가 최고이고 돈이 최고이고, 내 가족, 더 나아가 내가 최고야 하는 식으로 시대 분위기가 달라졌다.

1980년대 주류가 마돈나, 마이클 잭슨풍이었다면 언더에서는 헤비메탈이 번성했다. 헤비메탈은 한번도 주류 음악이 되어본 적이 없다. 왜냐면 헤비메탈은 철저하게 백인 노동자계급, 육체적으로 힘든 일을 하는 사람들의 음악이었기 때문이다. 기묘하게 우리나라에서는 청소년과 대학생이 좋아하는 음악으로 정착했다. 토양이 다르니 그럴 것이다. 애초에 헤비메탈은 철저하게 힘을 쓰는 육체노동자들의 음악이었다.

왜 그런지는 모르겠는데 1980년 후반부터 1990년대 미국에서 집 나온 청년들이 시애틀로 모여들었다. 차고 같은 곳에서 험하게 먹고 자고 하면서 살아갔다. 물론 밴드도 만들었다. 밴드를 하려다 보니 이전과 다르게 하고 싶어 무얼 어떻게 할까 궁리했다.

1950년대 젊은이들은 부모 세대에 반항했고, 1960년대 젊은이는 진보적 가치를 추구했는데 1990년대 젊은이들은 그런 것이 다 귀찮았다. 과거 젊은이들이 기성세대에 불응하고 싸운 것은 싸워야 독립하고 먹고살 수 있었으니 그랬다 치는데 1990년대 환경은 그때와 달라졌다. 하다못해 주유소 아르바이트라도

해서 먹고살 수 있는 사회적 여력이 있었으니 부모와 굳이 싸울 필요가 없게 되었다. 1990년대 청년 세대가 결정한 것은 기성세대 당신들과 '안 놀아'이다. 당신들 일은 내가 상관하지 않겠다, 안 싸우겠다, 그 대신 우리를 건드리지만 말아 달라. 그러고 청년들끼리 다른 짓을 한다. 그들끼리만의 대안적 삶이라고 해서 얼터너티브 혁명이라고 부른다.

얼터너티브 무브먼트에 대해서 모르는 사람이 의외로 많다. 그 전의 사회적 현상, 가령 로스트제너레이션, 비트제너레이션, 뭐 이런 것은 교과서에도 나온다. 그런데 1990년대 얼터너티브 혁명에 관해서는 그리 깊게 다루지 않는다. 하지만 대단히 중요한 현상이다. 서구 사회가 우리보다 훨씬 앞질러 간 이유는 자체 갱신, 내부 혁명을 끊임없이 했기 때문이다. 1990년대 얼터너티브 혁명도 그러한 흐름 속에 있다. 얼터너티브를 거칠게 정의하면 격식 파괴다. 어디서 무슨 근사한 연회용 모자가 생기면 그거 쓰고 밑에는 청바지를 입는다. 아무렇게나 하고 거리를 돌아다녀도 하나도 이상하지 않다. 청바지는 튼튼함이 특징인데 청바지를 박박 찢어 입고 다닌다. 넥타이를 매고 운동화를 신는다. 스티브 잡스나 빌 게이츠 같이 유명한 사람들이 공식 석상에서 양복 대신 티셔츠에 카디건을 걸친다. 그게 다 얼터너티브다. 1990년대에 격식 파괴, 형식 파괴가 전면적으로 일어났다. 의상뿐이 아니다. 음식을 먹을 때의 예절, 직장 조직 문화 등 모든 영역에 걸쳐 전통을 벗어난 격식 파괴가 시대정신으로 퍼져 나갔다.

　시애틀 차고에 살면서 밴드 활동을 하는 젊은이들 사이에 음악을 아주 지저분하고 시끄럽게 하자는 유행이 있었다. 지저분하다는 의미의 '그런지(grunge)'를 붙여, 그들이 하는 음악을 그런지 록이라고 부르게 됐다. 얼터너티브 록도 같은 의미다. 그런데 그런지 록의 열기가 장난이 아니다. 나 역시 1990년대 한 10년 동안 클래식 음악을 외면하다시피 하고 미친 듯이 그런지 록을 들었다. 그런지 록의 대표적인 인물로 너바나(Nirvana)의 커트 코베인(Kurt Cobain)이 있다. 대표적인 곡 '스멜스 라이크 틴 스피릿(Smells Like Teen Spirit)'이 실린 「네버마인드(Nevermind)」라는 음반에서 그는 주류 사회, 방송국, 쇼비즈니스, 대기업, 유통마트 등을 조롱했다. 그런데 '너희들 참 웃기고 싫다'고 노래했더니 대통령까지 예찬하고 온 세상이 사랑하고 빌보드 차트 1위에 올랐다. 떼돈이 벌린다. 커트 코베인은 그것을 감당할 수 없었다.

　닐 영(Neil Young)은 시조로 불린다. 그가 섹스피스톨스의 조니 로튼을 예찬한 노래 '러스트 네버 슬립스(Rust Never Sleeps)'를 지었는데 그 노래가 선풍적인 인기를 끌었다. 그 노랫말에 '서서히 사라지기보다 불타버리겠다(It's better to burn out than to fade away)'는 대목이 있다. 그게 조니 로튼의 정신이라는 거다. 시애틀의 커트 코베인은 너바나가 당대 최고의 인기 밴드가 되어버린 현실이 감당이 안 되니까 소파 옆에다가 펜으로 그 가사를 써놓고 머리에 총을 쏴서 죽어버렸다. 1994년의 일이다. 그 후로 'grunge is dead'라는 생전에 그가 한 말처럼 그런지 록은 커트 코베인의 죽음과 함께 열기가 식어버린다. 아주 충격적인 사건이었다.

너바나의 커트 코베인과 라이벌을 형성한 뮤지션으로 깊은 영혼의 울림을 지닌 에디 베더(Eddie Vedder)가 있다. 그가 결성한 펄잼(Pearl Jam) 또한 얼터너티브 그런지 록의 대표적인 밴드이다. 그런지 록의 기본 자양분은 펑크이고 격식 파괴다. 헤비메탈 성향은 물론 온갖 음악적 요소를 마구잡이로 써먹었다.

같은 1990년대 시기에 영국에서는 브릿팝이라는 장르 명칭으로 오아시스(Oasis), 블러(Blur)와 같은 그룹들, 그러니까 비틀스의 음악적 세계를 구현하고자 하는 브릿팝이 번성했다. 그런지 록, 브릿팝 등등을 과거의 루츠 록(Roots rock)과 구분하여 모던 록이라고 부르게 된다. 1990년대는 모던 록의 압도적 우세 속에 음악 신(scene)이 편성됐다. 이처럼 1990년대와 그 이전 1980년대는 굉장히 커다란 음악적 차이가 있다.

너바나와 펄잼은 진정으로 위대한 밴드다. 펄잼의 노래는 끝나는 대목이 명료하지 않다. 하다가 말아버린다. 라디오헤드(Radiohead)의 '크리프(Creep)'같이 유명한 곡 말고 다른 곡들도 들어보라. 노래를 하다 말고 언제 시작하는지도 모른다. 라디오헤드의 싱어 톰 요크(Thom Yorke)는 삐쩍 마르고 아주 작다. 참

볼품없다고 해야겠다. 통념적이고 형식적인 걸 벗어나, 어떻게 하다 보면 스타가 되는 새로운 사회현상이 나타났다. 라디오헤드 LP 전곡집 나온 걸 사서 쭉 들어본 적이 있는데 음악적으로 내용이 아주 풍부한 밴드다.

1990년대만 해도 요즘과 가까운 시기이기 때문에 익숙하게 접한 것이 꽤 있을 것이다. 노래와 연주 모두 잘하는 밴드도 있고, 음악 차원을 벗어나서 시대적 맥락으로 읽을 수 있는 음악도 있다. 음악 내용은 보면 그리 별다를 것 없는데 그냥 좋고 매혹적인 밴드가 오아시스다. 그냥 좋다. 후드 티를 입고 서서 끝까지 가만히 서서 부르는 리얼 갤러리의 스타일. 심지어 관중도 안 쳐다본다. 진짜 시건방지기 이를 데 없는데 멋있다.

얼터너티브가 지는 무렵에 나타난 또 하나의 마장 음악이 하드코어다. 그냥 막가는 거다. 하드코어도 또 한 세월 유행했다. 콘(Korn)이나 레이지 어겐스트 더 머신(Rage Against The Machine)의 음악을 찾아 들어보라. 레드 핫 칠리 페퍼스(Red Hot Chili Peppers) 역시 하드코어 계열로 볼 수 있다. 내가 개인적으로 가장 좋아하는 밴드는 림프 비즈킷(Limp Bizkit)이다. 이들은 막 악을 쓰다가 울다가, 속삭이다가 하다가 말다가 하여튼 뭐라고 설명을 못 하겠는데 음악적으로 굉장히 풍요로웠고 강렬하다. 정신머리 없는 모던 록에 비해 안정감이 있는 루츠 록에서는 블랙 크로스(The Black Crowes), 그 밴드의 음악이 아주 좋다.

이 모든 얘기의 핵심은 여자 또는 남자를 어떻게 해서 꼬시냐는 것이다. 그러니까 아는 척을 하려면 1960년대 폭발하는 정신에 대한 이해가 필요하고 펑크, 1990년대 얼터너티브 현상도 알면 좋다. 요새는 인터넷이 모든 걸 해결해주는 세상이다. 구라를 풀기 위해 먼저 접하고 듣자, 쫌.

; 뭘 좀 아는 사람들의 음악, 포크송

이른바 잘난 애들 중에 양아치 같은 애들은 로큰롤을 좋아하고, 마르크스제를 좀 읽고 공부 좀 한다는 애들이 집회를 열면 노래가 필요한데 모던 포크가 최고였다.

서구 대중음악이 록에서만 그 에너지가 분출되어온 것은 아니다. 우리가, 특히 젊은 세대가 잊으면 안 되는 장르가 있으니, 바로 포크 음악이다. 중학교 때 처음 음악에 빠져들었는데 그때 죽을 때까지 포크만 들으리라 결심했었다. 금방 변심하고 이 장르 저 장르 섭렵했지만 포크는 언제나 멋있다. 그 세계를 인상 깊게 그린 영화가 「인사이드 르윈」이다. 코엔 형제가 영화에서 실험적 접근을 많이 하는데 이 작품은 모든 포크가 발흥하던 시기의 분위기를 거의 상당히 정직하게 그려냈다.

영화의 배경은 뉴욕 그리니치빌리지다. 우리나라로 말하면 홍대 앞 같은 곳인데 거기는 공연 무대가 있는 커피하우스가 줄지어 있었다. 1960년대 초반에 미국 젊은이들이 기타 하나 달랑

들고 나타나서 커피하우스를 누볐다. 잘하면 노래 부르게 해주고 더 잘하면 밥도 주고 또 더 잘하면 돈도 줬단다. 그렇게 하루 벌어 하루 먹고사는데도 미국 전역에서 수많은 청년들이 그리니치빌리지로 모여들어 자작곡을 연주하고 노래했다.

신기하게도 그런지 록의 대그룹들이 시애틀이라는 특정 공간에서 대부분 나왔다. 마찬가지로 기타 메고 돌아다니던 젊은이 가운데 나중에 음악계를 평정하다시피 하는 대뮤지션들이 대부분 그리니치빌리지 출신이다. 영화 주인공 르윈 데이비스도 그런 친구다. 사실 사전 정보 없이 본 건데 대뜸 영화의 실존 인물이 누구인지 알 수 있었다. 바로 데이브 반 롱크(Dave Van Ronk)다.

영화에는 잘생긴 인물로 나오는데 실제로 데이브 반 롱크는 매우 뚱뚱하고 키가 산만큼 크다. 그는 그리니치 음악 타운의 터줏대감 같은 존재였는데 아쉬운 점이 딱 하나 있다. 노래를 그다지 잘 못한다는 사실.

영화 속 주인공 르윈은 살 집이 없어서 이 집 소파에서 하루 자고 저 집 소파에서 하루 자며 살아간다. 어쩌다 하는 수 없이 맡게 된 고양이를 떠메고 불쌍하게 떠도는데, 희한하게 전혀 불쌍해 보이지 않는다. 르윈 데이비스는 계속 이 말을 하고 있다. "나는 포크를 한단 말이에요. 나는 포크 뮤지션이에요. 나는 포크 가수예요."

영화 처음에 나오는 데이브 반 롱크의 대표곡 '행 미, 오, 행 미(Hang me, Oh, Hang me)'는 그야말로 교과서적인 포크송이다.

그는 작곡하고 가사 쓰고, 연주하고 노래를 부른다, 싱어송라이터다. 이건 모던포크 이전과는 매우 다른 활동 방식이다. 포크는 민속, 민요라는 의미다. 그래서 포크송은 작사가, 작곡자가 없다. 언제 어디서 누가 부르기 시작했는지 모른다. "노세 노세 젊어서 노세. 늙어지면 못 노나니…" 이 노래의 작사가, 작곡가가 누구인가? 어디서 언제 생겼는지 모르는 게 포크다.

1930년대 대공황기에 우디 거스리(Woody Guthrie)라는 창백하고 왜소한 백인 음악가가 미국 전역을 여행한다. 기타 하나 메고 주로 댐 공사장, 건설 현장을 찾아가서 그곳 노동자들 이야기를 듣는다. 그리고 '아, 너무 슬프구나. 어떻게든 이 사람들 얘기를 해야겠다'고 결심하고 그들의 이야기를 악보에 옮겨 흥얼흥얼 노래하면서 방방곡곡을 돌아다닌다. 그런데 그걸 알아주는 사람들이 생기면서 지방 스튜디오 책임자들이 녹음하자고 해서 카세트테이프에도 담고 음반도 내놓는다.

미네소타 주에 사는 로버트 앨런 지머먼. 그 역시 왜소하고 초라하며 가난한 집 청년인데 지머먼은 미네소타 대학에 들어가 불과 1년 만에 대학에서는 더 이상 배울 게 없다고 결론짓고 학교를 때려치운다. 그 무렵 책을 두 권 내는데 내용이 무척 난해하다. 이상의 시처럼 이상한 시집에, 뭐라고 하는지 알 수 없는 소설을 써서 출판했으니 당연히 반응을 얻지 못한다.

예술을 하겠다, 시인, 소설가가 되어야겠다고 마음먹은 지머먼은 우디 거스리라는 존재를 알게 되고는 뇌출혈로 요양원 신세를 지고 있는 그를 물어물어 찾아간다. 지머먼은 '우디 선생님, 제가 뭘 어떻게 하면 좋을까요? 인생을 어떻게 살아야 할까요?'라고 인생 상담을 한다. 우디 거스리는 지머먼에게 두 가지를 이야기한다. 하나는 노래를 불러보라는 것. 그런데 지머먼은 목소리도 안 좋고 기본적으로 음정이 안되었다. 그런 그에게 기타를 배우고 노래를 하라고 한 것이다. 또 하나는 지머먼에게 너 자신의 노래를 하라는 가르침이었다. 자신이 그랬듯이 직접 작사하고 작곡해서 자기만의 생각과 감정을 노래하라고 일깨웠다.

우디 거스리에게서 깊은 감화를 받은 지머먼은 뉴욕 그리니치빌리지를 찾아가 노래하기 시작한다. 그 인물이 바로 2016년 노벨 문학상을 수상한 밥 딜런이다. 노벨 음악상은 없으니 그가 쓴 노랫말의 작품성이 평가받아 노벨 문학상이 수여되었다. 놀랍게도 밥 딜런의 가사는 미국인들도 해석하기 어려울 만큼 난해한 것으로 유명하다.

작사자, 작곡자를 알 수 없는 민요 형식을 빌려 우디 거스리가 포크송을 불렀다. 민요의 특징 가운데 가장 중요한 게 노랫말이다. 노랫말이 강조되려면 사운드 즉, 악기가 주역이 되어서는 안 된다. 악기가 많으면 연주를 듣게 되기 때문에 악기를 최소화하는 것이다. 기타 또는 벤조, 심심하면 하모니카 정도? 이렇게 최소한의 악기로 가사의 메시지 전달을 목적으로 하는 음악을 한다. 효시가 우디 거스리다. 그리고 그를 계승한 인물이 밥 딜런이다. 로버트 앨런 지머먼은 시인 딜런 토머스를 동경했다. 딜런 토머스(Dylan Thomas, 1914~53)—내 아이디도 딜런이다—가 굉장히 멋지고 괴벽스러운 시인인데 그의 이름을 따서 밥 딜런이라고 예명을 지었다.

무수한 젊은이가 그리니치빌리지에 모여들어 자작곡을 노래했다. 인권 문제, 전쟁의 공포, 기아, 제3세계 등 그들이 바라본 사회를 노래에 담기 시작했다. 그때의 분위기에서 돈과 인기는 관심사가 아니었다. 그 전에는 사적인 고통이나 사랑을 노래했지, 사회문제에 관심이 없었다. 모든 노래가 홈타운, 마마, 러브를 다뤘었다. 그러나 모던 포크의 청년들은 아예 다른 음악의 좌표를 설정한 것이다.

대학교수이면서 평생 운동권이었던 멕시코 출신의 이주민 물리학자가 있었다. 그 부인도, 딸들도 죄다 운동권이어서 맨날 감옥을 드나드는 집안인데 그 딸 중 하나가 노래를 시작해 기타를 메고 그리니치빌리지로 갔다. 그곳에서 밥 딜런을 만나 사랑에 빠지고 연인이 되었다. 그 사랑이 그리 오래가지는 못했다. 헤어진 뒤끝으로 남자는 전 여친을 조롱하는 노래를 불렀다. '저스트 라이크 어 워먼(Just like a woman)'이 그것이다. 우리말로 '꼭 여자 같아'인데 여자에게 이렇게 말하면 칭찬일까? '너 참 여자 같구나'라고 말할 정도이니, 얼마나 드센 사람이냐고 공개적으로 놀리는 노래다. 그런데 이 노래가 대히트를 했다. 그리고 여자는 새 앨범을 내면서 자기를 조롱한 남자의 창법으로 그 노래를 불렀다. 그 여자가 조앤 바에즈(Joan Baez)다. 아주 많은 세월이 흐른 후 조앤은 밥 딜런과 좋았던 한 시절을 회상하는 노래를 불렀다. 그 노래가 '다이아몬드 앤드 러스크(Diamond and Rust)'이다.

그리니치빌리지에 모여든 젊은이들이 추구한 포크 음악은 작사가, 작곡가가 있으니 본디 포크와는 다르다. 그래서 모던 포크라고 부른다. 1960년대 초반에 태동한 모던 포크는 발상지가 그리니치빌리지이지만 전파 경로는 대학가였다. 당시에 음악 페스티벌이 꽤 많았는데 그 가운데 뉴포트 포크 페스티벌이 유명했다. 뉴포트에서 포크 페스티벌이 열리면 난리가 났다. 노는 애들 중에 양아치 같은 애들은 로큰롤을 좋아하고, 마르쿠제를 좀 읽고 공부 좀 한다는 애들이 집회를 열면 노래가 필요한데 모던 포크가 최고였다. 'We Shall Overcome(우리 승리하리라)', 'Blowing in the Wind(바람만이 아는 대답)'는 대표적인 반전가였다. 그렇게 대학가를 중심으로 피트 시거(Pete Seeger), 피터 폴 앤드 메리(Peter, Paul and Mary) 등 포크 음악을 하는 사람이 배출되고 로큰롤이나 팝만큼 음반 시장을 휩쓸고 떼돈을 버는 포크 뮤지션이 많아졌다. 사실, 음악 좀 알고, 얘기 좀 할 줄 알면 재즈나 포크를 듣는다는 식의 풍조가 꽤 오랫동안 지배했다.

밥 딜런을 알고,
밥 딜런을 듣는다는 것

웬만한 사람은 밥 딜런을 존경하고 사랑한다. 근데 자기가 잘났다고
생각하는 아주 소수의 사람들은 밥 딜런을 좀 씹어야 한 가닥 하는 세
상이 됐다고 증언한다.

포크 음악계에 걸출한 사람이 참 많은데, 먼저 밥 딜런을 얘기하
지 않을 수 없다. 밥 딜런은 잘난 사람들에게는 미움의 대상이었
다. 내가 한대수 씨와 한동안 교류했는데 그가 책에서 공개적으
로 깔 정도로 밥 딜런을 싫어한다. 왜냐? 사실은 밥 딜런이라는
인물은 순 폼으로 인류를 속인 거대한 사기꾼이라는 거다. 밥 딜
런은 그리 대단한 내용이 있는 사람이 아닌데, 그가 잡는 폼에 모
두 속은 거라고 주장한다. 내가 보기에는 그렇지 않은데 말이다.
한대수 씨는 뉴욕에서 한 20여 년 살았기 때문에 그곳 풍조를 아
는데, 웬만한 사람은 밥 딜런을 존경하고 사랑한다. 근데 자기가
잘났다고 생각하는 아주 소수의 사람들은 밥 딜런을 좀 씹어야
한 가닥 하는 세상이 됐다고 증언한다.

상식으로 알아두면 좋을 이야기 하나. 모던 포크의 다른 명칭이 '프로테스트 송'이다. 항의의 노래라는 뜻이다. 노랫말에 시대정신을 담기 때문에 프로테스트 송이라고 일컫는다. 집회, 시위를 할 때 함께 부르는 노래들이었다. 그런데 과연 밥 딜런이 반전가수, 저항의 가수였던가. 커다란 오해가 있다. 그가 사회의식이 담긴 반전가를 부른 시기는 3년여에 불과하다.

왜 그는 변했을까? 케네디 암살 사건이 계기였다고 스스로 밝힌 바 있다. 케네디가 그만큼 위대해서가 아니다. 가령 노무현 대통령의 서거는 지식인 사회의 지형도를 바꿔놓았다. 어떻게? 자포자기다. 지금 인터넷 공간에서 토론 공간이 차지하는 비율을 따져보시라. 황무지에 가깝다. 그나마 '일베'가 점령하고 있다. 과거 '서프라이즈'에서 활약하던 엄청난 논객들은 다 어디 갔을까? 포기한 거다. '아무리 해봤자 되는 일이 없구나' 하는 우주의 기운이 광범위하게 퍼져 나갔다. 그 옛날 '서프라이즈'가 활성화되었을 때는 거의 논문 수준의 진보적 논설이 쏟아졌고 그 조회 수 또한 몇 만이었다. 과장이 아니다. 그만큼 우리 사회에는 엄청난 식견의 소유자가 몇 십만에, 대단한 지성을 가진 사람도 많았다. 그 사람들이 다 어디 갔을까? 모두 노 대통령 따라 승천했는가. 아니다. 이제는 꼴도 보기 싫은 거다.

마찬가지였다. 케네디 대통령이 암살당한 다음에 밥 딜런이 공개적으로 선언한다. "노래로도 그 무엇으로도 이 세상을 바꿀 수 없다고 나는 확신했다." 그렇게 프로테스트 송을 버리고 개인의 내면세계로 들어갔다. 그리고 일렉트릭 기타를 잡았다. 있을 수 없는 일이 벌어진 것이다. 록음악을 뜻하는 전기기타는 상업성, 돈, 인기에 투항하는 것을 의미했기 때문에, 포크 뮤지션이 일렉트릭 기타를 잡는 것은 당시로서는 상상할 수 없는 일이었다. 1965년 뉴포트 포크 페스티벌에서 밥 딜런은 아무에게도 말하지 않은 채 전기기타를 들고 나왔다. 포크 페스티벌에! 관객들 반응이 어땠을까. 사람들이 야유를 퍼붓고 달걀이니 뭐니 마구 집어던졌다. 그런데 밥 딜런은 개의치 않았다. 밥 딜런은 대중의 사랑을 크게 받았으면서도 대중을 경멸했다. 대중은 믿을 수 없다고 생각한 것이다.

그게 밥 딜런의 남다른 면이다. 남들이 박수 치면 홀연히 그곳을 떠나기 때문이다. 그의 노래 '블로잉 인 더 윈드(Blowing in the Wind)'는 반전 가요의 대명사가 되었다. 모두 그 노래를 불렀다. 그랬더니 밥 딜런은 프로테스트 송을 관두고 '여자'를 노래했다. 그다음에는 미국의 전통음악을 탐구해서 컨트리음악도 했다. 그때 나온 노래가 '걸 프롬 더 노스 컨트리(Girl from the North Country)'다. 컨트리음악의 대부 조니 캐시(Johnny Cash)와 함께 그야말로 컨트리음악을 했는데 이는 무척 이상한 행보다. 김광석이 갑자기 태진아와 듀엣 음반을 냈다고 상상해보라. 이상하지 않은가? 밥 딜런이 그런 짓을 한 거다. 그런데 또 사람들이 마구 좋아하자 컨트리음악을 집어치우고 이번에는 전형적인 도회지 음악을 한다.

오토바이 사고로 몇 년간 활동을 못한 적도 있는데, 그 한참 뒤에 복음성가 가수로 변신한 적도 있다. 우리로 치면 아마 여호와의 증인쯤 되는 기독교계 순수 교파다. 밥 딜런 하면 반항아, 세상과 타협하지 않는 이단아라는 이미지가 있었으니 그의 종교 귀의는 사람들이 보기에 정말 감당 안 되는 행동이었다. 그 당시 만든 '숏 오브 러브(Shot of Love)'와 '에브리 그레인 오브 샌드(Every Grain of Sand)' 같은 찬송가는 꽤 잘 만들었고 음악적으로 멋있다. '고터 서브 섬바디(Gotta Serve Somebody)'라는 노래는 빌보드 차트 1위에도 올랐다. 진짜 웃긴 사람 아닌가? 가장 반종교적으로 비쳐졌던 인물이 뜬금없이 복음성가 가수가 되어 앨범을 내고 미국 전역 투어를 한다. 그런데 대중이 박수 치니까 또 종교 활동을 버렸다. 대중이 환호하면 그게 싫은 거다. 그걸 한평생 하고 있는데 지금의 밥 딜런은 누구인가? 파파, 미국 음악의 아버지, 대부가 되어버렸다.

오바마 대통령이 너무나 존경한다는 인물이 밥 딜런인데, 2012년에 그 유명한 자유의 메달을 수여했다. 나이로 따지면 아들이 아버지한테 훈장을 주는 셈인데 오바마 태도가 그렇게 공손할 수가 없다. 그러니까 가장 반항아 이미지가 있던 사람이 주류적인 모습이 됐고, 어른이고 파파로서 대우받는다. 딜런 자신이 그렇게 처신을 한다. 이제 심장이 나빠 공연을 자주 못 하는데 3년 전에 우리나라에 왔었다. 그 공연을 보는데 눈물이 났다. 기타를 들 힘이 없는지 건반만 치고 노래도 뭐 대충이다. 공연장에 나처럼 올드 보이가 대부분이었는데 우는 사람도 꽤 많았다. 자기 젊은 날에 대한 회한인 거지. 평생 밥 딜런이 보고 싶었는데 저렇게 다 늙어 나타났으니. 감개무량하면서 허전하기도 했다.

밥 딜런이 자서전을 세 권 썼는데 가장 최근에 쓴 책이 베스트셀러 1위를 거의 10주 이상 했다. 어마어마한 거다. 그 책이 번역되자마자 사서 읽었는데 너무나 평범한 가장의 일상이 적혀 있었다. 그러니까 밥 딜런은 항상 기대를 벗어나야만 하나 보다. 그 인간이 그렇게 생겨먹었다. 밥 딜런의 생애라고 하면 보통 사람과는 다른 특이한 내용이 있을 줄 예상했는데, 처제가 온다고 연락했다, 부엌에서 달걀을 삶다가 문득 아내가 생각났다, 뭐 이렇게 시작하고는 아들 얘기가 계속 나온다. 그룹 월플라워스(Wallflowers)의 리더 제이콥 딜런이 아들인데 부자가 남남처럼 지냈다. 밥 딜런 앨범 중에 어떤 여자랑 껴안고 가는 사진이 있다. 그 여자와의 사이에서 낳은 아들이 제이콥인데 밥 딜런이 그를 일찍 버린 셈이다. 화해를 바라는 아비를 제이콥이 받아주지 않는다고 들었다. 문득 임재범, 손지창이 떠오른다.

밥 딜런이라는 캐릭터, 데뷔했을 때부터 지금까지의 음악적 변천, 그의 변화무쌍한 생애, 그를 좋아했던 젊은이들, 지식인 사회의 열광과 실망들을 떠올리면 대중문화가 품고 있는 시대 반영의 측면을 총체적으로 보여주는 것 같다. 그의 음악은 요즘 젊은 세대가 들어도 낡았다는 느낌이 들지 않을 거라는 확신이 든다. 그만큼 특별하다. 밥 딜런이 노령에 낸 음반 가운데 '워킹 맨스 블루스(Working Man's Blues)'라는 노래를 듣고 참 감동했다. 이 사람이 저변 계층에 대한 애정과 자신을 그들과 동일시하는 자세를 끝내 잃은 적은 없다는 것이 떠오른다. 물론 초기 음반의 에너지가 매혹적이지만 나이 칠십 줄에 들어서 팍 가버린 목청으로 부르는 노래도 괜찮다. 그게 또 하나의 밥 딜런 스타일인 것이다.

ps. 원고를 마친 시점에 그의 노벨 문학상 수상 뉴스를 접했다. 받을 만한 자격이 있지만 1990년대 중반부터 그가 후보에 올랐어도 '설마'했었다. 시대 변화를 수용한 노벨상 위원회에 박수를 보내고 싶다. 그런데 상을 준대도 한동안 반응을 보이지 않던 그 특유의 건방이라이! 그래서 밥 딜런이다.

재즈, 빅밴드, 뉴욕, 스윙

'재즈를 좀 들었다' '나는 재즈를 이해하는 사람이다' 또는 '재즈를 연주하는 전문 뮤지션이다' 이러면 궁극적으로는 스윙을 지향하게 된다. 빅밴드 재즈가 추구했던 춤의 정신으로 돌아가는 것이다.

재즈는 큰 유행 주류가 아닌데도 모든 문화 영역에 녹아 있는 자양분 같은 존재다. 그리고 대중사회에서 고급 음악의 지위를 갖는다. 대중이 클래식 음악을 더 이상 듣지 않는 대신 재즈를 좋아하게 된 것이다.

음악적으로 재즈는 다채로움과 멋스러움이 결합해 구축된 장르다. 내가 생각하는 멋스러운 재즈를 하나 소개하겠다. 롭 와서먼(Rob Wasserman)이라는 베이시스트가 당대 뮤지션 여러 명을 모아 협업 음반을 냈다. 그중에 다들 팝 가수로 생각하기 쉬운데 출발점이 재즈이고 지금도 팝과 재즈를 넘나드는 리키 리 존스(Rickie Lee Jones)가 있다. '척 에스 인 러브(Chuck E's In Love)' 같은 히트곡도 낸 뮤지션이다. 롭 와서먼과 리키 리 존스가 함께

한 '어텀 리브스(Autumn Leaves)'가 실려 있다. 리키 리 존스는 노래를 부르다 말다 한다. 정말로 부르다 말다 한다는 말이다. 멋지지 않은가. 이 노래가 수록된 음반을 즐겨온 지 20여 년 됐는데 지금도 들을 때마다 어떤 여자가 떠오른다. 음악은 추억이랑 결합된다. 리키 리 존스가 노래하고 롭 와서먼이 베이스를 연주하며 둘이서 주거니 받거니 하는데 어떤 여자가…. 그런 것도 재즈의 하나다.

재즈는 도대체 언제 어디서 생겼고 어떤 과정을 거쳤으며 지금은 어디에 와 있는가? 이것을 정리해보련다. 크게 세 토막으로 보면 된다. 먼저 발생기다. 앞에서도 말했듯이 파퓰러 뮤직은 미국의 남부 루이지애나 삼각주 등지의 목화 농장에서 시작됐다. 주중에는 흑인들이 농장 일을 하면서 노동요를 불렀는데 그것에서 일정한 '콜 앤드 리스폰스(Call and Response)'라는 패턴이 만들어지고 블루스가 되었다. 주말에는 그들도 놀아야 하니까 주인이나 주인 아들이 버린 악기 아무거나 가져다가 떵가떵가 하면서 신나게 춤을 추다 보니 그것이 춤의 반주 음악인 재즈가 되었다. 일요일에는 교회에서 샤우팅하는 찬송가, 가스펠을 불렀고 그것이 R&B의 기본 배경이 되었다. 그 과정에서 블루스와 가스펠이 결합되기도 하고 재즈적인 표현 양식이 일정 역할을 하기도 했다.

자연스레 파티의 춤 반주로 시작된 음악, 재즈가 있는데 일정 기간이 지나면 그 음악을 전문으로 연주하는 악사들이 나타 니고 긴반노 지게 된다. 재즈에서 피아노는 음악적 성장에서 중 요한 요소다. 춤의 반주 음악이 아니라 감상하기 위한 성격으로 변모한다는 얘기가 된다. 블루스 같은 음악은 기타, 하모니카면 다 되었고, 가스펠은 아예 반주 없이 하거나 악기가 있어봐야 소 박했다.

파퓰러 컬처(Popular Culture), 대중문화의 상당 부분은 1920 년대의 대이동에서 폭발적 성장을 이룬다. 1920년대 디트로이 트, 시카고 등 미국 북쪽의 철강 지역에 자동차 공장을 비롯한 공장들이 많이 지어지자 백인뿐 아니라 흑인들이 대거 이주하 게 된다. 그 노동자들이 나름대로 문화를 향유하기 위해 음반을 사고 라디오를 듣고 쇼를 보러 가고 춤을 추었다. 저 루이지애 나 시골의 춤음악이었던 원초적 재즈, 거기에 또 '딕시랜드재즈 (Dixieland Jazz)'가 있다. '재즈'는 나중에 붙인 말이고, 그냥 딕시 랜드 음악이라고 보면 되는데 사람이 죽으면 관을 메고 장중하 게 '바밤~ 바밤' 하던, 영화 「대부」에서 길거리 행진 장면에 깔린 음악을 떠올리면 된다.

이처럼 여러 시대 배경이나 기원이 다 재즈의 원료 구실을 했 는데 그럼에도 장르로서, 음악으로서의 재즈는 좀 별도로 봐야 한다. 본격적인 재즈는 좀 더 고급스럽다. 수준급의 장비와 시설 을 필요로 한다. 재즈는 돈이 몰리는 곳에서 성큼 발전한다. 그곳이 어디냐, 뉴욕이다.

딱 대학로 벙커1처럼 생긴 공간에 흑인 악사들이 앉아서 지휘자에 맞춰 반주 음악을 연주한다. 플로어에서는 백인들이 춤을 춘다.「코튼 클럽」을 비롯해 1920, 30, 40년대 클럽이 등장하는 갱스터 영화를 떠올리면 된다. 악사들이 있는 곳과 술자리 테이블들이 있는 곳 가운데에 빈 공간을 두고 거기서 춤을 춘다.'그런 곳에서 악사들이 연주한 댄스 음악이 본격 재즈의 출발점이다. 클럽의 악사들은 십여, 스무 명, 심지어 서른 명씩이나 되었다. 규모가 커서 빅, 악사들이니까 밴드, 큰 밴드, 그래서 빅밴드(Big Band)라고 부른다. 아주 쉬운 말인데, 정식으로 쓰는 장르 명칭이다. 빅밴드는 지휘자와 악사로 구성된다. 지휘자는 대개 악단을 이끄는 리더이고 악기도 연주하는 경우가 많았다. 피아노를 치거나 기타를 치거나 색소폰을 불거나 하면서 지휘한다. 악사는 흑인인데 그들은 정문으로 못 들어온다. 뒷문으로 들어와서 연주하고 뒷문으로 나가야 한다. 연주자들을 빼면 백인들 천지다.

이렇듯 많은 사람으로 구성된 빅밴드가 춤의 반주 음악을 연주하는데 뉴욕에서 발생한 이 음악을 빅밴드 재즈(Big Band Jazz)라고 부른다. 재즈 음악은 이 빅밴드 재즈에서 완성된다. 빅밴드에는 가수가 고용되어 있어 연주 중간중간 나와서 노래를 불렀다. 이때 사람 목소리는 트럼펫이나 트롬본, 색소폰처럼 악기 중의 하나였다. 전속 가수가 악단 옆 의자에 앉아서 대기하다가 연주 중간에 사뿐 나와서 한 곡씩 노래했다. 빌리 홀리데이(Billie Holiday), 엘라 피츠제럴드(Ella Fitzgerald), 사라 본(Sarah Vaughn), 프랭크 시나트라(Frank Sinatra)가 다 빅밴드 전속 가수 출신이다. 쇼 비즈니스가 발달하면서 이들은 유명 솔로 가수가 된다. 우리나라도 악극단 전속 가수들이었던 이난영, 황금심, 김정구 등이 나중에 유명 가수가 된다. 경로가 똑같다.

빅밴드가 연주했던 음악을 뭐라고 부르냐, 물론 빅밴드 재즈라고 부르는데 음악적 용어로는 스윙(Swing)이라고 한다. 스윙, 왔다 갔다 하는 것이다. 시계추가 왔다 갔다, 왔다 갔다, 왔다 갔다, 빠르기도 하고 느리기도 하지만 기본적으로 스윙이다. 그래서 이것을 다른 말로 스윙 재즈라고도 한다. 즉 스윙 재즈와 빅밴드 재즈는 같은 뜻이다. 헷갈리게 이 말도 쓰고 저 말도 쓰는데 완전히 같은 뜻으로 사용된다.

1920년대에서 1950년대까지는 넓은 클럽에서 악사들이 많이 모여서 빅밴드를 이루어 춤을 추기 위한 스윙 음악을 연주했고 그 스윙 음악이 재즈의 출발점이 됐다. 그 후 재즈는 수없이 많은 장르로 분화되고 복잡한 흐름들이 생겨나지만 모든 재즈의 원리이자 최종 귀착점은 스윙이다. '재즈를 좀 들었다', '나는 재즈를 이해하는 사람이다' 또는 '재즈를 연주하는 전문 뮤지션이다' 이러면 궁극적으로 스윙을 지향하게 된다. 빅밴드 재즈가 추구했던 춤의 정신으로 돌아가는 것이다.

1980년, 줄리아드음악 학교에 다니는 열아홉 살 윈턴 마살리스(Wynton Marsalis)라는 트럼피터가 선풍을 일으키면서 데뷔한다. 지금도 활동하고 우리나라에도 여러 번 왔다. 그런 윈턴 마살리스가 1980년대 내건 구호가 'Go back to the mainstream'이다. 유명한 슬로건이다. '돌아가자(go back)'고 하는 그 '정통(mainstream)'이 뭐냐면 바로 '스윙'이다. 스윙 정신으로 돌아가자는 것이다. 온갖 것이 다 생겨나도 스윙의 정신을 잃어버리면 진짜 재즈가 아니라는 뜻이다.

'재즈의 모차르트'라고 불리는 사람이 있다. 바로 듀크 엘링턴(Duke Ellington, 1899~1974). 꼭 기억해둬야 할 이름이다. 발표한 곡만 1천 곡이 넘고 미발표작까지 포함하면 6천 곡 이상을 작곡한 인물이다. 오죽하면 호칭이 듀크(공작)일까. 이 듀크 엘링턴이 재즈의 킹 오브 킹(King of King)이다. 재즈라는 장르의 초기 기초는 대부분 이 사람이 만든다. 그와 음반 한번 내거나 가까이 있는 게 아주 영광일 정도였다. 그러니까 재즈사에서는 왕 같은 존재이다. 1993년 미국 스미스소니언 박물관에서 그의 추모전이 열렸는데 추모전 제목이 '비욘드 카테고리(Beyond Category)'였다. 그만큼 듀크 엘링턴의 음악은 다채롭다. 그런데 그의 전형적인 스윙 재즈를 들으면, 익숙하지 않은 사람들은 "뭐 똑같은 것을 계속하네. 너무 단순하네. 너무 가볍네"라고 말할 수 있다. 클래식 음악을 처음 접한 사람에게 모차르트의 교향곡을 들려주면 '아, 나는 심각하고 심오한 것을 원했는데 이건 너무 가벼워' 이렇게 생각할 수도 있다. 충분한 감상 경험을 쌓지 못해서 생기는 증상이다. 이와 마찬가지다. 듀크 엘링턴의 빅밴드 연주를 꼭 한 번 들어보자.

추는 재즈에서 듣는 재즈로, 모던 재즈

재즈는 흔히 자유라고 말한다. 자유. 정치적 자유가 아니다. 모든 음악은 형식과 틀이 있고 악보에 구속된다. 그래서 언제 누가 들어가서 얼마큼 하고 빠져나오고 그다음에 어떻게 해야 하는지 등의 규칙이 있다.

1950년대에 참 많은 일들이 벌어진 듯하다. 로큰롤도 1955년부터 기점을 잡는다. 무엇이든 유행하고 발전하다 보면 유사품이 생기게 마련이다. 클럽도 마찬가지다. 백인만 출입하는 코튼클럽(Cotton Club) 같은 대형 공연장이 생기고 유명해지면, 돈 없는 사람도 놀고 싶고, 그들도 조그만 지하실이라도 얻어 그런 공간을 꾸미고 싶은 거다. 또 술도 마시고 춤도 추고 음악도 들으니 좋구나 하면서 그런 공간이 인기를 얻는 거라. 그 전에는 1층에는 앉아서 술 마시고 앞에서 악사들이 연주하는 공간이 있고, 발코니식으로 2층이 있어서 그곳으로 올라가 매춘하는 스토리빌에서 초기 대중음악이 발달했다.

1920년대부터는 정식 사교장이자 음악을 연주하고 춤추는 공간인 클럽이 널리 퍼진다. 그러자 변두리 지하실처럼 인테리어가 싼 곳에 소규모 클럽이 생겨나고 그 수가 점점 늘어난다. 큰 무대를 갖추지 못하고 춤출 공간도 마땅찮으니까 의자 주변에서 대충 춤을 춘다. 홍대 앞 클럽이 번성하던 초창기 모습이 그러했다. 자리에서 춤도 추고 술도 마시는. 그런 곳이 계속 늘어나니까 사람들이 이런 생각을 하게 된다. '굳이 무도장에서 춤춰야 할까? 무도장처럼 넓은 공간, 홀이 아니라 그냥 선술집처럼 생긴 조그마한 데서 테이블 놓고 술 마시면서 재즈 연주를 들어도 되지 않아?' 그때는 재즈가 춤추기 위한 반주 음악이었지 음악이 아니었다.

춤출 데는 없고 술 마시는 테이블만 있는 소규모 공간이 많아지면서 빅밴드 구성원에도 변화가 생긴다. 빅밴드 연주자 중에는 소년원 출신, 전과자, 마약상 등 별사람이 다 있다. 그들이 악기를 배워서 밴드 구성원이 되고, 개중에 연주를 기차게 잘하는 사람들도 배출된다. 찰리 파커(Charlie Parker)라는 색소포니스트가 그런 인물이다. 그는 스물한 살 어린 나이로 연주를 기가막히게 했다. 찰리 파커가 연주하면 사람들이 '야, 얘가 어떻게 연주하나' 하면서 귀 기울여 듣는다. 또한 디지 길레스피(Dizzy Gillespie)라는 똑똑한 친구가 있었다. 트럼펫 연주자인데 연주를 너무 재밌게 잘해서 청중이 구름처럼 모여든다. 또 셀로니어스 멍크(Thelonious Monk)라는 신경증적인 피아니스트가 있다. 멍크는 흡사 피아노를 잘 못 치는 사람처럼 특이하게 연주하는데, 이상하게도 사람 심리의 살결을 파고든다. 처음 들으면 멍크가 건반을 잘못 누르는 실수를 하는 줄 안다. 불협화음이 이상하게 울리는데 잘 들으면 그의 연주가 희한하게 감정을 후벼 판다. 파커, 길레스피, 멍크 이 세 사람 다 흑인이다.

이처럼 남다르게 연주를 잘하는 재즈 뮤지션이 하나둘 등장하는데 그들은 빅밴드에 적응하기 힘들었다. 코튼클럽 전속 악단에 취직이 안 되고, 취직해도 쫓겨났다. 혼자 너무 튀어버리기 때문이다. 공사판에서 벽돌 나르다가 멤버가 된 악사들하고 실력 차이가 엄청 나니 튀는 모양새가 되는 것이다. 빅밴드에 취직이 안 되는 흑인 뮤지션들은 바로 도어맨이나 짐꾼이나 마약상이 되는 등 밑바닥 인생이 된다. 그래서 연주 잘하는 친구들이 꾀를 냈다. 큰 무도장이나 호화로운 공연장이 아니라 조그마한 지하 술집에서 연주하는 것이다. 그런 곳에는 이삼십 명 규모의 빅밴드는 엄두도 못 낸다. 그러니까 적게는 세 명에서 많게는 예닐곱 명이 악단을 꾸려 연주한다. 이런 소규모 밴드를 콤보(combo)라고 부른다. 잘하는 연주자들 대여섯 명이 모여 트럼펫, 트롬본, 기타, 베이스, 드럼 정도를 기본 구성으로 하여 콤보를 결성해서 연주했다. 그런데 멋대로 자유롭게 연주하니까 춤을 추려고 해도 춤이 잘 안 된다. 춤을 추기에는 음악이 안 맞는 것이다.

그래서 새로운 방식이 생긴다. 손님들은 자리에 앉아 있고 악사들은 연주를 했다. 그냥 자리에 앉아서 술 마시고 얘기만 했느냐, 아니다. 연수를 기막히게 하니까 그걸 귀 기울여 듣게 됐다. 재즈 연주를 감상하는 태도가 발생한 것이다. 처음처럼 그런 일이 벌어진다. 조그마한 공간에서 연주 잘하는 3~6명이 연주하니까 객석에 앉은 사람들이 술 마시다가 듣고 '저놈 잘하네' '그것 참 재미있네' 그러면서 감상을 한다. 콤보의 연주를 감상하다 보면 어느 순간 너무 좋다. 순간 짜릿해서 사람들이 술 마시다가 "밥(Bop)!"을 외쳤다. 'Bop'은 좋다, 짜릿하다는 뜻이다. 영어에서 뭐가 '되다'라고 표현할 때 'Be'를 쓴다. 'Be Bop'은 짜릿한 상태가 된다는 뜻이다. 콤보 밴드가 연주하는데 듣고 있자니 어떤 순간 짜릿한 느낌이 들어 'Be Bop!'을 외치고 느꼈다는 말이다.

눈채챘으리라. 새로운 재즈가 생겼다. 그때가 1950년대 초반이다. 그 바람을 주도한 사람이 바로 찰리 파커, 디지 길레스피, 셀로니어스 멍크 같은 뮤지션들이다. 이 음악이 일대 선풍을 일으켰다. '이야, 이거 멋있다', '아, 이제 클럽에서 춤만 출 일이 아니네' 하는 반응이 터져 나왔다. "할렘가 블루노트(Blue Note)라는 공연장에 갔더니 버드(Bird)라는 놈이 있는데 이 친구가 죽여주네. 버드 보러 가자." 이렇게 사람들이 누구의 연주를 들으러 가게 되었다. 그 버드라는 친구가 바로 찰리 파커다. 야드버드(Yardbird)를 풀면 '마당에 있는 새', 즉 어린 놈, 애송이를 뜻한다. 그 말에서 야드를 뗀 '버드'가 찰리 파커의 별명이었다. 찰리 파커가 연주하면 손이 안 보일 정도였다. 찰리 파커 같은 연주자들이, 앉아서 듣는 사람들을 밥(Bop)의 상태로 만들었다. 복잡하게 생각할 것 없다. 춤추기에 적절치 않은 재즈를 콤보 밴드가 연주하니까 이것을 '비밥 재즈'라 하자, 그렇게 새로운 장르의 명칭이 생겨났다.

스윙 재즈, 즉 빅밴드 재즈에서 비밥 재즈가 새롭게 생긴 것이다. 그때 이미 재즈 잡지 『다운비트』가 있었다. 『다운비트』는 최고의 재즈 잡지인데 『다운비트』에서 '새로운 일이 생겼습니다' 하고 비밥을 소개한다. 비밥은 속어로 쓰는 말이었고 '이게 새로운 것이구나' '이게 가장 첨단이구나' 그래서 '모던'을 붙여 모던 재즈라고 이름 지었다. 모던 재즈는 요즘 새롭게 만들어지는 현대 재즈라는 뜻이 아니고 1950년대부터 악단을 소규모로 편성한 감상을 위한 새로운 재즈를 일컫는다. 스윙 재즈가 빅밴드 재즈와 동일어이듯이 비밥 재즈가 모던 재즈다.

우디 거스리가 1930년대 미국 전역의 공사장을 떠돌아다니면서 그 사람들 이야기를 듣고 새로운 음악을 만들었는데 포크, 즉 누가 작사하고 작곡했는지 모르는 민속음악과 비슷했다. 창작자가 있는 이 새로운 포크 음악을 모던 포크라고 불렀다. 마찬가지로 1950년대 새롭게 생겨난 재즈 형태인 비밥 재즈를 모던 재즈라고 불렀다. 여기서 '모던'은 그때의 모던이지만 지금도 모던이라 부른다. 요즘이라는 뜻이 아니다.

모딘 새스가 급속도로 번져나간다. 전 세계로 빠르게 전파된다. 특히 유럽 지역의 반향이 커서 많은 재즈 뮤지션이 유럽으로 이주한다. 유럽에 가면 대접받고 돈도 많이 벌 수 있으니까. 이 흐름이 유럽에서 재즈가 독특하게 발전하는 배경이 된다.

여기서 음악적으로 잊지 말아야 할 것이 있다. 록의 정신은 기본적으로 젊은이들의 반항 내지 저항 정신이다. 젊은 계층, 흑인과 백인의 문화적 교류, 노동자. 이 셋이 결합되어서 로큰롤이라는 새로운 음악이 1950년대 중반쯤에 생겨났다. 그래서 초기 로큰롤의 정신은 저항이라고 말한다. 이 저항은 사회의식을 가진 진지한 저항이라기보다는 그냥 기성세대가 싫어서 우리끼리 놀자는 유흥적 의미의 것이다.

클래식 음악은 나중에 불협화음도 받아들이지만 기본적으로 조화와 질서의 세계다. 오묘한 조화와 질서의 체계다.

그러면 재즈는 뭘까. 재즈는 흔히 자유라고 말한다. 자유. 정치적 자유가 아니다. 모든 음악은 형식과 틀이 있고 악보에 구속된다. 그래서 언제 누가 들어가서 얼마큼 하고 빠져나오고 그다음에 어떻게 해야 하는지 등의 규칙이 있다. 모든 음악은 질서의 산물이다. 그런데 그 질서를 무의미하게 만드는 것을 본령으로 하는 새로운 음악이 바로 재즈다. 재즈의 속성은 자유로움이고 이는 비밥 재즈에서 본격화된다. 그 자유는 어떻게 해서 생기는가, 바로 임프로비제이션(improvisation), 즉흥연주에서 생긴다. 이건 상식으로 알아두자. 이성을 만나서 꼬실 때 '나는 음악에서 임프로비제이션 정신이 좋아'라고 말했는데 상대방이 '잘난 척 하고 있네'라고 생각하면 안 된다. 임프로비제이션이 무엇인지 설명할 수 있어야 한다. 즉흥성이라는 것이다. 클래식에서는 엥 프롱프튀(impromptu)라고 한다. 즉흥연주라는 뜻이다.

'즉흥연주'가 뭐냐. 1950년대 흑인 재즈 뮤지션들은 음악을 어디서 배웠을까. 그들은 어디서 악기를 하나 주워다가 동네 형 이 '이렇게 쳐봐, 저렇게 불어봐, 이렇게 기억해' 해서 대충 익 혔다. 그래서 악보에 대한 관념이 없듯이 작곡을 했을 리 없다. 그런데 연주는 해야 하니까 무슨 곡명을 붙이고 패턴을 붙였 다. '이렇게 가다가 그다음에 악기 추가…' 이런 식으로 기본적 인 것을 모드(mod)라고 한다. 어떤 양식이 있어서 기본 덩어리 만 던지는 것이다.

비밥 재즈에서는 연주를 하면서 서로 눈치를 준다. 예컨대 테 너 색소폰 든 연주자가 '야, 나 나갈게'라고 나머지 연주자들에게 눈치를 주고 탁 나가서 연주를 한다. 그 친구가 잘하면 나머지 연 주자들이 뒤에서 계속 받쳐주고 그러다 객석에서 좋아하면 몇십 분이고 더 해도 된다. 계속 연주하다가 좀 쉬어야겠다 싶으면 뒤 로 빠지고, 그러면 다른 연주자가 나오거나 전체가 같이 연주한 다. 멋대로 들락거리면서 임프로비제이션, 즉흥으로 악상을 마음대로 요리하며 자유롭게 하는 것이다. 이렇게 열린 마당을 제공하는 새로운 음악을 재즈의 본령으로 삼게 되었다.

이처럼 재즈의 정신인 자유는 임프로비제이션, 즉흥연주라는 재즈만의 고유한 속성에서 비롯됐다. 물론 록에도 애드리브나 연주자들이 자유롭게 한 사람씩 돌아가면서 연주하는 잼(jam)이 있다. 클래식에서도 바이올린협주곡 같은 연주곡에 카덴차(cadenza)라고, 바이올리니스트가 몇 분 정도 혼자 자유롭게 연주하는 대목이 있다. 재즈에서는 뮤지션끼리 눈치 주면서 알아서 한 곡을 계속 만들어가는 것을 인터플레이(interplay)라고 말한다.

사실 임프로비제이션은 한국인에게 아주 익숙한 것이다. 우리 국악이 다 임프로비제이션의 세계다. 우리에게는 너무 익숙하기 때문에 원래 음악이 그런 줄 아는데 그렇지 않다. 정확하고 엄밀한 규칙의 세계가 음악이다. 그렇지만 우리 민속음악은 애초부터 무정형이다. 우리네 굿거리장단은 오박자인데 이게 재즈에서 즐겨 쓰는 패턴이다. 그래서 재즈를 가르쳐준 게 한국 국악인이라는 말도 안 되는… 굿거리장단이 재즈보다 훨씬 더 오래됐기 때문에 생긴 썰이다. 임프로비제이션도 오박자 리듬도 그리하니 사실 재즈는 우리한테 익숙해야 마땅하다. 그런데 이웃나라 일본은 그런 전통이 없는데도 재즈의 세계 3대 중심지 가운데 하나다. 재즈 뮤지션도 많고 음반도 많이 팔리고 세상의 모든 재즈 뮤지션이 일본에서 공연을 해야 인정받는다. 왜 그런지 모르겠다.

비밥 재즈 혹은 모던 재즈. 이것은 소위 감상으로서의 재즈다. 그래서 우리가 보통 '재즈를 듣는다' '재즈를 좋아해' 그러면 대개 비밥 재즈를 의미한다.

; 마일스 데이비스,
재즈 좀 안다면 아는 이름

지금은 '쿨(cool)'이 아주 보편적으로 쓰이지만 옛날에는 꽤 신선하고
새로운 용어였다. 조용하고 차분하면서 재즈에 음악적 요소를 강화한
것이 쿨 재즈다.

세계사를 보면 고대 노예제, 중세 봉건제, 시민혁명의 시대 등등
이런 식으로 시대를 나눈다. 그런데 희한하게 딱 한 시기만 사람
이름으로 역사를 기술한다. 바로 나폴레옹 시대다. 나폴레옹이
위대한지 아닌지 나는 모르겠는데, 좌우간 그만큼 중요한 인물
이라는 뜻이겠지. 그와 마찬가지로, 재즈에 관심이 있어서 재즈
사에 관한 책을 본다면 재즈의 원리에서 시작해서 스윙 재즈, 하
드밥, 비밥, 쿨 재즈, 퓨전, 멜팅 등등 온갖 것이 나오는데 딱 한
시기만은 한 사람의 이름으로 기록되어 있다. 나폴레옹처럼 중
요도가 크다는 얘기다. 바로 마일스 데이비스(Miles Davis)라는
재즈 트럼피터다.

마치 비틀스가 1960년대 나타나서 10년 동안 '록은 이렇게

하는 겁니다' 하고 데이터베이스를 쭉 깔아서 음악을 혁신했듯이 재즈 동네에서는 마일스 데이비스가 그런 역할을 한다. 그는 흑인이지만 아버지가 치과의사로, 부잣집 아들이었다. 줄리아드 음악 학교에 입학해서 좋은 하숙집에서 살았는데 그곳에 이미 언급한 비밥 재즈의 개척자 찰리 파커가 들어와 형 노릇하면서 1년을 같이 산다. '야드버드' 찰리 파커는 마약을 과용하다 30대 중반에 일찍 죽는다. 소문으로는 찰리 파커가 남을 등쳐먹고 상상을 초월하게 많은 여성과 관계를 가지는 등 꽤나 인생을 막 살았다고 한다. 초창기 재즈 뮤지션들은 정말이지 인생 막 살고 빨리 죽는다. 그런 찰리 파커가 마일스 데이비스에게는 큰 영향을 준다. 그 영향 때문에 마일스 데이비스가 '나는 재즈라는 새로운 음악을 해야겠다'며 그 좋은 학교를 때려치운다. 그때부터 마일스 데이비스의 시대가 열린다. 마일스 데이비스는 말년에 음악을 쉬고 화가로 변신했는데 그림도 참 좋다.

마일스 데이비스가 트럼피터이자 작곡자이며 밴드의 리더로 등장하면서 비밥 재즈는 일약 엄청난 음악이 된다. 그런데 그에게는 한 가지 사소한 흠이 있었다. 뮤지션으로는 뛰어난데 트럼피터이면서도 트럼펫을 그리 잘 못 부는 것 같다는 것. 그러니까 트럼펫을 '삐익~' 뽑는 법이 없고 '비이이익' 이렇게 자꾸 음이 갈라지거나 틀리게 연주한다. 또 뮤트라고 트럼펫 앞쪽을 막아 '야옹야옹야옹' 소리를 내는 기구가 있는데 그걸 자주 쓴다.

그런데 사람들이 열광한다. 마일스 데이비스에 관한 책에서 봤는데 그의 서툰 듯한 연주가 미묘한 심리의 결을 건드린다는 식으로 설명돼 있다.

마일스 데이비스는 활동하는 내내 비밥 재즈를 정말 들을 만한 음악으로 만들어놓았다. 그가 연주자들을 쭉 관찰하다가 한 명씩 픽업해서 악기별로 자기 팀을 구성했다. 네 번 정도 팀을 구성했는데 어떤 파트가 됐든 멤버가 된 사람치고 뒷날 그 악기 분야에서 대가가 안 된 사람이 없다. 일찍 죽은 사람 빼놓고는 다 대가가 됐다. 그만큼 사람을 잘 훈련했는지 아니면 정말 재능을 알아보는 눈이 있었는지 모르지만 대단한 연주자들이 다 마일스 데이비스 밴드에서 나온다.

마일스 데이비스도 밥 딜런과 유사한 면이 있다. 죽을 때까지 한 가지 음악에 정착하지 않고 계속 새로운 음악을 만들어서 창시자 노릇을 했다는 것이다. 그런데 그 음악이 주류가 된다. 하이든, 모차르트, 베토벤 이 세 사람이 빈에 나타나서 작곡했던 방식이 후대의 교본이 됐다. 그 전에는 어떻게 할지를 몰라서 악기 편성을 이렇게도 하고 저렇게도 해봤는데 하이든, 모차르트, 베토벤, 소위 '빈 3인조'가 만든 형식대로 다 따라 해서 우리가 아는 클래식 음악의 틀이 생긴 것이다. 마찬가지로 마일스 데이비스가 이렇게도 하고 저렇게도 한 것들이 다 재즈의 토대가 된다.

마일스 데이비스가 창안한 장르 중에서 가장 유명한 음악이

'쿨 재즈'다. 지금은 '쿨(cool)'이 아주 보편적으로 쓰이지만 옛날에는 꽤 신선하고 새로운 용어였다. 조용하고 차분하면서 재즈에 음악적 요소를 굉장히 강화한 것이 쿨 재즈다. 그 전에는 난폭한 분위기가 많았는데 마일스 데이비스가 앨범 「버스 오브 더 쿨(Birth of the Cool)」을 내면서 재즈에서 음악적 요소가 크게 강화됐다. 그는 비밥을 중흥한 중요한 존재이고 그 후에 퓨전 재즈 등 여러 장르를 창안한 사람이다.

마일스 데이비스의 「카인드 오브 블루(Kind of Blue)」라는 음반은 비밥 재즈에서 가장 고품격의 음반이다. 사실 뛰어난 재즈 음반은 비밥 재즈 시대에 다 나온다. 몇십 년이 지난 요즘도 재즈를 듣는다고 하면 1950년대에서 1960년대 전반에 이르는 시기에 나온 재즈 음악이 주를 이룬다.

카를 야스퍼스(Karl Jaspers, 1883~1969)가 '차축 시대'라는 용어를 썼다. 차축은 차의 축을 뜻한다. 야스퍼스가 말한 '차축 시대'는 대략 기원전 800년에서 200년 사이인데 이 시기에 동서양의 위대한 철학자와 종교 창시자들이 와르르 등장했다. 예수, 공자, 묵자, 노자, 싯다르타, 소크라테스, 플라톤 등등. 모든 위대한 것은 한꺼번에 쏟아져 나온다는 것이 차축 시대의 의미다.

재즈사에서도 마찬가지다. 모던 재즈라 부르는 한 양식이 재즈에서 중심 흐름이 된다. 그 후에는 상황이 다양하게 벌어진다. 한편에서 '비밥 재즈, 이거 너무 폼 잡는 것 아냐? 난 이런 것 싫어. 흑인의 원초적 야성을 드러내고 싶어' 하는 뮤지션들이 뉴욕에서 다른 재즈 운동을 한다. 우렁우렁 쏟아 내고 난리치는. 그것을 '하드 밥(Hard Bop)'이라고 한다. 캘리포니아에서는 폴 데즈먼드(Paul Desmond) 같은 사람들이 나타나서 감미롭고 기분 좋은 음악을 한다. 그것을 '웨스트코스트(West Coast) 재즈'라고 부른다. 이것도 중요한 흐름이 된다. 1960년대쯤 되면 이제는 '전위음악으로 가자' 하면서 기존 음악을 다 폐기하는 흐름이 생겨난다. 괴상한 소리를 고래고래 악기로 지르다가 언제 시작해서 언제 끝나는지 모르게 연주하는데 통칭해서 '프리(free) 재즈'라고 부른다. 프리 재즈도 재즈에서 굉장히 중요하다. 예술적 충동이 극한에 다다를 때 모든 질서를 파괴하고 새로운 것을 추구하는 아방가르드(avant-garde) 운동이 일어나는데, 재즈에서도 정말 뭐라고 설명할 수 없는 괴상한 소리를 내지르는 한 시기가 나타난 것이다. 존 콜트레인(John Coltrane) 같은 진지한 인물이 프리 재즈로 옮겨가고 그런다.

1960년대는 비틀스, 롤링스톤스, 애니멀스와 같은 밴드들이 등장하며 로큰롤이 대세가 된다. 대중은 록 공연장을 가지, 클럽에서 재즈 음악을 들으려고 하지 않았다. 점점 재즈는 초창기의 위세가 위축되어간다. 재즈 뮤지션들은 팝 가수가 음반 낼 때 세션으로 활동하는 처지로 전락했다. 점차 미국에서는 먹고살 길이 막연해지자 수많은 재즈 뮤지션이 유럽으로 이주해서 클래식 음악과 결합한 새로운 음악을 하게 된다. 그러면서 유럽 재즈는 점점 고급한 음악의 길을 걷게 된다. 그 시기는 클래식 음악도 아직 왕성한 때였다. 라흐마니노프(Rakhmaninov), 쇼스타코비치(Shostakovich), 라벨(Ravel), 이런 사람들이 '재즈' 자를 붙인 클래식을 작곡한다. 쇼스타코비치의 '재즈 왈츠'는 우리나라 드라마와 영화에 배경음악으로 쓰이면서 유명해졌다. 거기 담긴 게 쇼스타코비치의 재즈 모음곡이다. 그런데 우리가 아는 재즈와는 너무 다르다.

그 무렵 재즈의 여러 하위 장르를 창시한 마일스 데이비스가 고민에 빠진다. 재즈가 대중으로부터 점점 멀어져서 특별한 음악으로 취급받는데, 다시 살아나려면 어떻게 해야 할까, 그래서 당시 가장 인기 있는 장르와 합치면 어떨까 하는 생각을 한다. 재즈와 록을 결합하는 시도이다. 록 같기도 하고 재즈 같기도 한 음악. 그렇게 해서 아주 많은 것이 이루어졌던 한 해인 1969년에 마일스 데이비스가 음반을 출시한다. 바로 「비치스 브루(Bitches Brew)」라는 앨범이다. Bitch는 암캐 또는 여성을 비하할 때 쓰는 말이다. Brew는 뭐가 끓는 것이다. 직역하면 '암컷들이 날뛰다'라는 음반인데 이상하고 새로운 음악이 담겨 있다. 곡을 들으면 상당히 괴로운, 듣기 좋은 음반은 아니다. 그러나 음악 사조에서는 너무나 위대하다고 평가받는 음반이다.

마일스 데이비스의 새로운 음악은 열광적인 반응을 불러일으키는데 그는 이 음악에 록도 아니고 재즈도 아닌 '재즈 록'이라는 이름을 붙인다. 그리고 많은 사람이 재즈 록을 하면서 재즈 록이 하나의 장르가 되고, 빌보드를 비롯해 여러 음악 차트에는 아예 재즈 록이라는 장르가 생긴다. 그때부터 록 고유의 선법, 연주 방식을 재즈 악기로 구현하는 것이 유행처럼 번진다.

그런데 1960년대 말, 1970년대 초반에는 재즈에서만이 아니라 세계적으로 새로운 흐름이 생긴다. 바로 크로스오버(Cross-over)다. 서로 다른 장르를 결합하는 것이다. 전혀 별개로 활동한 국악인과 로커가 만나 뭔가 만들고, 포크 뮤지션과 트로트 뮤지션이 만나서 같이 음악을 한다. 크로스오버하는 것이다. 그것이 새로운 음악이 된다. 이 현상은 재즈뿐 아니라 다양한 영역에서 세계적으로 일어난다.

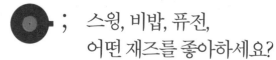

스윙, 비밥, 퓨전,
어떤 재즈를 좋아하세요?

퓨전 재즈가 대세가 되면서 이 분야도 분화되어 여러 퓨전 재즈가 생겨나는데, 이해하기 쉽게 딱 두 덩어리로 나눠보겠다. 즉, 대중음악과 두루두루 결합한 재즈가 퓨전 재즈다.

재즈를 록과 결합해 재즈 록이라는 장르를 개척한 이후 재즈 뮤지션들은 록 말고도 여러 장르를 받아들이면서 자기 변화를 시도한다. 재즈 본령은 지켜가되 유행과 인기를 부르는 방향으로 변화를 시도한다. 그런데 그런 시도 하나하나를 개별 명칭으로 부르다 보니 복잡해서 팝, 록과 결합한 재즈 흐름을 하나로 묶어 '퓨전(fusion) 재즈'라고 일컫게 된다. 퓨전은 융합, 결합, 섞는다는 뜻이다. 재즈 록 이후 1970년대부터는 정통을 고수하려는 소수를 빼고는 대부분의 뮤지션들이 퓨전의 흐름에 합류한다.

그렇다고 재즈 발생기에 속하는 빅밴드 재즈가 사라진 것은 아니다. 지금도 스윙 재즈를 하는 할아버지 연주자들이 있다. 그들은 전 세계를 무대로 공연한다. 우리나라에도 찾아온다. 1930년대 빅밴드를 지금도 한다. 1950년대 시작된 비밥 재즈, 정통 재즈를 지키려는 뮤지션들은 지금도 비밥 재즈를 한다.

퓨전 재즈가 대세가 되면서 이 분야도 분화되어 여러 퓨전 재즈가 생겨난다. 즉, 대중음악과 두루두루 결합한 재즈가 퓨전 재즈다. 그중에는 KBS 제1FM과 같이 클래식 전문 라디오 방송에서도 가끔 듣는 재즈가 있다. 클래식은 분명 아닌데 들어보면 클래식 음악 같다. 심지어는 자크 루시에(Jacques Loussier)라는 프랑스 재즈 피아니스트는 그룹을 결성해서 지금까지 바흐 음악만 연주한다. 이런 음악을 퓨전 재즈라고 하기에 뭔가 안 맞는 것 같다. 그래서 그것만은 구분해서 일컫는 말이 있다. '퓨전'과 똑같이 '녹인다'는 의미가 담겨 있으면서 다른 말, 멜팅(melting)을 쓴다. 즉 클래식과의 결합을 이루는 재즈를 '멜팅 재즈'라고 부른다.

멜팅 재즈 사운드의 대표 인물로는 프랑스의 클로드 볼링(Claude Bolling)이 있다. 요요 마와 함께 재즈 음반을 내는데 요요 마는 중국계로 로스트로포비치와 함께 30년 동안 첼로계를 양분한 사람이다. 클로드 볼링은 요요 마뿐 아니라 바이올리니스트 이츠하크 펄먼(Itzhak Perlman), 기타리스트 알렉상드로 라고야(Alexandre Lagoya)와도 앨범을 낸다.

퓨전 재즈에는 이런 멜팅적인 흐름도 있고, 전위적인 프로그레시브 흐름도 있는 등 다양하다. 지금 당대에 핫한 사람 가운데 피아니스트 키스 재릿(Keith Jarrett)과 기타리스트 팻 메시니(Pat Metheny)가 있다. 인기가 아주 높고 핫한 음악을 한다. 지금은 퓨전이 대세이지만 관심을 가지고 재즈에 집중하다 보면 마치 코스처럼 1950, 1960년대 비밥을 찾아서 듣게 된다. 왜냐하면 그때의 연주와 음악이 정말 훌륭하기 때문이다. 사람에게 어떤 음악적 영감을 안겨주고 재즈 스피릿을 심어주는 음악이라면 재즈에서는 비밥 재즈다.

재즈는 시대 순서로 크게 스윙, 비밥, 퓨전으로 나눈다. 거의 모든 재즈는 이 세 하위 장르 중 하나의 경향성 속에 놓인다. 이 세 갈래는 지금까지도 이어지고 있다.

; 재즈 보컬리스트, 인생을 노래하다

사람 목소리는 악기와 달라서 직접적 울림을 주는 매력이 있다. 연주
보다는 드물지만 노래로써 재즈를 감상하면 '이런 감흥의 세계도 있구
나' 하는 생각이 들 것이다.

악기와 연주의 세계인 재즈에서는 보컬의 중요도가 현저히 떨어
진다. 그럼에도 크게 사랑받고 인기 있는 재즈 보컬리스트들이
있다. 그런데 유명한 재즈 보컬 중에는 남성이 드물다. 재즈 보컬
은 여성의 세계라고 해도 과언이 아니다.

우리 가요사에 익숙하다면 일제강점기에 비극적 인생을 살
아서 한국인들 가슴에 아련하게 남아 있는 이난영이라는 가수를
알 것이다. 세월이 흘러서 1960년대가 되면 범국민적 사랑을 받
은 이미자라는 가수가 등장한다. 이미자는 당대 모든 영광과 사
랑과 부를 누린 사람이다. 미국 재즈에도 이난영처럼 인생이 비
극적이어서 음악 듣는 사람들이 안타까워하고 연민을 느끼는 뮤
지션이 있다. 또 이미자처럼 대중의 특별한 사랑을 받는 존재도

있다. 프랑스로 넘어가면 에디트 피아프(Édith Piaf)라는 샹송 가수가 있다. 에디트 피아프는 '작은 참새'라는 뜻이다.

열네 살에 처음 임신하고 사창가 출신에 그리 예쁘지 않은, 몸집도 작고 정말 초라하고 뭐 하나 볼 것 없는 여자가 노래를 한다. 목소리도 굉장히 탁성인데 사람들의 인생, 막장 인생의 희비극을 노래한다. 그런데 이 여가수가 삶이 조금 안정되려고 하면 마약 복용으로 자꾸만 잡혀가서 신문 1면을 장식한다. 그때마다 뉴욕 시민들이 경찰청 앞에서 그녀를 풀어 달라고 탄원한다. 그런 일이 되풀이되다가 끝내 그녀는 40대 중반에 죽는다. 흑인이고 매춘부 출신이고 학교도 다녀본 적 없는데 미국인들이 존중한다. '레이디(lady)'는 원래 여성을 존중할 때 쓰던 말인데 이 여가수 별명이 '레이디 데이'다. 그녀가 빌리 홀리데이(Billie Holiday)다. 프랑스의 에디트 피아프처럼, 우리나라의 이난영처럼 안쓰럽고, 목소리가 탁한데도 가슴 저미게 노래한다.

빌리 홀리데이가 활동할 즈음에 여장부 같은 가수가 등장한다. 원래 춤을 추던 사람인데 노래 경연 대회에 참가해 1등을 차지하면서 당당히 가수가 된 엘라 피츠제럴드(Ella Fitzgerald)다. 엘라 피츠제럴드는 우리나라로 치면 이미자 같은 존재다. 아주 오랫동안 활동한다. 80세를 앞두고 세상을 뜬 지 이제 20년이 되었다. 그녀는 평생 최고 중의 최고로 인정받은 가수다.

엘라 피츠제럴드의 경쟁자였던 세라 본(Sarah Vaughan). 그녀는 풍부한 성량과 깊이 있는 음악성의 소유자였다. 그리고 마흔 살에 죽은 다이나 워싱턴(Dinah Washington)이 있다. 다이나 워싱턴의 노래를 들으면 목소리가 칼칼하고 째릿째릿하다. 시골 촌뜨기였던 그녀가 가수가 되어 돈을 많이 버니까 대책 없이 화려한 생활을 하는데 돈에 휘둘리고 남자에 휘둘리다가 아주 일찍 세상을 떴다. 그녀의 못 말리는 생애를 떠올리면 애절한 기분이 드는데 나는 다이나 워싱턴을 각별히 좋아한다. 칼칼함 속에 슬픔이 배어 있는 것 같다. 역시 노래를 잘한다. 물론 여왕처럼 군림한 엘라 피츠제럴드 노래를 들으면 기가 막히다. 그런데 다이나 워싱턴은 뭔가 애잔한 슬픔의 뉘앙스가 따로 있다.

빌리 홀리데이, 엘라 피츠제럴드, 세라 본, 다이나 워싱턴 다 해봐야 열 명 안팎? 그 여성 보컬들이 매우 뛰어나서 수많은 재즈 싱어가 나왔지만 특별히 각광 받지는 못했다. 1980년대 다이앤 슈어(Diane Schuur)라는 맹인 여가수가 나타났는데 노래를 워낙 잘해 인기를 얻기도 했지만 그 외에는 고만고만한 것 같다. 재즈 보컬은 상당히 특별한 세계다. 블루스의 여왕이라 일컫는 베시 스미스(Bessie Smith)의 노래 중 '애프터 유브 곤(After You've Gone)'을 다이나 워싱턴이 불렀는데 누구도 따라 할 수 없는 아우라가 느껴진다. 사람 목소리는 악기와 달라서 직접적 울림을 주는 매력이 있다. 연주보다는 드물지만 노래로써 재즈를 감상하면 '이런 감흥의 세계도 있구나' 하는 생각이 들 것이다.

2부

아는 만큼 한다

남자와 여자 이야기

어릴 때는 이성을 찾아서 획득하는 일이 자연스러웠다. 그런 행동 자체가 미덕이기까지 하니까. 하지만 지긋한 나이가 되어보라. 게다가 배우자까지 있다고 해보라. 그 상태에서 호시탐탐 욕망의 눈을 번득이며 애인을 찾는다면 누구라도 추하다고 손가락질한다. '하고 싶다'는 몸부림인데 대상을 찾아 헤매면 추하고 애처로워 보인다 하니 길은 외길이다. 누가 나를 쳐다봐준다면, 찾아와준다면 정말로 진짜로 '나이스!' 아닌가. 그러니 찾지 말고 찾아오게 하는 일에 시간과 에너지를 쓰자는 거다. 말이 쉽지 그게 어디 되느냐는 의심이 든다면 우선 변태의 꿈을 이해하시라.

; 발견의 미학

나이 든 사내는 성공 가능한 여자를 좋아하는 법이다. 외로움에 몸부림치면서도 실패만 거듭하는 사람이 있다면 그건 자기 나이를 잊고 있기 때문이다.

남자들 세계에는 여자 잘 꼬시는 선수로 정평이 난 인물이 꼭 있다. 그런데 생김새가 반반하다거나 돈을 잘 써서 선수 반열에 오르는 인물은 뜻밖에도 적다. 다른 메커니즘이 존재하는 듯한데 그게 무엇일까.

선수의 능력으로 먼저 꼽을 수 있는 것이 코드 읽기다. 한국 남자들은 중딩, 고딩 시절에는 여자에게도 욕망이 있다는 사실을 잘 깨닫지 못한다. 오로지 자기 욕망에 불타 일방적으로 밀어붙인다. 그런 태도가 청춘기에는 뜨거운 열정으로 간주되는 면이 있어 연애 전선에 그리 나쁘지 않다. 문제는 한국 남자 태반이 일평생 그때를 벗어나지 못한다는 데 있다. 나이 든 사내가 벌건 눈을 번득이며 여기저기 들이대면 반응이 어떻겠는가. 백전백패

할 수다. 그런데 그렇게 행동하는 나이 든 고등학생이 너무 많다

사실 이미 욕망에 불타고 있거나, 혹시나 하는 기대감으로 수동적 적극성을 보이거나, 건드리면 삽시간에 번질 듯한 욕망의 불씨를 자신도 모른 채 품고 있는 여성은 널려 있다. 그런 여성은 어떤 형태로든 부지불식간에 신호를 보낸다. 선수란 그 신호, 그 코드를 잘 읽어내는 능력의 소지자다. 결국 선수의 능력이란 대상을 잘 찾아내는 능력과 같다.

마음의 준비도 몸의 욕망도 절실하지 않은 여인을 사랑하게 되어 죽을 똥 싸는 우매한 짓을 선수들은 하려 들지 않는다. 절반은 먹고 들어가는 확률의 게임. 거듭 말하지만 준비된 대상을 찾아내는 것이 선수 등극의 첩경이다.

선수들의 주요 자질은 커뮤니케이션 능력이다. 유려하게 말을 잘하는 것과는 상관없다. 커뮤니케이션은 일방이 아닌 상호간을 전제로 한다. 언어 습관은 마치 지문처럼 그 사람만의 특성과 기질을 보여주는데 사람마다 잘 통하는 대상이 따로 있다. 선수들은 이 소통과 감응을 불러일으키는 진폭이 매우 커서 좀 더 많은 대상에게 호소력을 발휘한다. 왜 그럴까. 여자의 말을 귀담아듣기 때문이다. 여성 언어의 공통된 특징은 직접적이지 않고 간접적 혹은 비유적으로 의사표시를 한다는 데 있다. '좋다'와 '싫다'를 직설적으로 표현하는 경우가 드물다. 분위기에 맞지 않게 생뚱맞은 화제를 꺼낸다면 필경 다른 할 말이 감춰져 있다고

보아야 한다. 표정과 기색만 잘 살피면 그 간접적 의사표시를 간파하기가 그리 어려운 일도 아니건만 나이 많은 연애 고교생들은 막귀에 막눈이기 일쑤다. 자기 할 말에만 바쁘다. 심지어 여자가 듣는 척하며 속으로 딴생각하는 것조차 깨닫지 못하는 경우가 많다.

여자와의 커뮤니케이션에 능한 선수들은 필히 두 가지 전략 전술을 넘나든다. 첫째, 상대의 말을 주의 깊게 듣고 심중을 잘 간파하여 다음 단계, 또 다음 단계로 대화에서 선수를 치고 나가는 것. 이른바 '술술 풀리듯이' 대화를 이어나가는 비법이다.

둘째, 상대가 많이 말하도록 유도하는 것. 관습에 매여 늘 수동적으로 듣기만 하려는 여성이 의외로 많다. 하지만 그렇듯 수줍고 과묵해 보이는 여성이 친한 친구를 만나면 얼마나 수다스러운지 상상해보라. 태생이 수다쟁이만 아니라면 일단 말없이 듣기만 하려 드는 여자의 입을 열게 하는 것이 먼저다. 어떻게? 이건 고차방정식에 해당되는 터라 정답이 한 가지가 아니다. 일단 여자가 적극적으로 말하도록 유도하는 것이 매우 중요하다는 것만 기억해두자.

선수의 자질로 또 어떤 것이 있을까. 첫째도 둘째도, 또 셋째도 잘 웃기는 것이다. 슬픈 장례식장에서 만났든 엄숙한 회의 석상에서 처음 만났든 상대를 잘 웃기는 능력은 필수 항목이다. 웃어야 단서가 열린다. 그런데 오해하지 말아야 할 것이 여자에게 어필하는 웃음이 개그는 아니라는 점이다. 유머 모음집, Y담 채 사를 섭렵하는 것이 처참한 역효과를 낳는다는 것쯤은 전제로 하고 가자.

유머의 고전적 정의를 상기할 필요가 있다. 유머는 상황과의 거리 두기에서 비롯된다는 것. 미소나 폭소를 자아내는 엉뚱하고 웃긴 말은 현재 상황과 거리를 두는 여유로움을 토대로, 대화 맥락을 이탈하는 지점에서 발생한다. 자신이 바보스럽게 비치든 똑똑해 보이든 사실은 다 마찬가지다. 상대가 웃기 시작하면 이미 승세를 먹고 들어가는 셈이다. 아무리 해도 여자가 웃지 않는다면 다른 이유가 있다고 보아야 한다. 선수들은 이럴 때 과감히 포기한다. 어쨌거나 이 웃음 포인트 확보가 매우 중요한데 가령 별말 아닌데도 상대 여성이 자꾸만 웃음으로 반응한다면 게임은 끝났다고 보아도 좋다(간혹, 웃는 여인의 신호조차 못 읽는 고생대 유물도 있다).

반면 모임에서 좌중의 화제를 주도하며 연신 폭소를 자아내건만 전혀 실속을 차리지 못하는 재담꾼도 있다. 공허한 헛수고를 하는 셈인데, 그 사람 팔자다. 웃음이 필수적일지라도 특별히 나를 향해 반응하는 단 한 사람이 필요한 것이다. 평소 진지하고 무게 잡는 사람이 툭툭 웃음을 자아낼 때 더욱 효과 만점이다. 어쨌거나 선수들은 실없는 재담 따위는 하지 않는다.

선수의 세계는 냉정하다. 일반인과 달리 선수에게는 관계의 선후가 뒤바뀌어 있다. 누군가를 좋아하는 감정을 앞세워 기를 쓰고 노력하기보다 성공 확률이 높은 상대를 찾아내는 일에 주력한다. 그러면 길이 보인다. 나이가 제법 들었다면 선수들의 방식을 지향하는 것이 낫다. 생각해보라. 청년기에는 좋아하는 사람을 무조건 바라봤다. 그러다 나이가 들면 어떤가. 나이 든 사내는 성공 가능한 여자를 좋아하는 법이다. 외로움에 몸부림치면서도 실패만 거듭하는 사람이 있다면 그건 자기 나이를 잊고 있기 때문이다. 가능한 상대를 포착하려는 노력 대신 마음속 이상형을, 혹은 자기에게 눈길도 주지 않는 사람에게 넋을 놓고 집념을 불태운다면 '연애계' 따월랑 접는 편이 낫다.

간혹 아무라도 좋으니 만날 사람만 있으면 좋겠다고 울부짖는 사람도 있다. 그렇다면 그는 그 '아무'의 기준을 찬찬히 되돌아볼 필요가 있다. 필시 아무가 아무는 아니었으리라. 나이 차 때문에, 두려움 때문에, 외모 때문에, 수준 때문에, 평판 때문에, 온갖 '때문에' 때문에 배제한 대상이 도처에 있을 것이다. 통념과 도덕률에 매인 겁쟁이나 시야가 좁은 사람은 연애계 활동이 매우 어렵다. 멋지고 매혹적인 상대여야만 연애를 하겠다는 고집쟁이도 간혹 있다. 도대체 누가 멋지고 매혹적이고 예쁜 여성일까? 연애란 평범한 두 사람이 멋진 관계를 창조하는 일이지 이미 멋진 상대와 예정된 과정을 거치는 행위가 아니다. 멋진 여자, 예쁜 여자를 찾는다며 허송세월만 하면서 징징거리는 사내는 실상 새로운 사람을 만날 자신이 없는 것이다.

연애는 빌건의 미학이라고나 할까.

; 여자가 그립다

그래, 정면으로 콕 집어 말하자면 여자가, 섹스가 그리운 거다.

여자가 그립다!

서른 중반이나 마흔, 아니 마흔 중반, 심지어 쉰 넘고 예순 넘은 사내까지 애절하게 부르짖는다.

여자가 그립다!

술집에 옹기종기 모여 앉은 사내들이 떠는 수다를 국정원 요원맹키로 엿들어볼라치면 종편 방송에서 얻어들은 정치 얘기, 돈 얘기, 건강 얘기, 혹은 누구 험담이나 또 누구의 성공담… 화제는 번다하고 오락가락하는데 몽땅 그러모아 만국 번역기로 돌리면 최종에 남는 딱 한 문장은 이거다.

여자가 그립다!

사람들이 모이면 주요 화제에 오르는 정치, 건강, 남 험담 따위로 기염을 토하든 속닥이든 그 뒤끝에는 언제나 허망함이 남아서 그렇다. 나이 먹으며 쌓은 경륜과 성취가 무색하게 결국 그 모든 게 잡담으로 여겨질 뿐 무언가 심중의 깊은 곳을 벗어나 곁가지만 긁고 있다는 아쉬움을 벗어날 수 없다. 그래, 정면으로 콕 집어 말하자면 여자가, 섹스가 그리운 거다.

세상 사내들의 여자 이야기는 그 관계가 쉽지 않다는 데서 출발한다. 상대가 있든 없든 힘겹다고 토로한다. 통계를 보면 기이할 정도다. 우리나라 기혼 여성 중 단 한 차례라도 외도 경험이 있는 비율이 40퍼센트쯤 되고 상습적인 경우는 23퍼센트가량 된다고 한다. 재혼정보회사 통계이니 믿거나 말거나이지만. 어쨌든 당연직 미혼녀들 말고도 신흥 세력으로 기혼녀 군단까지 대거 가세한 형국이 됐으니 애인 삼을 대상은 널려 있는 셈이다(윤리 실종을 개탄해도 이것은 현실이다!). 하지만 사내들은 입을 모아 한탄한다. 쉽지 않다고. 그래서 굶주린 승냥이처럼 외친다.

아으, 여자가 그립다!

; 불완전을 나누다

희대의 카사노바조차 여인 한 명을 유혹하기 위해 통상 수개월, 심지어 몇 년씩 사전 준비를 했고 엄청난 비용 지출도 마다하지 않았다.

공부해서 남 주지 않는다. 쉼 없이 연애 관계의 이론과 실천에 부심하는, 소위 선수가 되고 싶은 친구가 하나 있는데 그가 최근에 몰두하는 상대에게 보낸 메일을 어렵사리 입수했다. 앞뒤 사정이 잘 파악되지 않아 '뭔 소리여?' 싶은 대목에서는 상상력을 발휘하시라. 참고로 이 친구의 현 상황은 관계 형성 첫 단계에 해당된다.

요새는 하루에도 열 번쯤은 그대를 생각합니다.

생각을 하고 나서는 늘 픽 웃습니다.

생각하는 저에 대해 픽 웃습니다.

나이 든 자의 열정을 두려워하고 심지어 경멸하기까지 하는

그대의 단정에 대해서 곰곰 생각해보기도 합니다

어떤 여인들은 나이 든 자의 무모한 열정을 귀엽다고 애호하지만

내 맘 속에 가득한 그대는

졸(拙)하고 박(薄)한, 담채색 식물성을 그려 보이는군요.

그럼, 맞춰야겠지요.

담채색 무기질 발기부전의 냉소주의 사내

그러라 하면 그렇게 해야죠.

발기부전!

애매한 상황에서 뒤척이는 이 커플 성사 직전 탐색전의 특징은 남자 쪽의 '뒤로 물러서!' 포지셔닝이다. 아마도 여자 쪽이 관계 맺기에 두려움을 느끼고 있는 듯하다. 그런 여성에게 수위를 맞춘 것이다. 남성적 욕망의 힘을 빼고 뒤로 물러서서 상대가 원하는 만큼의 거리를 두겠다는 다짐이 들어 있다. 그 다짐의 표현이 도발적이면서 장난스럽다. 발기부전이라니! '나는 당신을 성적 대상으로 바라보는 것이 아닙니다'라는 속셈 뻔한 의사표시를 발칙하게도 발기에서 찾았다. 진지하면서도 유희 분위기로 제시하는 이 연애 감정을 여인은 어떻게 받아들일까?

쉽지 않은 연애가 보상도 크다. 쉽고 흔해 빠진 원 나이트 스탠드 사례 따위를 제치고 나름 전력을 다하는 한 사내의 경우를 참고서로 제시한 까닭이 그것이다. 희대의 카사노바조차 여인

한 명을 유혹하기 위해 통상 수개월, 심지어 몇 년씩 사전 준비를 했고 엄청난 비용 지출도 마다하지 않았다.

여자가 그립다고 하소연하는 사내들. 그들은 한결같이 애인 만들기가 어렵다고 고개를 절레절레 흔든다. 늘 주위를 두리번거리고, 모임에 나온 여성들을 유심히 살펴보고, 심지어 소개도 받아보건만 확 꽂히거나 먼저 다가오는 여인이 없다. 왜일까? 이 세상에 마땅한, 준비된 상대가 드물기 때문이다. 외롭고 헛헛한, 나이 든 사내를 향해 환상의 나래를 펼치며 나타나줄 준비된 여성은 찾기 힘들다. 그래서일까. 애인을 갈망하는 시선을 뭇 여성에게 보낼수록 짝을 만날 확률은 오히려 낮아진다.

사랑과 섹스에 굶주린 시선이 향해야 할 곳은 바로 자기 자신이다. 정확히 말하면 자신의 결핍을 들여다봐야 한다. 즉 애인을 갈구하는 욕망의 근원이 내 결핍, 내 모자람에서 온다는 어쩌면 당연한 사실을 명확히 이해하는 것이다. 욕망의 근원으로서 결핍의 관계는 프랑스 철학자 라캉이 설명한 건데 남녀 관계에 매우 잘 들어맞는다.

내 결핍을 응시함으로써 상대가 보이고 비로소 나타난다는 것은 무라카미 하루키의 소설 『상실의 시대』에도 메인 테마로 등장한다. 그는 '사랑은 서로의 불완전함을 나누는 것'이라고 표현했다. 누가 그걸 모르느냐고 말하지 말라. 그건 그저 말일 뿐이라고 무시하지도 말라. 상대의 잘난 맛에 빠지는 사람은 드물다.

있다면 모종의 이득을 취하려는 것일 뿐 진짜 사랑하는 관계로 보기 힘들다. 세상의 연애 선수들 대부분이 자기의 모자람을 자양분으로 삼고 있음을 간과하는 사람이 의외로 많다.

; 헤어지자는 그녀

여자가 결별을 통고할 때 그 이유를 세세히 따져 묻지 않는 편이 낫다.
그보다는 어떻게 반응할지 사내가 취하는 태도가 훨씬 중요하다.

그녀에게서 메일이 왔다.

고마워요. 미안해요.

당신도 내게 의미 있는 사람입니다.

당신을 거듭 생각하면서 나의 실수와 미련함과 간절함을

기억하게 될 거예요. 건강하시길….

더 이상 당신과의 만남에 대해 희화화도 유머도 재미도

부여할 수가 없네요. 그 모든 것을 해보고 싶었는데,

태어나 처음으로 더없이 가벼워지고 싶었는데….

우리 처음엔 청춘물 성격마저 있는 멜로 찍다가,

엽기성이 다분한 코미디 에로물 찍다가,

다시 멜로로 돌아갔다가, 홍상수 영화로 갔다가…

어쨌든 저를 좋게 기억해주세요….

느닷없는 결별 선언이었다. 피차 기혼 상태에서 시들해져버린 결혼 관계를 벗어난 '외간'의 만남은 특별했다. 선수는 모든 만남을 첫사랑처럼 대하고 전력을 다하는 법이다. 마침 그에게 아드레날린 폭발이 일어났는데 그 과잉이 문제였나 보다. 발기부전 운운하며 어렵게 관계를 형성해나가 마침내 최고조로 발전한 절정기라고 뿌듯해하던 참이었다. 한데 터무니없이 결별 통고라니. 이 이해할 수 없는 사태를 이해해야만 한다. 남편에 대한 미안함과 죄책감 때문일까. 그런 면도 있겠지. 혹시 잘 모르는 가운데 실망감이 쌓인 것은 아닐까. 그럴지도 모르지. 전전반측, 그러나 딱 부러지는 이유를 찾을 수 없다. 그녀 메일에는 자기 자신에 대한 자책과 상대에 대한 원망이 동시에 배어 있다. 메일을 마저 읽어보자.

당신은 내게 "어느 한 사람의 여자가 되지 마라"고 했어요.

제 차에서 내리기 직전에 한 말이죠.

저는 그 말을 사랑하게 되었습니다.

그러나 당신은 나이 먹은 어린 남자입니다.

사랑을 잘 모르는 남자입니다.

사랑을 안다고, 많이 해봤다고 믿는 어리석고 자신감 없는 남자입니다.

당신과의 관계를 마무리해야 할 것 같습니다.

말했죠?

완벽한 싱글이 되고 나서 새로운 뭔가를 시작해야겠어요.

애도의 시간이 필요합니다. 물론 애도가 되지 않겠지요.

오히려 우울증의 시간이 될 것입니다.

그 우울증이 저의 정체성이 되겠지요.

그리고 저는 그 힘으로 살아갈 것입니다.

그것이 저의 매력 같지 않은 매력이 되기를 바랄 뿐입니다.

배우자를 두고 버젓이 자유연애를 구가하는 여인이 얼마나 많은가. 하지만 그녀는 그러지 않는다. 조선조 여인, 전통의 여인이기를 갈망한다. 완벽한 싱글이어야 새로운 관계를 시작할 수 있다니…. 문면에 숨어 있는 생각을 찾아내야 한다.

그녀에게는 둘의 관계를 정당화할 수 있는 명분이 필요한 것 같다. 정리해보자면 이렇다.

첫째, 이 만남이 고전적인 사랑의 정의에 합당하고 충실해야 한다는 것.

둘째, 싱글의 신분으로 떳떳해야 한다는 것.

엄청나게 어려운, 사실은 불가능한 숙제를 그녀가 던져놓았다. 그런데 그것이 진심의 전부일까. 메일을 보낸 쪽도 받은 쪽도 안다. 세상에 "헤어집시다"라는 말 한마디로 좋은 관계가 끝장나는 경우는 없다. 그녀의 메일을 현실적으로 번역해보자면 '저 몹시 힘들어요' 정도가 아닐는지. 결별을 받아들이고 싶은 생각이 전혀 없는 사내는 어떻게 대응해야 할까.

연애가 매우 잘되고 있다고 희희낙락하는 중에 뒤통수 맞듯이 결별 통고를 받는 일이 흔하게 벌어진다. 헤어지자는 사유는 연인들 숫자만큼이나 다양하다. 메일 주인공이 밝힌 자책과 실망감 따위만이 아니다. 예기치 못하게 다른 상대가 생겼을 수도 있고, 남자 쪽 기분과는 정반대로 여자 쪽은 그 만남이 하나도 즐겁지 않았을 수도 있다. 기대했던 성적 판타지가 채워지지 않아서일 수도 있고 아주 단순하게는 변덕일 수도 있다. 딱 부러지게 결별의 사유를 밝혔든, 전혀 밝히지 않았든 어차피 마찬가지다.

지금 이 대목에서 사내가 고심해야 할 것은 결별 사유를 꼬치꼬치 캐묻는 일이 아니다. 결별 통고는 대단히 복잡한 심리적 미로를 헤매고 난 결과물이기 때문에 헤어질 이유는 얼마든지 창조되고 변용되고 새로 생겨난다. 여자가 결별을 통고할 때 그 이유를 세세히 따져 묻지 않는 편이 낫다. 그보다는 어떻게 반응할지 사내가 취하는 태도가 훨씬 중요하다. 압축해 말하자면 예스(yes)와 노(no)일 텐데 어느 쪽이든 원하는 결과는 똑같다. 사내는 지금 전혀 헤어지고 싶지 않다는 것.

먼저, "예스"라고 반응하는 경우. 남자는 헤어지고 싶지 않은 여인의 헤어지자는 통고를 담담히 "예스"라고 받아준다. 여자 쪽은 홀가분하거나 황당하거나 자존심이 상할 것이다. 반응이 어떻든 결과는 다음과 같다. 최종 결론을 내릴 시간을 오히려 유예시킨다는 것. 공을 여자 쪽으로 떠넘기는 셈이다.

"우리 헤어져요"라는 여자의 통고에 "정말 그래야 합니까? 어쩔 수 없군요." 정도로 순응하는 태도를 보이는 남자 앞에서 여자는 그 관계를 총체적으로 다시 고민하기 시작할 것이다.

이때 대단히 중요한 태도가 있다. 이를 악물고 혀를 깨물면서라도 남자 쪽에서 먼저 연락하지 않는 것이다. 사내의 "예스" 하나로 영영 관계가 끊긴다면 그 관계는 울고불고 매달려도 어차피 끝장날 사이라는 뜻이다. 결별 통고를 순순히 받아주고 잠수를 타라. 좋은 결과가 찾아올 가능성이 있다.

"노"라고 반응하는 경우. 헤어지자는 통고 앞에서 그럴 수는 없다고 반응하는 순간 남자는 가련한 을의 신세로 전락한다. 화를 내며 "노"라고 하면 미련한 사람이 되고, 애절하게 "노"를 표하면 지긋지긋한 사람이 된다. 가장 불리한 태도가 '헤어질 수 없다'고 고집부리는 것인데 대부분 사내가 그렇게 행동한다. 그것이 진심이기 때문이다. 헤어지자는 상대에게 진심처럼 무력한 것도 없다.

작전상이라도 "예스" 따위는 죽어도 말하기 싫고, 상대에 대한 간질맘으로 어쩌지 못하는 상태라면 즉각 "노"라고 반응하는 대신 다른 방법이 있다. 아예 아무런 답변도 하지 않는 것이다. '소 죽은 귀신'이라는 옛말이 있다. 소 죽은 귀신처럼, 벽창호처럼 어떠한 답변도 하지 않고 괴로움에 쩔쩔매고 있을 뿐이다. 그러다 정말 그녀가 영영 떠나버리면? 물론 떠나갈 확률이 70퍼센트다. 그래도 묵묵부답으로 30퍼센트 가능성은 건진다.

예스든 노든 당신은 나의 이 제안이 온통 구라로 느껴질 것이다. 그럴 수밖에! 만날 사람은 결국 만나고, 헤어질 사람은 어떻게 하든 헤어진다. 젠장. 그래도 한번쯤은 구불구불한 연애의 심리 미로를 탐험해볼 필요는 있다. 살아 있는 날의 절반쯤은 이런 문제로 고민하기 마련이니까.

; 여자는 '불쌍'을 사랑해

여자에게 사내의 잘남과 못남은 사회적 평판이 아니라 여자가 그 면모를 어떻게 느끼는가 하는 주관적 판단이다.

잘난 척하는 사람 싫어하는 것은 남녀 불문, 만국 공통이다. 불쌍해 보이는 사람을 꺼리는 것 또한 만국의 남녀 공통이다. 질문을 던져보자. 여자들은 잘난 사내를 좋아할까, 불쌍한 사내를 좋아할까? 답부터 말하면 잘난 사내가 애처롭고 불쌍해 보일 때 가장 좋아한다. 반대로 잘난 척하는 불쌍한 사내를 가장 멸시한다. 잘난 사람이라고 꼭 연애가 시원하게 풀리는 것도 아니다. 반대로 대단히 불쌍한 사람이 연애 전선에서는 승자인 경우도 많다. 문제는 잘남이든 불쌍함이든 그 '척'에 비밀이 있다. 그런데 아, 뭔가 뒤죽박죽인 기분이네.

왜 뒤죽박죽인지 규명하자면 남녀 관계에서는 뭐가 잘난 것인지 혹은 못나고 불쌍한 것인지가 애매하기 때문이다. 일단 잘남을 정의할 때 부, 명성, 지위 따위의 세속적 기준을 벗어날 수 없다. 하지만 연애 감정은 그런 사회적 저울을 빗겨난 지점에서 생긴다. 여자에게 사내의 잘남과 못남은 사회적 평판이 아니라 여자가 그 면모를 어떻게 느끼는가 하는 주관적 판단이다. 여자에게 사내의 잘남이란 자기와의 관련 속에서만 의미를 지닌다는 뜻이다.

이 연애론이 나이 든 사내의 여자 공략법이라는 점을 명심하자. 한 사십 년쯤 살면 누구나 성취의 무용담을 갖고 있다. 정말이다. 아무것도 이루지 못한 세월을 허무해하며 오뇌(懊惱)의 무도만 출 것 같지만 가슴 깊은 곳에는 이글거리는 자기만의 영웅 설화가 숨어 있다. 당연하다. 그 긴 세월 동안 아무튼 뭔가는 있기 마련이다. 잘 믿기지 않는다면 다음과 같은 심리학적 해답을 들어보라.

1. 모든 사람은 자신이 정의롭다고 믿는다(세상이 썩었다).
2. 모든 사람은 자기가 잘생겼다고 믿는다(나만의 숨은 매력이 있다).

내가 옳고 세상이 잘못됐고, 남들이 어떻게 보든 자기만 아는 비밀의 매력 포인트가 반드시 있다는 것. 그 덕에 인류가 멸종되지 않았다. 자기를 긍정하는 것은 생존 본능의 하나다. 어떻게 살았건 모든 사람은 나이를 먹는 동안 무언가를 이뤘고 그 과정에서 한때 자기가 대단했다고 믿는 것이 보편적 심리다.

잘남은 타인과의 비교 평가에서 발생하지만 그럼에도 잘남을 인정하는 심리는 주관적이다. 동창생 모임을 떠올려보라. 대체로 누군가를, 특히 '난 놈'의 허물을 씹는다. 탓할 수 없는 생존 본능이다. 여자라면 어떻게 하겠는가. 여자들이 사회적 지위와 평판을 기준으로 애인을 선택한다는 것은 섣부른 예단이고 잘못 알려진 신화다. 쇼핑할 때 가능한 한 비싼 물건을 찾는 사람은 없다. 지불할 능력 내에서 가장 좋은 물건을 찾을 뿐이다.

가진 것도 이룬 것도 없는 사람이 불쌍한 사람이다. 가진 것과 이룬 것이 많은 사람보다 적은 사람이 더 불쌍한 사람이다. 그렇다면 정몽준에 비해 중소기업 회장이 항상 더 불쌍해야 맞다. 과연 그럴까. 자수성가한 그 중소기업 회장은 정몽준의 성취를 아버지 덕으로 돌리며 위안을 얻을 것이다. 그 중소기업의 만년 과장은 자기보다 젊은 엘리트 부장 때문에 불행하고 불쌍할까. 그럴 수도 있지만 그 과장은 부장의 불행한 가정사나 치부를 찾아내려 애쓸 것이다. 공원이나 등산로에서 하릴없이 시간을 보내는 명퇴자들이라면 게으름의 철학이나 느리게 살기 따위의 이콜로지컬(!)한 사상에 귀 기울일 확률이 높다. 차라리 가치관을 바꾸는 것이다. 그러니 하고 싶은 말은 이거다. 너나없이 죽지 못해 산다고 쉽게 말하지만 아직 죽지 않았다면 살 만한 이유를 갖고 있다는 것. 그 심중에는 의외로 강력한 자기 긍정과 프라이드가 숨어 있다는 사실이다.

사신 것, 이룬 것만으로 한 인간의 잘남과 불쌍함 정도를 측정하기는 쉽지 않다. 만인이 만인을 향해 비루함을 느끼게 만드는 사회 통념을 벗어나 진짜 불쌍함, 멋진 불쌍함을 탐구해보고 싶다. 어떤 사내가 스스로 불쌍하다고 탄식하는데 그것이 멋지고 신선해 보인다면 이건 뭘까. 오래전 끙끙대며 읽었던 하이데거를 원용하고 싶은데 좀 고약하게 복잡하다. 한마디로 인간은 시간 앞에 유한함을 인식하고 사는 존재라는 것이다. 그 정도면 됐다. 아직 팽팽한 사십 대쯤이라면 돈 버는 재미에 미쳐 다른 건 하나도 보이지 않을 수 있다. 그런데 그 모습이 별로 멋지지 않고 심지어 추해 보이기까지 하는 수가 있다. 하이데거의 가르침에 따르자면 시간의 유한성을 성찰하지 못한, 그야말로 청춘기 상태에 머물러 있는 탓이다. 여자가 매혹을 느끼는 나이 지긋한 사내는 일에 미치고 성취에 불타는 정력남이 아니다. 뒤돌아봄. 뒤돌아봄을 통해 삶의 가엾음과 무상함을 느끼고 그걸 진솔하게 토로할 줄 아는 사내를 만났을 때 여자 가슴이 촉촉해진다. 심지어 이득의 눈초리를 번득이는 여자조차도 마음의 갑옷을 벗는다. 너무 순진한 얘기라고?

가끔 사적 경험을 '홀딱쇼'처럼 꺼내 보이고 싶기도 한데 그럴 수는 없다. 이해받기 어렵기 때문이다. 다만 존재의 불쌍함이 갖는 효용성을 만끽했다는 정도만 밝혀둔다. 스스로 잘남이 넘친다고 믿는 사람, 그것이 여자에게 어필한다고 믿는 사람이라면 그렇게 밀고 나가는 수밖에. 말리지는 않겠다. 하지만 여자 앞에서 잘난 점 드러내는 것이 위세로 비치지 않도록 무척 조심해야 한다.

나이 먹은 사내의 잘난 척은 정말로 치명적이다. 그 과시가 과장 없는 진실이어도 마찬가지다. 심리적 거부감도 들지만 무엇보다 여자들은 상대의 잘난 면모 때문에 상대에게 자기 자리가 없다는 점을 본능적으로 안다. 잘남의 반대쪽, 내가 '불쌍'이라고 명명한 연민의 공감대는 존재의 발가벗은 모습과도 같다. '가정이 불행해서 언젠가는 이혼할 예정이고…' 운운의 삼류 신파극은 물론 제외한다. 과장된 불행감의 토로는 불쌍한 '척'으로 분류되는 악덕이어서 어떠한 효용도 없다. 사오십 대 이르러서야 이해되는 근원적인 존재의 초라함, 존재의 불쌍함이 공감될 때 여자는 자기가 보탤 수 있는 역할을 생각해본다. 그럴 수 있는, 그러려고 하는 여자가 바로 애인이다. 대부분의 만남이 깊은 공감대 없이 몇 번의 잠자리로 끝나버리겠지만 일부일처제의 근원적 모순 속에서 숨통을 틔워주는 관계의 출발점은 바로 존재의 불쌍함에 대한 이해에 있다고 본다.

; 하지 않는 사람들

사귀지 않고 하지도 않고 만나기만 하는 사람들은 하나, 비난을 두려
워한다. 둘, 언제나 남의 시선을 의식한다.

남자든 여자든 하지 않는 사람들이 있다. 하지는 않는데 이성과
의 만남은 번잡하고 부산하게 많다. 인터넷 동호회나 카페 회원
들의 오프 모임에도 열심히 출석한다. 누구누구가 그렇고 그렇
다더라, 소문이 무성해도 언제나 꿋꿋하다. 여럿이든 단둘이든
만남은 끊임이 없건만 아무 일도 일어나지 않는다. 그런 그, 그녀
를 두고 사람들은 칭송한다. "참 점잖은 분이야" "그녀는 정숙해"
라고. 아무런 문제도 없다. 그럼 만사 오케이?

하지 않는, 정확히 말해 특정인과 사귀지 않고 부산한 만남
만 이어가려는 마음속에는 두려움이 있다. 그 두려움의 원천에
는 어린 시절이 있다. 착한 아이, 어른 말 잘 듣는 아이, 칭찬받는
것에 길든 아이. 착한 아이는 이성과 사귀는 것이 추하다고 배웠

다. 물론 섹스는 죄악으로 인식한다. 칭찬받는 일에 익숙한 사람이 가장 두려워하는 것이 비난이다. 혹시라도 비난받는 일이 생길까 봐 그, 그녀는 조심하고 또 조심한다. 그런 사람들은 전혀 주목받는 상황이 아니어도 언제나 남의 시선에 갇혀 있다. '남들이 뭐라고 할까 봐.' 남의 말 하는 것이 사람 속성이지만 실제로는 타인 일에 그리 관심이 없는 법이다. 그런데도 언제나 남들이 뭐랄까 봐 염려한다.

정리해보자. 사귀지 않고 하지도 않고 만나기만 하는 사람들은 하나, 비난을 두려워한다. 둘, 언제나 남의 시선을 의식한다. 어찌 보면 그것도 괜찮은 삶의 방식이다. 무슨 탓을 하겠는가. 조심조심 살고 싶다는데. 그런데 아뿔싸, 놓치고 있는 것이 있다. 사람 욕망의 크기가 대체로 동일하다는 점이다. 하지 않는 사람도 실은 하고 싶다는 간절함은 똑같이 품고 산다. 그렇고 그런 사이라고 뒷말이 무성한 커플들에 대해 남모를 부러움도 품고 있다. 이 애틋한 마음을 어이하랴!

어쩌면 대다수가 그처럼 애틋한 삶을 살고 있는지 모르겠다. 나만의 연인을 그리워하고, 멀찍이 떼어놓은 몸의 욕망에 대해 바닥 모를 갈망을 느낀다. 그러나 그럴 수는 없다고 스스로를 다독이고.

밤바다! 혹은 마스터베이션.

이십 대 후반 무렵 친구들과 시끌벅적 어울려 바닷가에 놀러

간 기억이 있다. 바다의 밤은 무섭도록 캄캄한데 어쩌다 홀로 빙
파제에 나갔다. 사위의 칠흑 같은 어둠과 망망한 바다의 파도 소
리가 오직 나 한 사람만을 위한 배경인 것 같았다. 친구들은 그리
멀지 않은 민박집에서 목청 높여 기타 치고 노래하는데 왠지 쓸
쓸한 기분이었다. 어둠에 묻혀 보이지 않는 물살을 오래 응시하
다가 문득 놀랐다. 부지불식간에 이루어진 손동작 때문이다. 일
종의 자위행위를 하고 있었다. 가슴 가득히 원인 모를 고독감에
차 있는데 손은 발기된 아래를 주무르고 있다. 피식 웃음이 나오
려 한다. 옜다, 모르겠다, 손에 가속도를 붙여 해결할까. 아니, 조
용히 참고 넘어가야지. 망망한 밤바다와 마스터베이션. 그것은
사람의 풍경이다.

　젊은 날의 그녀가 친구들과 어울려 설악산에 놀러와 있다. 권
금산장 방향으로 숱하게 늘어선 숙소에서 친구들은 게임을 하
고 있다. 음료수를 들고 바깥으로 혼자 나왔다. 밤하늘의 별들
을 헤아려보고 싶었을까. 여관촌 주위를 빙글빙글 돌듯이 산책
하고 있는데 어떤 기척이 있다. 친구 영미와 낯모를 남자였다. 그
들이 키스를 하다가 황급히 몸을 숨기는 상황이었다. 짐작이 간
다. 저녁 무렵 도착했을 때 시답잖게 말을 걸던 다른 숙소 남자
애들 가운데 하나였다. 귀신같기도 하여라. 어느 결에 말을 섞고
만날 약속을 하고 게다가 키스라니! 재빨리 등을 돌려 반대 방향
으로 향하면서 그녀는 속으로 외친다. 나는 저러지 않을 거야. 나

한테 절대 저런 일은 없을 거야. 밤하늘의 별은 총총한데 그녀는 먼저 엄마와 언니가 떠올랐고 세상이 무서웠다. 낯선 남자와 대뜸 키스를 나누는 영미가 불결하고 천해 보였다. 그렇게 어금니를 꽉 깨물면서도 그녀는 잠깐잠깐 스쳐 가는 생각을 어쩌지 못했다. 저게 꼭 잘못된 일일까. 왜 나는 절대로 저럴 수 없다고 생각할까. 혼란에 빠져 부지런히 앞만 보고 걷는 그녀. 그것은 사람의 풍경이다.

좋은 사람 콤플렉스, 착한 여자 콤플렉스에 관해 많은 말이 있다. 뭉뚱그려 말하면 일종의 강박증 같은 것이다. 성경은 자손을 번성하라 가르치면서 동시에 간음에 대한 경고로 욕망을 옥죈다. 교회 근처에도 가보지 않은 사람조차 그 같은 기독교 윤리에 지배받는다. 불경은 더 말할 나위도 없다. 모든 욕망은 헛되고 무상한 것이며 욕망 추구는 탐욕의 십악대죄로 인식된다. 종교적 계율만이 아니라 아예 가정, 학교, 사회의 가르침이 전부 착하고 좋은 사람 콤플렉스를 유발하고 자연스러운 몸의 욕망을 극복의 대상으로 설정한다. 일종의 사회 안전망이고 기성 질서 유지책의 일환이다. 그러니 하지 않고 사귀지 않아 이른바 '좋은 사람' 노릇을 하는 사람의 안쓰러운 타협책이 바로 번다한 만남에 열중하는 일이다. 이성이 있는 곳에 열심히 나타난다. 부인할 수 없는 몸의 욕망 때문이다. 그러나 절대 애인으로 사귀지 않고, 하지도 않는다. 왜? 두려우니까.

남의 시선이 두려워 아무 일도 벌이지 않고 사는 것이 안전한 삶의 방식인 것은 틀림없다. 그, 그녀는 무탈할 것이다. 좋은 사람 소리도 들을 수 있을 것이다. 그런데? 그런데 거기서 그치지 않는 문제가 있을 수 있다. 나이 들어도 영원히 자라지 않는 미성숙한 사람을 본 적이 있는가? 언제나 남의 뒷소문에만 열중하는 사람을 본 적은 없는가? 남몰래 야동 야설에 열중하는 숨은 포르노 마니아를 알고 있는가? 이성에 대해 이유 없는 적의가 가득 찬 관점을 피력하는 사람을 본 적은 없는가? 아주 우아하게 일그러진 영혼을 목격한 적은 없는가?

욕망의 무차별적 발현을 칭송할 수만은 없다. 그러나 욕망의 과도한 억제가 과도하게 칭송받는 것을 지적하는 말을 별로 듣지 못했다. 늘 그런 것은 아니지만 점잖은 처신 뒤안길에서 행해지는 괴이한 행태도 실제로 매우 많다. 욕망의 과도한 발현도, 과도한 억제도 자연스럽지 않은 일이다. 끊임없이 이성이 있는 장소를 찾아다니면서 아무런 관계도 맺지 않아 칭송받는 것이야말로 부자연스러운 일 아닌가. 타인의 시선에 갇혀 사는 것은 미성숙의 징표다. 언제나 착하고 좋은 사람 소리 듣고 싶은 것도 변형된 욕망의 하나다. 그런 억압이 일그러진 자아를 낳는다. 우리는 누구를 위해 사는 걸까.

；그녀를 함부로 대하라

날 때부터 예쁜 여자에게 미모를 칭송해봐야 씨알이 먹히지 않는 것처럼 진짜 잘난 여자는 자신의 잘남을 지겨워하는 면이 있다.

재니스 조플린. 1960년대 말, 사자 갈기 머리를 하고 찢어지는 목청으로 지축을 뒤흔들다 스물일곱 살에 죽어버렸다. 당대 최고의 로커였다. 마약 복용에 혀가 말린 채 우는지 웃는지 모를 괴성을 지를 때 전해져 오는 전율을 잊을 수 없다. 그녀를 사랑할 수 있을까.

에이미 와인하우스. 어둡고 끈적끈적하면서 동시에 서늘한 목소리의 블루스 로커. 대표곡 제목이 '리해브'(rehab, 재활)이듯이 그녀의 생은 파탄과 재활 치료의 반복이었다. 블루지(bluesy)하다는 표현의 상징 같은 그녀도 2011년, 스물일곱 살에 갑자기 죽어버렸다. 약물 과다 복용이었다. 그녀를 사랑할 수 있을까.

객석에서 재니스나 에이미를 바라보며 망아적 도취의 열광을 느낀다. 사랑하는 뮤지션으로 손꼽는 데 주저함이 없다. 그런데 그 비슷한 여자를 현실에서 만난다면 휴, 사랑할 수 있을까? 그녀는 거칠고, 그래서 멋진데 사귈 수 있을까?

예술 혹은 상상 세계에서는 광란의 파도를 타기도 하지만 현실 세계에서는 얌전하고 만만한 여인을 찾는 것이 한국 남자다. 다른 나라 남자들도 그런가. 프랑스 영화 「베티블루」에서 착한 사내 조그가 사랑한 여인은 바로 광란의 몸부림을 치는 베티였다. 결말은 어땠을까. 자해 끝에 병석에 누운 베티 얼굴을 베개로 덮어 죽여주는 것이 조그의 최종 선택이었다. 아, 무섭다.

그렇게 거친 여자, 사나운 여자까지는 몰라도 이른바 잘난 여자, 기 센 여자는 흔히 있다. 그중에는 정말 동경을 안겨주는 멋진 인물도 있다. 그런데그 멋진 여자와 내가 사귈 수 있는 여자 사이의 간극이 의외로 크다. 우리는 그런 사례를 많이 알고 있다. 역시 프랑스 영화 「내겐 너무 이쁜 당신」에서 회사 사장 베르나르의 애인은 못생기고 뚱뚱한 여비서 콜레트다. 그의 아내는 무척 우아하고 지적이고 세련됐다. 무엇보다 대단한 미모다. 그런데 나이 든 사내들은 못난 여비서에게 집착하는 베르나르의 심정을 잘 이해한다.

박완서 소설 『도시의 흉년』에도 유사한 설정이 그려져 있다. 못난 가장 지대풍 씨는 발기부전이다. 집안을 풍족하게 일으킨 잘난 아내 민 여사 앞에서는 남성이 일어나질 않는다. 지대풍이 남몰래 살림을 차려준 여인은 다리를 저는, 왜소한 체구에 못생기고 무식한 여자였다. 지대풍의 죽은 남성은 그녀를 만났을 때만 살아났다. 역시나 나이 든 사내들은 지대풍의 상태를 잘 이해할 수 있다.

잘난 여자, 억센 여자 또는 대단한 여자, 이른바 남자를 압도하는 여자는 어떤 마음으로 대해야 하는 걸까. 앵커 백지연이 진행하는 프로그램에 출연할 때마다 설명할 길 없는 위축감을 느끼곤 했다. 다른 출연자들도 비슷한 심정을 토로하는 걸 보면 혼자만의 느낌은 아닌 것 같다. 일로 친해진 아나운서 김성경도 유사하다. 의외로 애교도 많고 러블리한 품성이지만 타고나기를 도도 본색이어서 위축감을 느끼곤 한다. 친하기는 해도 함부로 농담을 걸 엄두가 나지 않는다.

사업하는 여성, 저명한 여성 가운데 '센' 부류가 많다. 간혹 그런 여인의 하소연을 듣게 된다. 남자들 왜 그렇게 못났냐고. 자기가 얼마나 참하고 여성스러운데 왜 그걸 몰라주냐고. 자기를 압도해줄 남자가 왜 그리 없냐고. 두 번 이혼한 여성 탤런트가 있는데 이혼 사유가 두 번 다 남편의 폭행이었다. 전남편 한 명을 아는데 도무지 폭행을 할 만한 위인이 못되는 소심한 친구다. 이른바 '열폭', 즉 열등감 폭발이 폭행의 배경이었을 것이다. 아, 사례가 마구 떠오른다. 남자들 참 못났다.

잘나고 대단한 여자에게는 어떤 남자가 어울릴까 더 잘나고 더 대단한 남자를 꼽는 건 하나 마나 한 소리다. 기 센 여자가 더 기 센 남자에게 압도되기를 원할까. 성공한 여자가 항상 더 성공한 사내를 애인이나 배우자로 원할까? 설사 그렇다 해도 잘난 커플 간에 둘 사이를 엮어주는 배경이 잘남일 수는 없다.

잠깐 공산주의 투쟁 이론의 도움을 받아보자. 마오쩌둥이 혁명 투쟁을 할 때 집필한 「모순론」이라는 팸플릿이 있다. 세상의 모순 관계를 적대적 모순과 비적대적 모순으로 나눈다. 적대적 모순은 지주와 농노 관계처럼 타도와 극복의 대상이지만 비적대적 모순은 정반대 속성을 지닌다고. 가령 전기의 음극과 양극, 낮과 밤 같은 것. 그중 대표적 사례로 꼽는 것이 남녀 관계다. 남자와 여자 관계는 상호 보완적으로 결합하여 전체를 구성하는 비적대적 모순 관계다. 기 센 여인에게서 느끼는 위축감은 그러니까 전통적으로 남성성의 전유물로 여기던 성질이 여자에게 나타나서 생겨나는 현상이다.

쉬운 해결책이 있을 수 있다. 남성성이 두드러지는 여성에게 여성성을 품고 대하는 것. 그런데 과연 그럴 수 있을까? 말이 쉽지, 사랑과 섹스에서는 그 같은 역전이 의도대로 발휘되기가 쉽지 않다. 이른바 '쫀심(자존심)'의 훼손을 참는 것은 쉬운 일이 아니다. 어쩌다 보니 멋지지만 드센 여자를 사귀게 되었는데 어찌 비굴한 기분까지 견뎌가며 만나겠는가.

길을 찾아보자. 잘난 여자? 팽 하고 외면해왔다. 그런데 오 마이 갓! 바로 그런, 기 세고 잘나고 대단한 여자를 사랑하게 됐다. 데이트에서 잠자리까지 무서워서 가슴부터 벌렁벌렁하니 어찌한단 말인고.

해법까지는 모르겠지만 관계 형성에 도움 되는 방법이 분명히 있다. 함부로 대하기, 바로 그것이다. 그녀에게 함부로 대할 수 있어야 사귈 수 있다. 이게 철칙이다. 그런데 잠깐. 잘난 여자에게 함부로 대해보라. 그녀들은 남성 지배 사회의 억압적 분위기를 뚫고 치솟은 존재다. 함부로 대했다가는 귀싸대기 맞는다. 내가 경험한 최고로 기 센 여인으로 한국일보 서화숙 기자가 있다. 젊은 날 함부로 친한 척했다가 맞아 죽을 뻔했다. 함부로 대하는 것은 그러니까 무례한 태도와는 전혀 다른 것이다.

날 때부터 예쁜 여자에게 미모를 칭송해봐야 씨알이 먹히지 않는 것처럼 진짜 잘난 여자는 자신의 잘남을 지겨워하는 면이 있다. 그러니 그 잘난 면모에 대해 '무심처사'를 할 수 있어야 한다는 의미다. 그녀의 잘남에 무심처사인 것은 곧 그녀를 '여자'로 대하는 것을 말한다. 직업이나 평판, 사회적 지위 이전에 여자는 여자이고 남자는 남자다. 사모하는 잘난 그녀를 여자로 대하라는 것. 무례하지 않게 함부로 대하라는 이 심오한 비법을 깨친 사람이 있다면 아나운서 김성경을 찾으시라. 외롭단다.

; 미친 듯이 정신 차리는 자

내 사랑의 원점, 추억의 근거지, 모든 상념의 발원지가 되는 그런 만남의 기억으로부터 해방되어 전혀 다른 삶, 전혀 경험하지 못한 새로운 사랑을 시작할 수는 없을까.

성귀수의 책 『숭고한 노이로제』를 읽었다. 귀수보다 괴수가 더 어울릴 법한 괴이쩍은 인물인데, 시인이라고도 하고 프랑스어 번역가라고도 하고, 하여튼 난해하게 한 인생 살아가는 자다. 그의 노이로제 책에서 킥킥 웃으며 눈으로 밑줄 친 구절들이 있다. '미친 듯이 정신 차리는 자'라는 소항목인데, 자, 괴수가 말하는 정신 차리는 자는 누구인지 몇 줄만 읽어보자.

연민을 통해서만 타인을 이해할 수 있는 자
불쌍한 바보들에게 자신을 모욕할 기회를 기꺼이 베풀어주는 자
칼을 몸에 지녀 정신이 빛나는 자
취향이 매우 단순 명료한 자

자기과장과 자기왜소화를 밥 먹듯 하는 자

내가 책을 읽으며 킥킥거린 까닭은 이 구절에서 발견되는 자아가 참으로 친숙했기 때문이다. 뭔가 들킨 기분이랄까. 몇 줄만 더 인용해보자.

우울한 동류의 입에 딥 키스 해주면서 그 어여쁜 혀 우아하게 깨물어주는 자
취기와 기억을 맞바꿔버리는 자
농담을 역겨워한다고 진지하게 농담하는 자
만인이 오해할 정도로 순수한 자
세상과 작당해서 신나게 놀아줄 줄 아는 자
뻔뻔스런 아름다움을 갖춘 자

그런데 이것이 과연 특정한 성향의 인간론일까 하는 의문이 스친다. 혹시 이 정의들은 여러 인물의 종합판이거나 만인의 공통분모는 아닐까. 자아의 순수성이란 특별히 순수한 사람의 독점물이 아니라 모든 사람 가슴 한편에 숨어 있는 비밀 같은 것이다. 일찍이 우리는 모두 순수했고 그것이 훼손돼가는 과정이 인생이라고 이해한다. 남달리 순수해 보이는 사람은 덜 자란 상태를 드러내 보일 용기를 지녔을 뿐이다. 성귀수는 연민을 통해서

만 타인을 이해하는 자를 언급했다. 아니 그럼 연민이거나 센티 먼드(sentiment)이거나 감상성을 통해서나 타자와 소통하는 거지 무슨 연구 분석이라도 하리? "자기과장과 자기왜소화를 밥 먹듯 하는 자"라는 대목에서 성귀수의 인간론이 범인류적 공통분모의 추출이라는 것을 알겠다. 사람들은 다 그렇다. 좁쌀 크기로 졸아들었다가 풍선처럼 부풀어 오르기를 반복하는 것이 우리의 자의식이니까. 그런데 목에 걸린 가시처럼 콱 찌르는 한 구절이 있었다. 그가 정의하는 미친 듯이 정신 차리는 자 가운데 이런 자.

더러운 애인들만 잔뜩 거느리고 다니는 자

더러운 애인은 어떤 애인일까. 천박하거나 이기적이거나 가짜 감정을 들이미는 애인? 변태 취향의, 성적으로 막나가는 애인? '잔뜩'은 뭐고 '거느리고'는 또 뭔가. 애인을 잔뜩 거느릴 수 있는 사람을 실제로 본 적이 없다. 실제 삶에서는 한두 애인도 너무 많다.

어느 밤 깊은 시간에 끈끈하게 떠올랐던 상념이 있다. 지나간 기억 속의 모든 그녀들이 갑자기 '더럽게' 여겨진 것. 내 인생이라는 기차 여행 중에 시차를 두고 정거장이 됐던 그녀들이 한 두름으로 엮여 '잔뜩'이 되던 것. 그 잔뜩 많은 과거의 애인들이 기억의 호출 속에서 한꺼번에 등장하던 것. 곰곰 생각해보니 더러운 혹은 '드러운' 애인이란 실상 지나간 그녀들 앞에 벌거벗고 서 있는 나 자신이었다. 추억은 더럽다. 그날 밤 나는 더럽게 미친 듯이 정신을 차리고 있었던 모양이다.

아프니까 청춘이 아니고 아프니까 추억이다. 그 추억은 현재의 욕망과 닿아 있다. '욕망을 욕망한다'는 탈근대 철학에서 빠진 대목이 추억을 욕망하는 현재적 욕망, 그 결핍감이다. 그래서 추억을 욕망하는 감정은 아프면서 더럽다. 아니 더럽게 아프다. 더러운 그녀. 더러운 그 만남. 내게도 필사적인 만남이 한 차례 있었고 그 시간이 터무니없이 길었고 결국 참담한 파국으로 끝났다. 그 기억을 두고 나에게도 사랑이 있었노라고 자위하는 현재적 욕망이 더럽다는 말이다. 필생의 그녀 이후 다른 모든 그녀들은 그 필생의 여인과 기억 속에서 기묘하게 동거하고 합체한다. 모든 새로운 사랑이 더러운 과거의 그녀를 쫓아다닌다. 마치 어린 사내아이가 엄마를 사랑의 대상으로 품듯이. 분명 새로운 사람을 만났는데 그녀와 함께하기 위한 관계 세팅이 괴롭게 익숙하다. 흘러간 과거를 반복하고 추종하는 우매한 열정.

아예 영원히 과거를 살아가는 사람도 있다. 위대한 개츠비. 개츠비의 사랑 데이지는 천박하고 영악하고, 사랑의 진실과 고결함이 무언지 모르는 여인이었다. 그러나 비천한 시절의 개츠비에게 데이지는 그가 유일무이하게 만났던 상류층 여성이다. 개츠비가 품은 사랑의 절치부심은 바로 상류사회에 닿기 위한 욕망의 발현이었고 그 모든 것의 완성은 결혼한 데이지를 자기 것으로 획득하는 일이었다. 결국 죽음과 맞바꾸게 된 개츠비의 연정을 어떻게 평가해야 할까. 작가 스콧 피츠제럴드가 지은 소설 제목에 답이 있는 것 같다. 원제 '더 그레이트 개츠비'는 '위대한 개츠비'라고 번역되지만 이때 그레이트는 '위대한'의 우리말 어감과는 거리가 있다. '거 참 대단하군! 잘났어 정말!' 정도의 느낌으로 개츠비가 그레이트하다고 표현한 것이다. 아마 못난 개츠비라고 번역해도 의미가 크게 다르지 않을 것이다.

성귀수가 정의한 미친 듯이 정신 차리는 자가 바로 개츠비이고 나 자신이고 또한 우리다. 우리는 각자 버전의 개츠비로 살아간다. 우리 가슴속에는 훼손되지 않은 원점이 있다. 그것은 소중하면서, 다른 말로 표현하면 더럽다. 그 원점이 추억 공간에 위치해 늘 미화와 윤색 작용을 하지만 어떤 순간에 미치도록 더러운 기분이 치민다.

그로부터 놓여날 길은 없을까. 내 사랑의 원점, 추억의 근거지, 모든 상념의 발원지가 되는 그런 만남의 기억으로부터 해방되어 전혀 다른 삶, 전혀 경험하지 못한 새로운 사랑을 시작할 수는 없을까. 정확하게 답을 하겠다. 없다. 결코 벗어날 수 없다. 모두가 미친 듯이 정신 차리고 사는 사람이기 때문이다.

; 내 여친을 소개합니다

이제 사랑하는 사람과 가능한 시간까지 함께 사는 행위를 결혼이라고
부르자.

"지금 저 독일에 있어요. 이번엔 좀 오래 있을 듯. 빈센트와 결혼
하려고요. 축하해줘요. 한국 떠나기 전 전화도 못 했네…."

오랜만에 사랑하는 여친에게서 카톡이 날아왔다. 뮌헨이란
다. 결혼을 한단다. 이 뭔…?

'사랑하는'도 사실이고 '여친'인 것도 틀림없는데, 사랑하는
내 여친의 결혼을 축하해줘야 할 사정이 있으니, 설명이 필요하
겠다.

수영이는 작가다. 소설집을 몇 권 냈지만 그리 유명해지지는
못했다. 그녀는 또한 학자다. 서울대에서 학부를, 미국과 스웨덴
에서 역사 전공으로 학위를 땄다. 공부하는 학자는 맞는데 교수
가 되지 못하고 보따리 장사만 전전하고 있다. 젊은 날 한 번의

이혼 경력을 거쳐 오랜 독신 생활이 몸에 뱄고 언행이 신중하다. 아는 남자가 많지만 행동은 대단히 규범적이다. 그녀가 누구와 잤다는 소문을 한번도 듣지 못했다. 아마 그런 일이 있었다면 내게 솔직히 말했을 것이다. 그리 감추지 않는 성격이니까. 술자리 후에 그녀에게 육탄 돌격을 감행한 모 언론사 국장이며, 집요했던 어느 선배의 공략을 소상히 전해 들었던 기억이 있다. 그럴 때 '왜 하지 않느냐'는 내 핀잔에 대고 '꼭 해야 하느냐'는 항의로 옥신각신하기도 했다.

여기까지는 그리 특별할 것 없는 한 여성의 사연이다. 내가 여친이라고 주장할 수 있는 까닭은 단둘이 만나서 밤 깊도록 대화를 나누고, "나 피곤해. 잠깐 잘게요" 하면서 스스럼없이 소파에서 깜빡 잠을 자기도 한다는 데 있다. 언젠가 "내가 덮치면 어쩌려고?" 했더니 "못할 거면서" 하고 피식 웃는다. 좋아하지만 육정을 배제한 여친을 두고 여자사람 친구라고 표현한다. 기회 되면 어떻게 해보고도 싶었던 예쁜 수영이는 그러니까 내 여자사람 친구다. 10여 년 된 관계에서 아무 일이 벌어지지 않은 이유는 단 하나, 서로 어색해지기 싫어서다. 내 쪽에서 무리했을 수도 있지만 그걸 가로막는 위엄이 그녀에게 있다. 언제나 많은 말, 말, 말이 오가는 사이다. 외국 생활을 오래 한지라 가끔 헤어질 때 포옹하며 아기 대하듯 뺨에 '쪽' 해주는 은혜에 만족해왔다.

느닷없이 날아온 결혼 소식인데 예상을 뛰어넘은 진전이다.

언제나 그랬다. 그녀의 그, 독일 남자 빈센트와의 관계 진전은 항상 예상을 빗나갔다. 독신 남녀가 사귀다 결혼할 수도 있는 것이지 뭐 놀랄 일이겠는가. 탕웨이가 한국 남자와 결혼해 잘 살고 있는 세상인데 그래, 국제결혼을 신기해할 사람은 없다.

신기하고 특별한 사정은 다른 데 있다. 일본의 어떤 모임에서 빈센트를 처음 만났을 때 둘의 대화 주제는 '제국주의'였다고 한다. 일본뿐 아니라 독일 사회에도 여전히 제국주의 잔영이 남아 있다고 자국을 혹독하게 비판하는 순종 독일인 빈센트가 좀 별나 보였단다. 한독 간 제국주의 비판이 키스를 유발했다. 그때는 그저 친해졌다고만 들었다.

빈센트가 한국을 찾기 시작했다. 찾아오면 꼭 내 작업실을 들러 셋이 함께 공통 관심사인 클래식 음악에 몰두하곤 했다. 빈센트의 한국 숙소는 물론 혼자 사는 그녀의 분당 집이다. 한번 짓궂게 물어본 적이 있다.

"빈센트 잘해? 힘 좋아?"

그녀는 손사래를 쳤다.

"에이, 설사병 나서 요즘 아무것도 못해요. 큭큭."

두 사람이 한국과 독일을 오가며 그럭저럭 5~6년이 흘렀고 양쪽 집안 간에 인사도 나눈 사이가 됐다. 나는 여전히 수영이의 남친이지만 오빠나 삼촌 비슷한 역할로 굳어져갔다. 만날 때마다 느끼는데 건축가 빈센트는 참 괜찮은 사내다. 그리 잘생기지는 않았지만 묵직한 독일 교양인의 풍모를 온몸으로 보여준다. 취직한 설계 사무소를 나와서 친구들과 건축 분야 벤처 회사를 차린다는데 독일 사정이 어떤지 짐작이 안 간다.

아, 아직도 내 여친 결혼의 특이점을 꺼내지 못했다. 요즘은 TV 드라마에서도 흔히 다루는 테마라지만 현실로 맞닥뜨리니 꽤 어정쩡한 기분이 든다. 수영이와 빈센트 사이를 두고 '잠시 그러다가 말겠거니' 예상했었다. 그런데 추세가 영 그게 아니다. 대양을 가로질러 간절함을 더해가더니 결국 남자의 프러포즈가 있었고 여자는 결혼 거사를 치르러 독일로 날아갔다.

이 둘의 관계를 놀라워하지 않는다면 당신은 한국적이지 않은 사람이다. 나 역시 세련되게 '오케이! 그게 뭐 어때서?' 하고 싶지만 솔직히 놀란 것이 사실이다. 옛날 김지미와 나훈아가 결혼 발표를 했을 때 대중이 놀란 것은 나이 차 때문이었다. 실제로는 열두 살, 공식적으로 여자 쪽이 일곱 살 연상인 그들의 결혼은 드물고도 이상해 보였다. 7년씩이나 유지된 사실혼 관계가 대단한 것이라고 입을 모았다.

대단히 자연스럽게 연인으로 어울리는 수영과 빈센트의 나이 차가 정확히 스무 살이다. 사랑스러운 내 여친은 스무 살이나 어린 외국 남자와 결혼식을 치렀다. 일탈이나 모험심 따위와는 거리가 먼 온건하고 이지적인 남녀가 엄마 아들 사이만큼 벌어진 나이 차를 넘어 결혼했다. 놀라워하는 내 반응이 촌스러운 것이겠지. 수영이가 환갑이 될 때 남편은 갓 마흔 살이다. 잘돼야 할 텐데, 할 텐데….

베스트셀러 『아이를 잘 만드는 여자』의 주인공 김영희 씨도 독일 남편보다 열네 살 연상이었다. 아이를 여럿 낳고 행복하게 살았지만 결국은 이혼했다. 내가 오빠 마음으로 수영의 결혼을 염려한 건 상식적 사고를 벗어나지 못해서일 것이다. 곰곰 생각해보니 백년해로 관념에 붙들려서 그런 것 같다. 부부란 '검은 머리 파뿌리' 될 때까지, 그러니까 인생의 최종 순간까지 동행해야 한다는 신앙 말이다. 수영의 결혼을 계기로 관점을 바꾸기로 했다. 이제 사랑하는 사람과 가능한 시간까지 함께 사는 행위를 결혼이라고 부르자. 한 세기 전 헝가리 작곡가 코다이 졸탄은 스물두 살에 오십 줄 넘은 여성 음악가와 결혼했고 아내가 아흔일곱 살로 사망할 때까지 해로했다. 시야를 넓혀 보면 놀랄 일도 아니다. 나이 차를 제약으로 인식하는 사고방식은 낡았다.

생각해보니 방송일 하면서 진짜 매력을 느꼈던 여성이 한 사람 있다. 언행이 꼭 귀여운 소녀 같은데 그녀 나이가 일흔이다. 친하게 지내자고 고백해볼까, 선우용녀 씨?

; 하고 싶은 당신에게

하고 싶지만, 할 수 있는 집안 빈티지에게는 감흥이 없고 집 밖 신품들
에게는 용기도 엄두도 나지를 않는다. 기회가 언감생심이다.

한국인간발달학회라는 연구 기관의 설문 결과다. 나이 지긋한
사람들을 대상으로 스스로 생각하는 자기 모습에 관해 조사했
더니 "나는 실제 나이보다 젊다"라고 응답한 사람이 81퍼센트였
다. "옷을 고를 때 더 젊어 보이는 것을 선택한다"는 답변도 74퍼
센트였다. 여러 문항의 답변이 놀랍게도 한 가지 추이를 보인다.
"나는 생각이 젊고 열려 있다, 75퍼센트" "나는 같은 연령대 사
람들에 비해 젊어 보인다, 77.7퍼센트"… 이 결과가 무얼 말하는
가. 다들 힘이 넘쳐난다는 사실이다.

　문득문득 자기 나이를 떠올려보고 기가 막혀 하는 사람이 많
은데 요즘은 위로를 안겨주는 현대식 나이 계산법이 대세다. 생
물학적 나이에 0.8을 곱한 것이 오늘날의 진짜 나이라는 것. 중

년(中年, middle age)이 한자로도 영어로도 인생 중반부를 뜻하는데 인생 100세 시대에 쉰몇 살쯤은 한창때라는 의미다. 경험상 맞는 말이다. 마흔세 살짜리가 나이 든 티를 내면 한 대 쥐어박을 일이고, 서른세 살쯤이면 아직 청년부에서 놀아야 하는 분위기다. 성형외과에서도 이제는 중년 성형, 소위 '줌마 고객'들을 새로 확보해 먹고산다는 거 아닌가.

사랑이 많은 걸로 소문난 멋쟁이 배우 이미숙 씨가 어느 드라마 제작 발표회에서 이런 말을 했다.

"왜 나이가 들어감에 따라 사랑은 없어지고 중견 배우들은 대중문화에 크게 어필하지 못할까 하는 의문이 생겼어요. 중년이라고 해서 극 속에서 엄마로만 존재하는 것이 아니라, 새로운 로맨스를 채워줄 수도 있지 않겠어요?"

토크쇼에서 그녀가 했던 말도 기억난다.

"실제 애인이 있고 없고가 중요한 게 아니라 있을 것같이 보이는 게 중요한 거예요!"

오십 대 여자 이미숙, 정말 멋지고 당당하다. 진위는 알 수 없으나 열일곱 살 연하남과 뭐 어쨌다고 스캔들이 터진 적이 있다. 아마 마음고생깨나 했을 거다. 하지만 나는 그 일로 그녀에게 더욱 호감이 갔다. 대중 반응이야 당연히 많은 비난과 적은 부러움 사이였지만 결과를 보라. 그녀는 스캔들로 무너지기는커녕 더욱 왕성한 활동력을 보였다. 이미숙은 여전히 사랑에 울고 웃고 뜨거운 정사도 벌이는 배역을 맡는다.

모든 부인이 이미숙이고 모든 사내가 꺼지지 않는 정열이라면 사태는 어찌 돌아가는가. 이제 자식 위해 사는 것은 바보이고 '내 인생은 나의 것'이라고 몸부림치는데 그 속에서 사랑과 성은 어찌 되어야 하느냐 말이다. 고매하신 훈장들은 가르친다. 다시 연애하는 기분으로 자기 배우자와 새로운 사랑을 키우라고. 사람이 그렇게 생겨먹었는가? 이제 다 아는 상식이 된 생물학적 정설을 떠올려보자. 중년기 사내들은 여성호르몬이 증가하면서 감상성이 증가하고 마음의 상처를 잘 받는다고 한다. 여려진다. 중년기 여성들은 그 반대여서 이제껏 볼 수 없었던 능동성, 적극성과 더불어 자기중심성이 강해진다고 한다. 씩씩해진다. 나이 든 남녀는 엇박자로 바뀌어버린다. 게다가 오랜 세월 자기 배우자에게 받은 상처와 원망, 실망감이 부글부글 끓는 속에서 어떻게 사랑이 새로 솟구치겠는가. 오래된 것에 열광하는 빈티지 앤티크 취향이 사람 사이에서는 참 드물다.

사랑을 하고 싶다. 한창때처럼 왕성하게 섹스도 하고 싶다. 살다 보면 이처럼 '하고 싶다'를 목 놓아 외치는 시기가 찾아온다. 하고 싶지만, 할 수 있는 집안 빈티지에게는 감흥이 없고 집 밖 신품들에게는 용기도 엄두도 나지를 않는다. 기회가 언감생심이다. 여기서 신품이란 내 것이 아닌 모든 대상을 의미한다. 사십, 오십 아니, 육십 먹은 상대라도 자기 배우자만 아니면 신품이라는 뜻이다. 이러지도 저러지도 못하겠는데 '하고 싶다'는 메아리는 빈 가슴을 자꾸만 울리고….

일단 생각부터 고쳐먹어야 한다. 부디 공자 왈 맹자 왈로 듣지 마시길. 사랑과 섹스의 출발지로서 가정 먼저 떠올릴 것은 자기 욕망 이전에 자신의 꼬라지다. 누구나 꼬라지는 그 어감처럼 참말로 거시기한 법이다. 그런데 여기가 제1장 제1과 출발점이다. 그 꼬라지가 어떻든 열심히 잘 들여다보고 아껴주고 될수록 사랑해주라는 것. 너무나 이기적으로 살았다고 자책하는 사람도 많지만 과연 정작 자기를 사랑하고 위해주었는지는 다시 생각해보아야 한다.

대학에 몸담고 있는 내 친구 L은 여자들 사이에서 인기가 높다. 따르는 여학생이 특히 많다. 어떤 프랑스 소설의 첫 구절이 '지오노 교수는 특이하게도 가르치는 여학생들과 잠자리를 하지 않는 선생으로 유명했다'로 시작하는데 내 친구 L도 특이한 선생인지 어떤지는 알 수 없다. 그는 왜 인기가 많을까. 어느 날 맥주를 함께하다가 발견한 것이 있다. 그의 머리 빛깔이 옅은 보라색 기를 띠고 있었던 것. "너 머리칼이 원래 그랬냐?" 물으니 녀석은 실실 웃기만 했다. 얘기를 들어보니 흰머리가 늘어나면서 처음 들어본 '헤어 매니큐어'를 했다고 한다. "이렇게 유지하는 데도 보통 신경 쓰이는 것 아냐." 설마 보라색 머리가 인기 비결이기야 하겠느냐마는 그는 갈고 다듬으며 준비와 노력을 했던 거다.

깜박깜박 기억력이 떨어지고 시력이 급격하게 흐릿해지는 것도 나이 먹는 현상의 슬픈 증거다. 돋보기, 졸보기를 번갈아 써야 하는 중에 또 다른 친구 K가 했던 선택이 있다. 어차피 써야 하는 것이니 아예 다양한 안경 모으기를 취미로 삼은 것이다. 꽤 근사해 보이는 안경을 쓰고 있길래 값을 물었더니 테 값이 1만 원이란다. 안경테가 1만 원이라니? 황학동 어딘가에서 짝퉁 안경 전문점(?)을 알게 돼 진품 짝퉁 가리지 않고 모양 좋은 걸로 사 모은 안경이 1백 개를 넘었다고. 하긴 색색의 안경 쓴 K 모습이 꽤 튀는 건 사실이다.

시력은 멋 내기 안경으로 어떻게 해본다 해도 깜박거리는 기억력에 안경을 씌울 도리는 없다. 이번에는 내 얘기다. 생김새는 떠오르는데 이름이 기억나지 않는다거나, 악수를 나누면서 전에 만난 적이 있는 사람인지 처음 본 사람인지 도무지 생각나지 않는 경우가 허다하다. 미칠 지경이다. 그러던 어느 날 퍼뜩 깨달은 사실이 있다. 과거에 비해 주위 사람들이 내 말에 훨씬 더 귀를 기울이는 걸 발견했다. 아하, 기억을 잃어가는 대신 경험에 의거한 판단력, 의견의 명료함이 향상된 모양이구나. 가는 기억 막을 길도, 잡을 길도 없는데 치매 증상이 아닌 한 기억력 퇴화에 전전긍긍하지 않기로 했다. 그 대신 말과 행동을 전보다 깊게 생각한다. 심사숙고라는 새 친구를 만난 것이다.

'하고 싶다'는 몸부림의 첫 출발점은 그러니까 나부터 사랑하는 일이다. 어떻게 해야 할까?

벤저민 프랭클린 선생이 말씀하셨다.

사랑받고 싶으면 사랑하라. 그리고 사랑받을 만하게 행동하라.

누가 아니래나. 사랑받고 싶으면 자기가 '먼저' 사랑하고, 사랑받을 '만하게' 행동해야 하고… 그러니 '하고 싶어' 몸부림치는 나이가 됐다면 사랑받을 만하게 자기를 먼저 바꿀 일이다. 그런데 "자기를 사랑하지 않는 인간도 있습니까?" 하고 반문해본다. 과연 자기를 사랑하는 일은 뭘까.

의외로 많은 사람이 자기라고 부르는 '그 사람'을 별로 사랑하지 않는 것 같다. 자아 방기, 자기를 내다버린 듯한 모습이 많다. 술 한잔 걸치는 일도 그렇게 벌어진다. 1차, 2차, 3차에다 폭탄주를 들이붓고 정해진 순서처럼 노래방에 몰려가 악악 성대를 찢는다. 그런 일이 일주일에 서너 차례나 되는 사람도 있다. 스트레스 해소라는데 뭐가 해소되던가. 그건 해소가 아니라 자기 학대일 뿐이다. 산을 찾으면 반드시 정상을 밟아야 직성이 풀리는 듯, 건강관리라는 이름의 자기 학대 행동도 유별나게 많다.

만나서 하는 얘기가 남자라면 일, 일, 일, 여자라면 아이, 남편, 시댁, 친정 사이만 맴도는 사람도 있다. 간혹 벗어나는 화제라야

재테크 정보 따위다. 흡사 자기 삶에 충실한 것으로 비치는 이런 모습, 어떻게 이해해야 할까. 그건 충실이라기보다 폐쇄 병동 입원 환자의 삶이다. 무언가에 갇힌 것이다.

온통 자기밖에 모르는, 타인 이해에 깜깜절벽인 사람도 흔하다. 그야말로 자기애가 넘쳐 보이는 그런 태도를 두고 정말로 자기를 사랑한다고 말할 수 있을까. 타자와 생각과 감성의 공유 지점을 형성할 줄 모르는 것은 자기 객관화가 되지 않기 때문이다. 자기밖에 없는 것은 실상 자기도 없는 것이나 마찬가지다.

자기를 사랑하지 않는 사람의 사례는 많고도 많다. 가령 도무지 아무 특징을 드러내지 않는 사람, 언제나 좌중의 일원으로 숨어드는 사람을 보자. 무슨 꿍꿍이가 따로 있을까 싶어 관찰해보면 실상 아무런 꿍꿍이도 없다. 그냥 건물처럼 의자처럼 존재하는 경우가 태반이다.

진짜로 자기를 사랑하는 사람의 본보기를 찾아보자. 대뜸 떠오르는 인물이 있는데 자칫 "잘났어, 정말!" 하는 반감이 들지도 모르겠다. 일단 참고 들어보시라. 뽀글이 슈베르트 머리를 하고 다니며 방송가를 휩쓸던 문화심리학자 김정운이 있다. 그가 요즘 TV에 잘 보이지 않는다. 간혹 등장하는 곳이 나비넥타이 매고 나오는 요구르트 광고나 신년 특집 TV 강연 정도. 몇 년 전 뽀글이는 느닷없이 자의로 교수 직함을 떼버리고 다시 학생이 됐다. '내 청춘 돌리도!' 하면서 인생 바꿔보고 싶다고 노래 부르는 사람이야 널리고 널렸지만 그렇게 무모하게 불쑥 저지르는 인간은 극히 드물다. 그가 이 땅에서 교수 자리 얻느라 벌여야 했던 총천연색 버라이어티 생쇼를 지켜본 터라 더 놀라웠다.

그는 가족을 떼어놓고 홀로 일본으로 날아갔다. 나라 현이라는 고풍스러운 변방 소도시였다. 외로움에 몸부림치는 하루하루를 보내다가 마침내 할 일을 발견했다. 그림을 그려보자! 조영남 따라 하기일까 싶지만 그는 펄쩍 뛴다. 어찌어찌해서 현재는 교토 소재 미술대학 학생이다. 선생 노릇은 할 만큼 해봤으니 후반부 인생은 화가로 살고 싶다는 거다. 남들은 어떻게 볼까. 벌어놓은 게 있으니까, 타고난 재주가 많으니까, 집안이 좀 되니까… 뭐 이런 반응이 다수이겠지만 조금만 참으시라니까, 일단 그런 결단이 말처럼 쉬운 일이 아니지 않은가.

자기를 사랑하는 사람의 본보기로 김정운이 먼저 떠오른 이유는 오십 넘어 새로운 인생길을 결단했다는 용기가 놀라워서다. 물론 용기, 기백 따위는 사랑과 장르가 다르겠지. 그가 무슨 짓을 하는지 들여다봐야 한다. 다시 학생이 된 첫해 연말, 그가 다니는 미술대학에서 학생 전시회가 있었다. 스케치 상태부터 완성까지 거의 날마다 작업 과정을 카톡으로 보내주었는데 일본어로 헨타이(へんたい), 죄다 변태에 관한 내용이었다. 전시회 출품작 큰제목부터 '변태의 꿈'이다. 개별 작품 제목들은 옮기기에도 좀 남세스러운 모모한 성적 이미지들, 변태적 환상을 탐닉하

는 내용을 담고 있다. 그 문화심리학자 출신 화가는 진짜로 변태여서 변태의 꿈을 그리는 걸까? 변태란 무얼 말하는 걸까?

나 어릴 땐 오럴 섹스 정도만 떠올려도 "오메, 변태!" 하는 인간이 많았다. 특히 여성들이 그랬다. 그 정도로 우리는 북조선스럽고 이슬람스러웠다. 세상은 변했다. 지금 이십 대들은 사귀면 곧 '하는 것'을 의미한다. 대한민국은 모텔 천국이다. 그런데 하기는 하되 그 내용이 별로 달라지지 않았다는 것이 문제다. 섹스는 왕성해졌지만 그 내용이 달라지지 않았다는 것. 일단 이른바 선진국, 그러니까 잘 먹고 잘살고 문화적으로 풍요로워 보이는 나라 사람들은 우리의 전통적 시각에서 볼 때 변태스러운 짓을 왜 많이 하는지 살펴봐야 한다.

사실 긴 토론이 필요 없다. 그들은 사회·문화적 억압, 자기 검열, 규범과 상식을 깨부수어온 역사를 지녔다. 규범이며 윤리며 도덕이며 하는 것과 싸워온 토양이 곧 그들의 풍요를 낳은 것이라 장담할 수 있다. 당장 북한풍 반론이 떠오른다. "세상에 아름답고 착한 것도 많은데 왜 쓸데없는 변태 타령이야요?"

뭐 변태 논쟁하자는 취지는 아니다. 그저 가볍게 지나치면서, 한스 페터 뒤르의 매우 고매한 책 『음란과 폭력』을 참조해본다. 인간이 벌이는 어떠한 행동도 비정상의 영역일 수 없으며, 성적 행동 가운데 유일하게 변태로 규정되는 것은 신체적 상해를 입히는 일뿐이라는 것이다. 그러니까 뒤르에 따르면 상상 가능한 어떠한 행위도 변태가 아닌 정상 행위라는 것이다.

새로운 인생길을 찾아 타국으로 떠난 김정운이 변태의 꿈을 꾸게 된 까닭은 뭘까. 그것은 자아의 확장 과정이다. 자기 욕망과 환상을 탐구 대상으로 삼아 독자적으로 변용시키는 행위다. 세상을 사느라 스스로 닫아버리고 굳혀버린 자아의 속살을 열어놓으면 규범 세상과는 다른 것들이 보인다. 그 다른 시선을 통상 창의적 관점이라고 말한다. 변태는 곧 창의성을 뜻한다. 창의적 태도는 우선 좀 이상해 보이는 걸 특징으로 한다. 이상해 보이는 것이 두려운가. 정말 그래 보이나 했는가.

극단적으로 자기를 사랑한 김정운은 현실을 떠나는 것에서 출발해 변태의 꿈에 도달했다. 자기를 사랑하는 행동은 자기를 '있게' 하는 일과 동의어다. 우리는 각자 타인과 구별되는 자아를 갖고 있는가? 그러기 위해 의식적으로 어떤 실천을 하는가? 자기 세계를 추구하는 것이 매우 가치 있는 일이라고 여기고는 있는가. 과연 자기에게 자기가 있는가?

다중의 일원으로 모나지 않게, 특이하지 않게 처신하라는 것이 우리 전통의 가르침이다. 그 비겁한 상식의 생존술로 연명해야 하는 것이 우리가 살아온 토양이다. 그런데 고작 연명이나 하는 존재를 누가 어떻게 사랑해줄까. 자기를 사랑하는 행위는 '나'라는 독립된 세계를 '있게' 만드는 일이다. 자아의 탐구심과 욕망이 넘쳐흘러 변태의 꿈, 변태의 미학을 내놓고 그림으로 그리는 경우는 다소 극단적이라 쳐도 최소한 억압된 자아를 해방시키기 위친 독립운동은 쏙 필요하다. 그게 바로 자기를 있게 만드는 일, 자기를 사랑하는 태도이니까.

자기를 제대로 사랑하여 자기가 있게 되면 어떤 일이 벌어질까. 두말할 나위 없다. 누군가 쳐다본다. 당연히 쳐다보는 사람은 이성이다. 중딩 시절부터 암사슴, 수사슴들이 상대를 찾아 삼만 리, 아니 한평생을 보낸다. 어릴 때는 이성을 찾아서 획득하는 일이 자연스러웠다. 그런 행동 자체가 미덕이기까지 하니까. 하지만 지긋한 나이가 되어보라. 게다가 배우자까지 있다고 해보라. 그 상태에서 호시탐탐 욕망의 눈을 번득이며 애인을 찾는다면 누구라도 추하다고 손가락질한다. '하고 싶다'는 몸부림인데 대상을 찾아 헤매면 추하고 애처로워 보인다 하니 길은 외길이다. 누가 나를 쳐다봐준다면, 찾아와준다면 정말로 진짜로 '나이스!' 아닌가. 그러니 찾지 말고 찾아오게 하는 일에 시간과 에너지를 쓰자는 거다. 말이 쉽지 그게 어디 되느냐는 의심이 든다면 우선 변태의 꿈을 이해하시라. 벤저민 프랭클린이 말한 사랑받을 만한 행동 중 하나이고 자기를 사랑하는 태도이기도 하다. 이성 찾아 헤매는 당신은 좀 이상해 보이는 것이 두려운가? 오등의 조선인에게 고하노니 우리 모두, 에브리바디 변태 꿈을 꿉시다, 꺅!

; # 변태들, 하나

나이는 들었지만 나도 사랑을, 섹스를 하고 싶다. 하지만 마땅한 대상이 없고 어찌해야 할지 방법을 모르겠다. 이것이 착한 세상 러브 로망의 출발점이다.

"하고 싶은 당신을 위한 러브 로망을 설파한다길래 뭔 충격적인 발언이 나올까 기대했는데 고작 '자기를 사랑하자' 정도란 말이오?"

"변태가 되자는 말의 뜻이 겨우 '창의적인 삶', 고따위란 말이오?"

충격적인 발언을 기대했다면 미안하다. 야동 사이트의 혼음 난교 파티쯤을 내심 기대했다면 그것 또한 죄송하다. 이것은 비교적 착한 세상의 이야기라는 것을 숨기지 않겠다. 그런데 착한 세상의 이면, 그 뒷골목 담화가 세상에 훨씬 더 넘쳐난다는 점을 지적하고 싶다. 밥을 먹듯이 배설해야 하고 배설하듯이 성교를 갈구하는 생물학적 인간상 속에 메뉴의 다양성이야 오죽하겠는

가. 당신 옆자리의 점잖은 동료가 실은 홀딱 벗는 야외 노출 촬영 동호회 멤버로 암약하는 중일지 모른다. 교회 활동에 열심인 그 여집사가 어떤 괴이한 사생활을 누리고 있을지 아무도 모른다. 그런 이야기는 이미 술자리 객담으로 넘쳐나고 다들 안다. 나이는 들었지만 나도 사랑을, 섹스를 하고 싶다. 하지만 마땅한 대상이 없고 어찌해야 할지 방법을 모르겠다. 이것이 착한 세상 러브 로망의 출발점이다.

야설도 정설도 아닌, 규정 불가의 좀 재미있는 실화를 하나 공개한다. 일없이 뜬금없이 오다가다 들르는 내 작업실 '줄라이 홀' 방문객이 제법 된다. 그중에 늘 개화기 일본 신여성 차림을 하는 여성이 하나 있다. 무슨 이유인지 꼭 다채로운 모자를 착용하고 다닌다. 커피와 음악을 그 여성과 함께하는 동안 가끔씩 일어나는 신체 반응이 있다.

그것과 관련한 대화가 이랬다.

"그대 만나면 자꾸 발기가 되네. 웃긴다. 어쩌죠?"

"크크 재밌다. 그래도 기쁘네. 나 가고 나면 얼른 혼자 해결하세용!"

뭐 하라는 대로 했는지 어쨌는지 모르겠다. 여하튼 그런 대화를 할 수 있는 것이 좋았다. 그녀도 결코 놀리는 것은 아니었는데 얘기를 전해 들은 친구가 비난을 쏟아 냈다.

"야 이 미친놈아, 그 여자가 속으로 얼마나 욕했겠냐. 이기적인 놈."

하지만 아무렇지도 않았다. 꼭 무슨 일이 벌어져야 맛은 아니니까.

우선 남다른 열정이 그녀를 향해 치솟는 것이 아니었다. 또 본격적인 신체 활동으로 이어지기에는 둘 다 머릿속이 너무 복잡했다. 얽히고설킨 관계들이 부담스러웠던 것이다. 가볍게 테니스 치듯이 신체 활동으로 비화되는 것을 생각해볼 수 있겠으나, 어쩌면 가능할지도 모르겠으나, 그보다 더 강한 느낌이 신체 활동 직전의 애매한 상태에서 온다는 것을 피차 알고 있었던 것 같다.

썸과 더불어 케미 혹은 케미스트리라는 용어가 유행한다. 상호 감정상, 신체상 화학반응이 일어나는 현상이랄까. 통상 '케미가 통한다'고 표현하는데 문제는 케미가 통할 때마나 뭘 어찌 해볼 수는 없다는 점이다. 통한다고 죄다 신체 활동에 전념한다면 그거야 말로 포르노 월드다. 남자 쪽 일방으로 케미가 통해(?) 좌충우돌하는 경우가 다반사인데 그러다 성추행 혐의로 고소당한다.

남녀 간 탐색 단계에서 가장 유의할 점은 상대 역시 내가 느끼는 기분을 공유하는지 섬세하게 살피는 일이다. 느낌은 전혀 아니면서 습관적으로 방향을 분사하는 여인이 의외로 많다. 다음 단계는 언어의 문제다. 사람마다 언어 사용 습관이 다르다. 성적 감흥에서 신체 접촉 못지않은 것이 다양하게 존재하는데 시각과 후각 이상으로 강렬한 것이 언어 자극이다. 케미가 통할 듯한 이성과 언어적 교감이 얼마나 가능한지 잘 살핀다. 그리고 최종 단계가 남는다.

케미가 통하고 여러 정황이 맞는다면 통상 신체 활동에 들어간다. 그래서 세상에 숙박업소가 그처럼 많다. 하지만 케미도 말도 다 통하는데 도무지 그럴 수 없는 관계가 정말 많다. 어린 나이라면 내일 죽어도 좋다고 물불 안 가릴 수 있겠지만 도대체 신체 활동이 뭐라고 위험한 관계에 인생을 걸겠는가. 연고가 너무 복잡하다든가 위험하다든가 혹은 그렇게 치열한 연정이 아닌 경우, 그런 대상과 기쁘게 나눌 수 있는 길을 찾자. 그것은 성적 언어유희다. 단, 하도 험한 세상이라 유의할 점부터 명심해두자.

첫째, 상대방 특히 여성 쪽이 수치심을 느낄지 즐거움으로 받아들일지 판단해야 한다. 언어폭력이 만연한 우리 사회다. 신사됨, 신사다움은 대단히 중요한 덕목이다. 기질도 그렇지 않고 준비도 안 된 상대에게 색담을 늘어놓는 식이면 개망신하기 첩경이다. 또 하나, 언어유희는 폰섹스 같은 유형의 성행위 대치물이 아니다. 폰섹스는 말 그대로 섹스의 일종이다. 그런 수준의 대화를 할 거라면 아예 신체 활동에 돌입하는 편이 낫지 않을까.

피차 케미가 통해 모종의 교감은 느끼는데 그 이상으로 돌입하기 어려운 뭇 관계 속에서 성숙한 인간이 함께 즐길 수 있는 방법이 바로 언어유희다. 막말로 하면 음담패설인데 그 출발은 먼저 나부터 솔직하게 까는 일이다. 당신과의 관계에서 한계는 잘 알겠는데 뭔가 스멀거리는 이 기분은 뭐냐고. 당신도 혹시 마찬가지냐고. 좀 웃기고 이상하지 않느냐고. 이건 구애가 아니라 말 그대로 대화를 즐기는 일이다. 역시나 핵심 중의 핵심은 상대의 반응이다. 수준이 안 따르는 상대라면 곧장 유혹으로 받아들여 가부간 태도를 정할 텐데 그야말로 언어유희 불가 대상이다.

아슬아슬하고 유혹적인 감정을 말로만 즐길 수 있는 대상을 찾는다면 러브 로망의 지평은 탁 트인 벌판처럼 넓어진다. 그때의 말은 조그마한 단서에 다채로운 색깔을 입히고 살을 붙여나가는 행위다. 함께 밥을 먹거나 차를 마시면서 마치 둘만의 비밀 결사인 양 남모르게 나누는 교감은 설사 하늘님이 계셔도 터치할 수 없는 프라이버시다. 아무리 표면상의 농방도딕지국일지라도 그 정도 비밀의 정원은 가질 자격이 있다.

비밀 없는 인간은 불행한 인간이라고 시인 이상이 설파했다. 애인도 아닌, 아닌 것도 아닌 애매한 관계의 남녀가 카톡으로, 메일로 혹은 전화 통화로 가끔씩 별말, 별 얘기를 다 주고받는 비밀의 정원이 있다면 그 얼마나 화사한 삶인가.

; # 변태들, 둘

언제나 원하고 있지만 왜 사람을 만나지 못할까. 어떻게 하면 만날 수 있을까. 만남이 가능하려면 어떤 준비, 어떤 노력을 해야만 하는 걸까.

닦고 조이고 기름 치자. 오래된 소방서 구호다. 고생하는 소방서 아저씨들은 소방차를 닦아야 하고 조여야 하겠지만 나이 들어 헛헛한 사람들 러브 로망을 위해서는 뭘 닦아야 하나. 구체적인 대상이 있다면 차라리 쉽다. 미련한 열정이든 영악하고 노회한 유혹이든 뭔가 방법이 있을 테니까. 문제는 한영애 노래처럼 막연히 '거기 누구 없소?' 하는 경우다. 너무나 많은 '유부'들이 그런 상태일 것이다. 퇴근길 자동차 안에서 아파트 단지 집집이 가득한 불빛을 올려다본다. 아이들 깨드득대며 뛰노는 스위트 홈도 많겠지만 또 얼마나 많은 불빛 아래 공허한 눈빛들이 물끄러미 창밖을 내다보며 외로움에 몸부림치고 있을까. 언제나 원하고 있지만 왜 사람을 만나지 못할까. 어떻게 하면 만

날 수 있을까. 만남이 가능하려면 어떤 준비, 어떤 노력을 해야
만 하는 걸까.

사례 1. 그는 항상 남의 말을 들어주는 역할을 한다. 가정사, 연애
사, 심지어 돈 문제까지. 당연히 그의 주변에는 사람이 많다. 게다
가 주로 여성이다. 모임에서 여성이 은근히 만남을 청할 때 그 속
내는 십중팔구 '어쩌하오리까' 하는 카운슬링이다. 그는 언제나 그
런 사람으로 인식되니까. 그런 시선 앞에서 취할 행동은 하나뿐이
다. 든든하고 믿음직한 선배나 친구, 오빠가 되어야만 한다. 자기
안에도 어떤 충동과 욕망이 있다는 사실을 차마 꺼낼 용기가 없
다. '남의 말을 잘 들어주고 진지하게 충고하고 배려하는 사람'이
라는 평판을 거스를 때 상대방이 얼마나 당혹해할까. 이것이 그가
갖는 두려움이다. 과연 그의 착하고 훌륭한 성품은 어디에서 비롯
하는 것일까.

사람이 착한 것은 심성의 문제라기보다 일종의 생존 전략이
다. 남에게 착하게 행동함으로 해서 자기 존재 가치를 형성하는
인정 투쟁이 실체다. 착하고 든든해서 주위에 사람은 많은데 내
몫의 '그녀'가 없다는 점이 그의 괴로움이다. 그녀들은 항상 다
른 놈과의 안타까운 사정을 호소하기만 한다. 야들야들해서 별
일을 다 벌일 듯한 그녀들이 하필 내 앞에서만은 정색을 하고 표

정이 진지해지면서 의논 투로 돌변해버리는 이 현실! 이거야말
로 어찌하오리까?

사례 2. 그의 직업은 괜찮은 정도가 아니라 최상급이다. 훤칠하고
인물도 제법 호남형이다. 가정사도 별 탈 없는 데다 힘이 넘쳐나는
판이니 어디 딴 데서 비밀스레 너 좋고 나 좋은 에너지 소비를 하
고 싶다. 할 수만 있다면 촉촉한 사랑도 하고 싶다. 모든 면이 충족
되니 하늘을 우러러 '한 두어 점 빼고' 부끄러움 없이 살아도 용서
가 될 것 같다. 실제로 주위에서는 그에게 숨겨둔 애인이 여럿 있
으리라 생각하기도 한다. 본업만이 아니라 동에 번쩍 서에 번쩍 다
채로운 활동을 벌이고 다니니 가능하지 않겠는가?

놀랍게도 그에게는 애인이 없다. 원하지만 생겨나지도 고정
적인 만남이 이루어지지도 않는다. 왜일까. 바로 그의 기이한 성
향 때문이다. 그 친구가 왜 그러는지 아무도 모른다. 뭔가 타고난
속성이 아닐까 싶기는 한데, 그 훤칠하고 압도감 안겨주는 분위
기의 사내가 못 고치는 배냇병 같은 지병이 있다. 돌연 좌중을 깜
짝 놀래키는 언어 습관이다. 괴이한 그 말버릇이 때로는 좌중에
게 폭소를, 때로는 유쾌한 흥분도 자아내지만 여자들에게 두려
움과 경계심을 안겨주는 것 같다.

괜찮은 인연이 생길 법한 상황에서 가령 그가 느닷없이 입에 올리는 단어는 '보지'다. 평범한 대화가 오가는 좌석에서 "난 보지 털 수북한 여자가 좋더라" 이래 놓으면 와르르 깔깔거리는 중에도 여자들은 힐끔힐끔 경계하는 눈치가 역력하다. 실제로 그에게 물어본 적도 있다. 왜 꼭 그런 식으로 말해서 산통을 깨냐고. 그냥 무난히 섞여서 좋은 인상 주면 어떻겠냐고. 뜻밖에 그의 대답은 이랬다.

"난 그래야 돼!"

그 혼자 맛보는 언어적 쾌감을 말릴 방법은 없으나 변태로 소문난 그에게 외로움이 뿌리 깊다. 스스로 억제가 안 된다고 하는데 어쩌면 그 나름 즐기는 방식인지도 모르겠다.

사례 3. 단아하고 매력적인 한 여인이 있다. 사내들 세계에서 그녀 별명이 '조쁜년'이다. 조씨라는 성과 '나쁜 년'이 합성된 조어인데 그 매력적인 조쁜년을 거론할 때 우호적으로 말하는 사람이 별로 없다. 그렇지만 끊임없이 화제에 오른다. 통속한 남자들 대화에서 '나쁜 년'이란 소위 '줄 듯 줄 듯 안 주는 여자'를 뜻한다. 그녀가 바로 그런 성향이다. 제법 친숙해졌을 때 사귀는 사람을 물었더니 정색을 하며 전혀 없다고 한다. 거짓말 같지 않다. 분명히 그녀는 사람을 갈망하고 내가 봐도 줄 듯 줄 듯(?)한 분위기를 풍기는데 웬 사태일까. 그녀의 한탄을 그대로 옮기자면 "진짜 사랑을 하고 싶다"는 것이다. 사랑을 원하는데 진지하게 다가오는 남자가 없다고 한다. 본인이 줄 듯 줄 듯 오묘한 분위기를 풍기는 것을 아느냐고 재차 물었다. 그녀는 잘 안다고 말했다. 차라리 태도를 분명히 하지 왜 그런 애매한 처신으로 온갖 사람에게 오해를 사느냐고 비난조로 물었는데 어리석은 질문이었다.

대화를 이어가 보니 그건 애매한 처신이기보다 그녀 나름대로 삶을 즐기는 방식이었다. 누구에게나 줄 듯 줄 듯 하면서 동시에 진지하고 결정적인 사랑을 갈망한다는 데 문제가 있다. 특정인의 연인이 되고 싶은지 아닌지 스스로도 헛갈리는 듯싶다. 어쨌든 그녀에게는 애인이 없다. 갈망은 한다면서 깊은 애정을 나누는 상대가 없다. 처음 볼 때 도저히 애인이 없으리라고는 상상되지 않는 고혹적인 그녀였다. 어찌해야 할까.

온갖 사유로 홀로 외로워하며 '거기 누구 없소?'를 되씹는 사람투성이다. 모든 그녀들의 의논 상대역인 그 착한 친구는 어이해야 할까. 넘치는 정력과 돌출적인 '끼[氣]'를 주체하지 못해 변태 소리 듣고 사는 사내는? 매력적인 조뻔년은? 모두가 나름대로 외로운 사람들이다. 이들은 무엇을 어떻게 닦고 조이고 기름쳐야 할까.

; 변태들, 셋

애인을 원하나 뜻대로 일이 되지 않는 사람이 곧장 실천할 일이 있다.
이른바 생각의 구름장을 타고 공중을 훨훨 날아다니려면 반드시 해야
만 할 일이다.

인생 상담원, 변태 사내, 조뻔년, 이들의 공통점은 많은 사람 가
운데 자기만의 사람, 정확히 말해 애인이 없다는 것이다. 자, 어
떤가. 당신은 어떠신지? 지난 20~30년 사이 전통 조선인들이 갑
자기 광속 디지털리언으로 변신했다. 더 이상 정신의 나이를 먹
지 않고 육신은 도무지 시들지 않고 고개 빳빳이 세운 중년으로
탈바꿈했다. 나이를 제아무리 먹어도 청춘기 욕망은 은퇴 선언
을 할 줄 모른다. 은퇴는커녕 청춘기에 경험하지 못한 몫까지 챙
기려는 듯 뭔가 짜릿한 '썸씽'을 찾아 전 사회적으로 꼴려 있는
상태다. 그 허다한 모임, 동호회, 강좌 따위가 그 현장이다. 명분
이야 취미 생활, 재충전, 인맥 확장 운운이지만 실상은 주체 못할
꼴림 증상 때문이라고 보아야 한다. 그런데 이를 어쩌나! 그런 자

리에서 어우르는 이성들과 언제나 단지 스치기만 할 뿐이니. 때로는 사랑을, 때로는 욕정의 불나방을 꿈꾸지만 언제나 마음은 외로운 사냥꾼. 그래서 가슴속에서 메아리 같은 소리가 왕왕 울려 퍼진다. '거기 누구 없소?'

여기까지가 진단이라면 다음 순서는 해법이다. '애인을 만드는 50가지 비법'이라든가 '절대로 실패하지 않는 이성 공략법'이라든가, 그런 '기기절묘'한 답안을 찾으시는가. 그렇다면 단숨에 말해야겠다. 그런 것 없다. 세상의 모든 자기 계발서들을 떠올려보라. 부자 되는 법, 느리게 살기, 인간관계론, 생각 넓히기 등등. 그런 책 읽고 그런 강연 들어서 자기 계발이 됐다는 사람을 본 적도 들은 적도 없다. 그 모든 것은 광고 문구만 그럴싸한 건강식품과 다름없다.

문제는 있는데 해법이 없는 경우 무엇에 주력해야 하는지 우리는 잘 안다. 당연히 문제를 골똘히 들여다보는 것이 순서다. 꺾어진 나이가 됐는데도 육신과 영혼에 스멀스멀 피어오르는 이 괴로운 욕망의 정체는 무어란 말인가. 왜 일과와 가정생활만으로는 채워지지 않는 공허한 빈자리가 내 속을 태우는가 말이다. 남들은 그토록 쉽사리 인생의 짜릿한 드라마를 연출하는 듯 보이는데, 왜 나한테만은 심심한 하루하루가 반복되는가 말이다.

'구하라. 그러면 얻을 것이다', 호로의 가르침이다. '하면 된다', 5공 시절 전두환의 가르침이다. '안 되면 되게 하라', 해병대의 가르침이다. '뜻이 있는 곳에 길이 있다', 중학교 영어 교과서에 적혀 있던 글귀다. 이런 상투적인 인생 훈화가 때로는 생각의 단서로서 쓸모가 있는 것 같다. 한번 생각해보자. 구하니까 얻어지던가? 하니까 되던가? 안 되는데 되게 할 수 있는가? 뜻이 있다고 길이 찾아지던가? 우리가 겪어나가는 실제의 세상은 의지의 산물로 돌아가는 것이 아니어서 구해도, 해봐도, 뜻을 세워도 잘 안 되는 것투성이고 그중 대표적인 것이 바로 나이 든 자들의 연애가 아닐까 싶다. 그러니 이런 태도, 이런 방법은 어떨까. 구하지 말고 행하지 않고 뜻을 세우지 않는 것. 그 대신 자아의 상상 공간을 넓혀나가는 것. 획득의 열망을 멀찍이 떼어놓고 뭉게뭉게 생각의 구름을 확장해가는 것. 이런 것도 꽤 괜찮은 삶의 태도라는 걸 말하고 싶다. 어떤 일에서는 실천에 급급하기보다 생각의 구름장을 타고 하늘을 떠도는 것이 훨씬 나은 결과를 빚는다. 애인을 찾는 외로운 영혼에게 고한다. 생각의 구름장을 타고 놀아보자.

그 구름장 타고 놀기의 구체적인 방법론을 말하면 에이, 하고 실망할 것이다. '어쩌라고?' 하면서 필자를 쏘아볼지도 모르겠다. 마음이 외롭고 몸이 근질거려 괴롭다는 사람에게 내가 제시하고자 하는 그 방법이 얼마나 허망하고 맥없이 들릴지 충분히 안다. 하지만 이 연사 목 놓아 외친다. 기기절묘한 해법이 없는 생의 어려운 과제 앞에서 모든 뛰어난 선인들이 짚어나간 길을 뒤따를 필요가 있다고. 모든 평범한 행위는 다수가 따라 한 결과로 평범한 일이 된 것이라고.

애인을 원하나 뜻대로 일이 되지 않는 사람이 곧장 실천할 일이 있다. 이른바 생각의 구름장을 타고 공중을 훨훨 날아다니려면 반드시 해야만 할 일이다. 그것은 친구를 만나 술을 마시는 대신, 모임이나 동호회나 온갖 대소사에 참여하는 대신에 할 일이다. 시간이 엄청 걸리는 일이다. 아마도 사적인 시간 대부분을 할애해야 할지도 모른다. 그것은 고전 명저를 읽어나가는 일이다. 허구한 날 주위 사람들의 하소연을 들어주면서 정작 자기는 애인이 없다고 괴로워하는 그 착한 친구가 오늘 저녁에 해야 할 일은 약속을 파하고 제인 오스틴의 『오만과 편견』을 읽기 시작하는 것이다. 여성들이 두려워하는 변태 변호사는 도스토옙스키의 『백치』나 『악령』, 『죄와 벌』에 도전할 일이다. 조뻔녀라면 플로베르의 『보바리 부인』이나 버지니아 울프의 『올랜도』쯤이 어떨까.

애인 구하느라 번득이는 눈망울을 따분한 활자에 처박는 것이 가능할까? 절실하면 가능하다. 어떤 유명 시인은 바흐 음악을 들으면 섹스를 느낀다고 했는데 그 섹스보다 더 강렬한 것이 도스토옙스키, 토마스 만, 이사벨 아옌데가 구축한 장대한 서사다. 이런 고전을 읽어나가면 곧장 생겨나는 세 가지 효용이 있다. 첫째, 시간이 흘러간다. 둘째, 자아가 확장되어 다른 사람인 것처럼 스스로가 변한다. 셋째, 교양적 욕망을 자극하는 화제가 풍성해진다.

어릴 때부터 귀에 못이 박히도록 책을 읽으라고 훈계를 받아서 책이라면 멀미가 나는 사람이 많다. 열심히 읽어봐야 별로 쓸모가 없더라는 주장도 많다. 생활이 바쁘고 일이 바빠 책 읽을 틈이 전혀 없다고 하는 사람도 많다. 아마 회사 대표쯤 되는 사람이 빈 시간에 헤르만 헤세의 저작을 읽고 있으면 특이하게 비칠 것이다. 그 정도로 우리 환경은 책과 거리가 멀다. 중년의 공허감이나 외로움은 호르몬 대사 변이와 신체 노화 때문이라고 진단하지만 그 이상의 원인은 우리가 늘 똑같은 사람으로 살아가기 때문이기도 하다. 세월과 함께 왜소하게 찌들어버린 자아를 그대로 지니고 살아가는 탓에 헛헛한 무상감을 벗어나지 못한다. 이성에 대한 간절한 욕구는 바로 그에 대한 보상심리다. 그런데 늘 똑같은 모습인데, 전에 없던 애인이 쉬 생겨나겠는가. 변화된, 확장된 자아로 덜 공허한 중년기를 견뎌나가는 데 고전 명작만 한 반려가 따로 없다.

; 아는 여자 이야기

사랑은 교통사고처럼 찾아온다고 했다. 우연한 돌발사. 그러나 단지 그렇게 보일 뿐 사랑의 교통사고는 돌발사일 수 없다. 준비된 사람에게만 찾아온다.

그녀에게 남편은 '삼시 세끼 꼬박꼬박 챙겨 먹는 사람'이다. 그 꼬박꼬박 먹는 밥의 상징성을 타인에게 설명하기 어렵다. 주위에서 칭송을 늘어놓는 모범 남편이니까. 그렇다고 날마다 6시 칼퇴근하고 곧장 집에 들어온다거나 아내 궁둥이만 쫓아다니는 모지리 스타일은 아니다. 술 좋아하고 친구 좋아하고 모임 많은 남편은 작은 유통회사를 경영한다. 결혼할 당시 근무하던 대기업 무역 파트에서 익힌 업무를 갖고 나와 독립했는데 그럭저럭 먹고살 만한 편이다. 일찍 유학 보낸 큰애 학비를 염려할 정도는 아니니까.

생활력 있고 가족 잘 건사하고 잘은 모르지만 바람피우는 흔적도 전혀 없어 보인다. 대학 선후배 사이로 만난 남편에 대해 그녀 친구들이 칭송을 늘어놓는 것이 실은 그의 외모 때문일지도 모르겠다. 180센티미터 가까운 키에 호남형 얼굴이다. 거실에서 TV에 열중하는 모습을 흘낏 바라볼 때 참 잘생겼군, 친구들이 부러워할 만해, 하는 생각이 들고는 한다. '남편 잘 만나 팔자가 늘어진 여자' 반열에 속한다는 걸 그녀는 모르지 않는다. 그런데, 그런데도 외롭다. 외롭고 괴롭다. 때로 비참하고, 비참하니까 슬프다. 이런 부정적 말꼬리가 끊임없이 이어지는 까닭을 남들에게 납득시킬 수 없다는 점이 가장 괴롭다.

어릴 때부터 예쁘다는 소리깨나 듣고 살아온 그녀다. 귀가했을 때 아내가 집에 없는 걸 죽도록 싫어하는 남편 탓에 방구들 귀신이 됐고 그게 당연한 줄 알았다. 두 아이 건사하느라 시간이 없기도 했다. 삼십 대가 끝날 무렵 그녀는 팔다리가 퉁퉁해지고 전체적으로 둥그렇게 변해버린 자신을 발견했다. 남편과의 잠자리가 꽤 오래전 일이라는 점도 의식됐다. 둥그런 몸과 알 수 없는 외로움이 동시 병행했다.

움직이자! 그녀가 선택한 것은 나중에 써먹을 기회가 있을지 모를 에어로빅 강좌였다. 몸매 관리에도 건강에도 좋은 일이다. 그런데 예상치 못한 사태가 발생했다. 고작 일주일에 세 번 오후에 나갔다 오는 그 강습을 남편이 결사반대했다. 왜 반대하는지 이유를 설명하지도 않았다. 아니 못 했다. 이유를 대기 어려웠을 테니까. '도대체 그가 나에게 원하는 것은 무엇일까.' 일 년 가까

운 시간 동안 고집스러운 남편을 설득하고 화내고 애원을 거듭
한 끝에 '허락'을 얻었다. 굴욕감이 들었다. 이런 게 돈 못 버는 전
업주부의 설움이구나. 그녀는 비참했고 남편이 참 이기적인 남
자라는 생각이 처음으로 들었다.

에어로빅이 그녀를 에어로 붕붕 날게 만들었다. 강사가 경탄
할 만큼 진도가 빨랐고 얼마 안 가 강사 티칭 코스로 들어가 어렵
지 않게 자격증까지 땄다. 뭔가 할 수 있다는 자신감이 그런 거였
다. 좀 더 배워 댄스 학원 원장이 되어 있는 미래 모습을 떠올려
보기까지 했다. 하지만 자격증 갖는 것하고 직업을 갖는 것은 별
개 문제였다. 소개를 통해 몇 군데 강사로 나가봤지만 지방대 화
학과 출신으로 숫기 없는 그녀가 일을 갖는 건 무리였다. 강사료
가 몇 푼 되지도 않았지만 무엇보다 아내가 돈 벌어오는 걸 수치
로 아는 고지식한 남편을 설득할 방법이 없었다.

일을 갖는 대신 그녀의 배움 찾아 삼만 리가 시작됐다. 에어
로빅이 시들해질 무렵 태피스트리와 양초공예에 솔깃했다. 생각
보다 근사한 일이어서 꽤 오랫동안 몰두할 수 있었다. 팔다리에
물감 자국이 묻어 있다거나 옷자락 여기저기 파라핀이 붙어 다
니는 것이 아티스트 자부심을 일깨웠다. 사방에 선물로 습작품
을 날리는 그녀에게 남편은 알듯 모를 듯한 반응을 보였는데 가
끔은 회사 사람들에게 건네면서 자랑스러워도 하는 눈치였다.

그러나 에어로빅과 마찬가지로 일을 갖는 것은 또 별개의 문제
였다. 더 이상 멋진 모양의 향초를 선물할 데도 없어질 무렵 느닷
없이 커피 바리스타 과정에 등록했다. 구청 아카데미 시 창작 교
실을 찾아가는가 하면 당일 코스 문화유산 답사도 쫓아다녔다.
그 무렵 또 무엇무엇을 찾아다녔는지 일일이 생각조차 나지 않
는다. 어쨌거나 일주일 내내 집에만 있는 것을 더 이상 견딜 수
없게 됐다. 그녀는 변했다.

　남편은 삼시 세 끼 따박따박 챙겨 먹어야 하는 부류의 사람
이다. 나이 먹어가는 아내가 꿈틀거리는 것을 아주 이해하지 못
할 바는 아니지만 모름지기 여자란 집을 지켜야 한다고 믿는다.
생활비가 부족한가, 집에 할 일이 없는가, 내가 말썽을 피우기라
도 하나. 아이들에게 충실한 아내가 고맙기는 해서 좀 철이 없어
저런다고 여긴다. 언젠가 마음먹고 가정용 노래방 기기 일습을
사 들고 온 적이 있는데 아내는 '유치하다'고 반응했다. 서운했
다. 그는 아내가 달라졌다고 느꼈다. 그렇다고 아내의 변화에 일
일이 신경 쓸 만큼 그의 사업이 한가한 업종이 아니다. 주로 러
시아나 남미에서 들여오는 원자재 납품 과정에 늘 말썽이 뒤따
랐다. 절대로 어려움을 토로하지 않는 성격인 그는 아내가 자기
고충을 저절로 알아주기 바라지만 그녀는 철이 없다. 도무지 쓰
잘머리 없는 걸 배운답시고 뭘 저렇게 나돌아 다니는가 말이다.

　삼시 세 끼 따박따박 챙겨 먹어야 하는 성실한 가장의 아내인

그녀는 변했고 어쩌다 보니 다른 사람이 있다. 벌써 여러 해가 됐나. 일주일에 한두 차례 그녀는 짧고 강한 아침의 정사를 벌이거나 길고 나른한 귀갓길 섹스를 즐기고 돌아간다. 양심의 가책, 그런 것은 더 이상 생각하지 않기로 한 지 오래다. 사실 크게 미안해할 일도 아니라고 스스로 다독인다. 남편과는 오래전에 자연스레 각방을 쓰게 됐고 몸 섞는 것을 피차 민망한 일처럼 여기게 됐다. 요즘은 섹스리스 부부가 많고 나이도 든 터라 별 이상한 일이 아니다. 애초부터 에로틱한 분위기 자체가 없는 부부였다. 더욱이 집 밖에 다른 사람이 생기면서 이상할 정도로 부부 사이가 좋아졌다. 오십을 넘으면 남자들도 애교를 피우나 보다. 늘 하루에 한두 차례 전화를 하는 남편의 "여뽀야, 아구찜 묵고 싶따" 하는 목소리가 귀엽게 들린다. 그러고 보니 늘 "이봐!" 하던 남편이 "여보야" 아니 "여뽀야"라고 부르게 된 지도 꽤 됐다. 친구들과의 술자리에 자꾸만 나와 달라고 사정하는가 하면 언젠가 아이들 생일 외식에서 아내와 딸에게 보내는 긴 편지를 낭독해서 눈물바다로 만들어버린 남편이었다.

방구들 귀신에서 에어로빅 강습을 거쳐 애인과 상시적인 혼외 관계를 갖게 되기까지 그녀 삶에는 도대체 어떤 변화가 있었던 걸까. 그녀의 현재 상황을 어떻게 규정해야 할 것인가.

사랑은 교통사고처럼 찾아온다고 했다. 우연한 돌발사. 그러나 단지 그렇게 보일 뿐 사랑의 교통사고는 돌발사일 수 없다. 준비된 사람에게만 찾아온다. 외로움, 공허감, 호기심, 모험심… 이런 것들이 준비의 내역서다.

무언가를 배우러 다니고 작품을 만들어 선물하고, 특정 분야 전문인 특유의 코스튬을 흉내 낼 수 있을 무렵 그녀에게 간절해진 것은 자기만의 공간이었다. 집이 좁아서도, 갈 만한 동호인들 공방을 몰라서도 아니었다. 작가의 집필실이나 화가의 아틀리에 같은 공간을 만들어 하루 몇 시간만이라도 콕 박혀 있고 싶었다. 식구들이 다 외출한 빈집의 적요 속에서 그녀는 속으로 외치고 외쳤다. 나만을 위해 꾸민 공간, 가족으로부터 벗어난 나만의 삶이 있는 장소. 그곳에 가고 싶다!

처음 에어로빅댄스를 배우겠다고 남편의 '허락'을 얻어낼 때의 난관은 아무것도 아니었다. "이기 미칬나?" 혼자 작업할 공간을 얻어야겠다고 말을 꺼냈을 때 남편이 보인 첫 반응이다. 여보, 당신도 아니고 '이기(이게)'였다. 미친년 취급이었다. 그 후 전개된 긴 공방과 냉전과 포기, 재도전의 과정은 생략하기로 하자. 남편은 별도의 자기 공간을 필요로 하는 '여편네'를 죽어도 이해할 수 없었다.

"니가 먼 작업을 한다는 긴데?"

"니 바람났나?"

"할 일이 그렇게도 없노?"

결국 작업실을 갖는 것은 불가능했지만 그녀는 지금 여자대학 앞에서 작은 선물 가게를 운영한다. 학교도 작고 가게도 작다. 댄스 강사나 양초공예가를 꿈꿨을지언정 장사를 하게 될 줄은 몰랐다. 모든 과정이 우연처럼 여겨진다. 남편 친구의 부인이 가게 문을 닫게 된 사정을 건네 들었고, 친정아버지에게서 자금을 융통할 수 있었고, 무엇보다 완강했던 남편 태도가 느슨해진 것이 기회였다. 애초 집 밖에 나만의 공간을 꿈꾸었을 때는 막연하나마 어떤 작업을 하는 것을 떠올렸다. 펄펄 뛰는 남편 기세 앞에 오금을 펼 수 없게 되자 파출부 일이든 식당 일이든 바깥에 출퇴근하는 삶이 꿈처럼 되어버린 터였다. 그러다 낙착된 것이 선물 가게 인수였다. 남편과 의논 없이 가계약을 마치고 사후 통고를 했다. 남편 친구 부인이 운영하던 가게라 남편은 계약 사실을 이미 알고 있었다. 예상보다 큰 파장 없이 그녀는 가게 주인이 됐다. 그리고 그를 만났다.

그녀의 사연은 사실 뻔한 통속물에 불과하다. 뭔가 남다른 스토리의 주인공이 되고 싶은 것이 보편적인 욕망인데 남다를 게 별로 없다. 그것이 무슨 대수이랴. 그녀는 '그'를 만났고 한 해 두 해 세월이 쌓여갔고 더 이상 놀라운 일도 아닌 양 또 하나의 일상이 되어버렸다. 사람 일은 정말 알 수 없는 거다.

그는 그녀가 운영하는 선물 가게 앞 여자대학의 교수다. 교수이긴 한데 시간이 아주 많은 교수다. 자기 연구실도 있는 진짜 교수이긴 한데 학교 나오는 날이 일주일에 몇 차례 되지 않고 학교 근처 오피스텔에서 빈둥거리는 날이 더 많아 보였다. 더욱이 무슨 과 교수인지가 애매했다. 애초에 듣도 보도 못한 전공이었고 교양학부 교수라는 게 생소했다.

그는 각기 다른 여자 친구들에게 줄 선물을 사러 가끔 들르는 고객이었다. 각각 다른 여친의 특성을 상세하게 설명하며 그가 왠지 우쭐거린다는 느낌을 받았다. 영업상 그 우쭐에 박자를 맞춰주었지만 재미가 있기도 했다.

그의 말은 정말 거침이 없었다. 몇 차례 물건만 사 가던 그가 어느 날 입을 열었다. "이거 제 여친과 할 때 걸어주려는 건데 괜찮겠어요?" 소녀풍 느낌이 물씬 나는 싸구려 이미테이션 목걸이였다. 그녀는 깔깔대며 웃었다.

"할 때요?"

"네에. 한창 할 때 목을 조이듯이 확 걸어주려고요."

대략 이런 식의 대화가 오간 것 같다. 여자와 '할 때'를 떠올리는 그의 천연덕스러운 말이 별로 불쾌하지 않은 것이 이상했다. 그냥 재미있었고 별 경계심도 들지 않았다. 그러고 보면 그 후 그녀가 먼저 도발한 셈인지도 모르겠다. 다음에 찾아온 그에게 그 유치찬란한 목걸이의 반응을 먼저 물어봤으니까.

"망했어요."

망했다는 이유가 걸작이다. 원래 목걸이를 주려던 여친이 있었단다. 그런 장난에 아주 재미있게 반응할 사람이어서. 그런데 어쩌다 보니 전혀 다른 기질의 여친과 하면서 불쑥 걸어줘버렸다. 그녀가 엔 깁동사나냐 하는 식으로 귀찮아만 해서 아무런 재미를 못 봤다는 설명이다. 눈을 동그랗게 뜨고 그녀가 물어봤다.

"도대체 여자 친구가 몇 명이나 되세요?"

그의 답변 겸 질문이 돌아왔다.

"하는 친구만이요? 아니면 아는 여자 다요?"

이거 안 되겠다 싶은 생각이 퍼뜩 들었다.

"아, 아뇨, 아뇨, 됐어요."

그녀가 서둘러 말문을 닫자 그도 더 이상 말하지 않았다. 팔천 원짜리 중국산 향초를 사들고 그는 서둘러 나가버렸다.

그의 인상이 바람둥이 같을까? 전혀 그렇지 않다. 나를 희롱하려는 투인가. 그것도 아니다. 이상한 사람인가, 조심해야 할 인간인가, 무슨 사기꾼 같은 자인가. 속으로 온갖 질문을 던졌지만 그는 그저 선선하고 어깨가 좁은, 비교적 작은 키의 평범한 사내였다. 외국에서 공부하고 온 티를 약간 풍길 뿐 도무지 위험스러운 구석은 느껴지지 않았다. 어쨌거나 목걸이 건 이후 오랫동안 그는 나타나지 않았다. 그가 무안하게 말문을 막아버린 탓이 틀림없다. 혹시 그가 지나가지 않는지 쇼윈도 밖을 자꾸만 내다보면서 그녀는 속으로 외쳤다.

'으이그, 내가 미쳤지!'

그녀는 가게를 사랑했다. 매출이랄 것도 없는 보잘것없는 수

입이지만 열심히 대차대조표를 만들었고 반포터미널 상가를 누비며 새 아이템을 열심히 찾아다녔다. 남편도 서서히 적응이 되는 듯 점점 늦어지는 아내의 귀가를 받아들였고, 뜻밖에 아이마저 일하는 엄마를 좋아했다. 바깥일을 하니 확실히 몸에도 변화가 왔다. 자꾸 벌어지는 듯했던 어깨에 살이 빠지고 기능성 코르셋으로 배와 갈비뼈를 조이지 않아도 몸에 탄력이 생겼다. 장사를 잘해서 가게를 늘리거나 큰돈 만지고 싶다는 욕심도 없다. 그녀가 꿈꾼 것은 오로지 나의 일을 갖는 거였다. 콧구멍만 한 선물가게는 딱 안성맞춤인 집이었다. 그러나 예고 없이 찾아오는 인생의 교통사고라니.

그녀와 그, 학교 앞 선물 가게 아줌마와 대학교수 간에 벌어진 사연을 어떻게 표현해야 할까. 불륜, 외도, 바람… 그런 삿된 단어를 벗어날 도리가 없다. 그렇지만 왠지 억울하다. 꼭 그런 것이 아닌 것 같으니 말이다. 그렇게 천박한 용어로 덧칠해야만 하는 것일까. 이 사태를.

여친 많다는 그에게 놀랍게도 멀쩡한 가정이 있었다. 가족을 대하는 태도가 극진했고 남편이자 아빠 위치라는 걸 조금도 잊지 않았다. 번잡한 여자관계와 가족 사랑이 어떻게 조화를 이루는지 설명 듣지 못했지만 그냥 이해됐다. 그는 제도와 관습의 굴레를 못 견뎌 하는 동시에 그걸 벗어난 티를 내고 싶지 않아 했다. 역시 교수인 그의 부인 또한 전통적인 아내상과는 거리가 멀어서 남편에게 어떠한 배려도 간섭도 하지 않는다고 했다. 자기 공부에 몰두하느라 남편 생활을 모르는 것 같다고 그는 말했다. 그는 표면적으로 규범적인 가장이면서 지하실 같은 여러 사생활을 동시에 누리고 있었다. 진짜 진실남인지 고등 사기꾼인지 잘 분간되지 않는 인물이 그였다.

비 내리는 오후여야 한다. 연애가 시작되는 세팅이 항상 그렇다. 정말로 하루 종일 비가 내리던 늦은 오후에 흠씬 젖은 그가 가게 문을 밀치고 들어왔다. 여친 목걸이로 어색해진 이후 아주 오랜만이다. 수건을 내줬다. 부산하게 머리를 말리던 그가 뗀 첫마디가 이랬다.

"가게 문 좀 닫읍시다."

그녀는 어이없어하지 않았고 마치 할 일을 하는 듯이 문을 닫아걸었다. 커피를 새로 내렸고 클래식 FM의 볼륨을 약간 높였다.

'투 메이크 어 롱 스토리 쇼트(to make a long story short)'. 그가 자주 사용하는 관용구다. 줄여 말해서, 정말로 두 사람 관계의 시작과 전개를 '투 메이크 어 롱 스토리 쇼트' 하자면 해가 아침에 뜨고 밤에 지듯이 자연스레 흘러갔다. 비 내리는 그날 머리를 말리고 나서 서해 무의도 앞바다에 조개구이를 먹으러 갔고 다음 날 일찍 만나 커피와 긴 수다를 떨었고 저녁에 다시 만나 곱창구이 집에 가서 소주를 마셨다. 언제 처음 손을 잡고 키스로 이어졌는지 생각나지 않는다.

그녀는 자기 행동 하나하나를 놀라워했지만 마치 익숙한 일인 양 전혀 티를 내지 않았다. 결혼 후 다른 남자와의 첫 데이트라는 것도, 그리고 싶은 욕구에 차 있던 것도 아니라는 걸 말하지 않았다. 그도 전혀 궁금해하지 않았다. 남자로서 별로 끌리는 외모가 아니라는 것도, 싸구려 실비집만 다니며 돈 쓸 줄 모르는 점에 대해서도 말하지 않았다. 그에게는 그의 방식이 있었고 그녀는 하나하나 적응해나갔다. 두 사람을 잇는 가장 중요한 끈은 대화였다. 그는 세상의 온갖 소소한 일에 대해 독특한 관점으로 말하기를 즐겼고 그녀는 듣는 일이 좋았다. 하지만 좋기만 하고 자연스럽기만 했을까.

한 남자의 애인이 됐다는 지각이 든 것은 첫 섹스 때였다. 그런데 그 처음 시점이 애매하고 기묘했다. 가게 문 닫고 안에 둘만 있거나 그의 오피스텔에 갔을 때 곧 무슨 일이 벌어지리라 예감했다. 생각보다 그의 행동은 더뎠는데 마침내 어느 날 그가 외치듯 말했다.

"우리 하자!"

그녀는 아주 어렵게 응답했다.

"결혼하고 전 다른 일이 없었어요. 그런 거 없이 만날 수 없나요?"

예상 외로 씩 웃으며 그가 답변했다.

"그래요, 그러시 뭐."

문제는 그다음이었다. 늦도록 함께 시간을 보낸 어느 날 그가 도발했다.

"나 지금 자위할 거야. 보려면 봐요."

그 후부터 상황은 에로물이다. 그는 그런 행동을 했고 그녀는 몸을 보여주는 것으로 거들어야 했다. 그런 행동이 반복되면서 결국 그녀 쪽에서 먼저 문을 열었다. 하지 않는 것이 부질없게 여겨졌다. 그의 진짜 속내는 무엇이었을까. 직접 하지 않아도 기분만 내면 좋다는 말이 진심이었을까. 유혹의 고등 기술이었을까. 어쨌거나 두 사람 관계는 전형적인 불륜의 모습을 갖췄다. 문득 그것이 별로 놀랍지 않다는 사실이 그녀를 놀라게 했다.

그녀가 부닥친 난관은 남편이나 아이들 문제에 있지 않았다. 가정사는 더한 열성을 부려 탈 없이 유지했다. 그와 만나는 내내 언제나 떠나지 않는 마음의 먹장구름이 문제였다. 첫째, 왜 그가 나를 만날까 하는 의문이다. 그다지 지적이지 않은 그녀로서는 그가 갖는 관심사와 화제를 따라갈 도리가 없다. 사회문제에 대한 그의 시각은 늘 통념과 달랐고 미술품 감상 취미는 그녀에게 막연하기만 했다. 그의 관심사에 대등할 수 없는 자신이 초라했고 화가 나기까지 했다. 다른 여친도 많은 그가 도대체 왜 나를 만나는 걸까.

두 번째 문제는 정말로 심각했다. 그의 애인이라는 자각과 함께 동시에 덮쳐온 것이 질투였다. 수시로 그의 휴대전화를 울리는 소식은 소위 여친들에게서 온 것이었다. 표정만 봐도 금세 알 수 있었다. 자유로운 바람둥이 지식인을 애인으로 뒀으니 감수할 일이라고 다독여봤지만 도무지 질투심은 억제가 되지 않았다. 나와 몸을 섞은 다음 날 다른 여자와 놀아날지도 모를 그의 행동을 참을 수가 없었다. '두 번은 웃고 한 번은 화내고' 그가 지어준 별명이다. 정말로 그랬던가. 그가 말하길 그녀는 언제나 두 번째까지 아주 명랑하게 만나고 세 번째에는 꼭 여자 문제를 추궁하며 화를 낸다는 것이다. 화내는 그녀에게 쩔쩔매는 그가 딱해 보이기까지 했다. 하지만 왜 나 한 사람만 만날 수는 없는지 그녀는 궁금했다. 휴대전화 잠금 해제 라인과 이메일 비밀번호를 기필코 알아내 행적을 추적하면서 그녀는 비참했다. 비참했지만 그런 행동을 멈출 수도 없어서 다툼은 끊임없이 이어졌다.

그녀의 삶은 복잡하면서 또한 단순하다. 삼시 세끼 따박따박 챙겨 먹는 가부장 남편과 끼니 때우는 것조차 자유로운 바람둥이 애인 사이를 오가는 일과는 늘 분주하다. 외롭거나 괴로워할 새가 없다. 아이들은 큰 말썽 없이 자라주고 선물 가게 매상은 언제나 그 타령이지만 그러려니 해도 된다. 남편 있는 여자가 어떻게 애인을 둘 수 있는지 신기해했던 예전의 자기가 낯설기까지 하다. 남편은 늘 똑같은 모습일 테고 그 또한 몰래 다른 여자를 만나면서 동시에 그녀한테 집착할 것이다. 간혹 뭔가 잘못됐다고 느끼지만 또 뭐기 길못됐는가 하는 반문도 함께 든다. 그녀는 행복하거나 불행한 어느 쪽이 아니라 그저 자기 삶이 좀 더 넓어진 것이라 여기고 있다.

; # 일부일처를 위하여

남편 뒷바라지에 온 인생 다 거는 여자는 요즘 흔치 않다. 남자들은 예나 지금이나 여인 잔혹사의 페이지를 장식해온 첩살림, 숨겨둔 애인 따위의 일을 저질러왔지만 이젠 아내들의 자유연애 시대가 도래했다.

'아내가 결혼했다' '내 아내의 남자친구' '아내의 애인을 만나다' '내 친구의 아내' 혹은 '결혼은 미친 짓이다'. 이들 아내 타령, 결혼 타령의 영화나 소설들은 물론 바람을 다룬 것이다. 제목에 남편이 잘 등장하지 않는 것은 남자들은 언제나 그래왔기 때문이다. 화제가 못 되는 것이다. 여자의 바람이 화제인데 그 여자들 대부분이 다른 사람의 남편과 바람을 피우니 사실은 그게 그거다. 1990년대 들어 시작된 불륜 열풍이 이제는 새롭지도 놀랍지도 않은 테마가 돼버렸다. 100년 전이라면 십 대에 결혼해서 아이 낳고 이삼십 년쯤 살다가 오십 전후로 대부분 죽었다. 검은 머리 파뿌리 되도록 둘이 사는 게 가능했다. 더욱이 그 기간 전부가 먹고살기 위한 생존 투쟁기일 뿐이었으니 다른 생각을 할 겨를도 없었다. 하지만 인생 100세 시대는 확연히 다르다. 이삼십 대쯤에 신택한 배우자와 50~60년을 동행하기가 녹록지 않다. 스물여덟의 나와 서른일곱 살, 마흔아홉 살의 나는 감성도 인격도 사뭇 다른 사람인 경우가 많으니 말이다.

세탁기, 냉장고, 패스트푸드가 없던 시절에 여인들은 살림하기 바빠 별일을 저지를 수 없었다. 남편 뒷바라지에 온 인생 다 거는 여자는 요즘 흔치 않다. 남자들은 예나 지금이나 여인 잔혹사의 페이지를 장식해온 첩살림, 숨겨둔 애인 따위의 일을 저질러왔지만 이젠 아내들의 자유연애 시대가 도래했다. 설사 바람을 피우지 않더라도 옛날 아낙네처럼 남편의 바람을 참아주는 아내는 멸종해버렸다. 여권신장, 양성평등이 사회적으로 충분히 실현되지 않았지만 일부일처 관념만은 꽤 철저히 관철된다. 그런 일부일처제가 이래저래 위기이고 논란거리다.

일부일처제를 뜻하는 전문용어 '모노거미(monogamy)'를 추적하면 어마어마한 연구와 논쟁이 쏟아져 나오는데, 그것이 모순된 제도라는 주장이 갈수록 많아지는 추세다. 남성의 생물학적 특성과 어우러질 수 없는 제도, 인류사에서 확립된 혼인 방식으로는 역사가 가장 짧은 제도, 궁극적으로 소멸의 길을 걷게 될 잠정적 결혼 형태 등등. 하지만 아무리 문제가 많다 해도 다른 방법이 없다. 다부다처, 일처다부, 일부다처 운운은 농담 따먹기에서나 하는 말일 뿐이다. 결혼하지 않고 유럽에서처럼 파트너십으로 살아가는 커플이 주변에 가끔 있는데 여러모로 쉽지 않아 보인다. 이혼을 선택한 사람이 아주 많아졌는데 새로운 고통의 출발점이 된 경우가 많다. 그래서 대부분 검은 머리 파뿌리 제도를 선호하는데 그러면서도 너나없이 괴롭다는 하소연이다. 결혼 십 년 만에 새로운, 진정한 사랑이 생겼다는 둥, 가족하고 남사스럽게 어찌 잠자리를 하느냐는 둥, 아내 또는 남편은 가구와 같다는 둥.

'나'라는 존재가 딱 하나라면 일부일처제 유지가 수월했을 것이다. 하지만 낮의 나와 밤의 내가 달라지고, 집 안의 나와 집 밖의 내가 다른 사람처럼 달라진다. 수명이 늘어나고 영양 섭취가 늘어난 양만큼 마음이 많아지고 영혼이 늘어난 모양이다(사실은 체력이 늘어난 것이겠지). 상황 따라 달라지는 인간의 양태를 두고 심리학자 스탠리 밀그램이 말했다. '인간의 행동은 그가 어떤 사람이냐에 달렸다기보다 그가 어떤 상황에 처하느냐에 따라 결정된다.' 집에서는 충직한 아내 또는 남편, 바깥에서는 자유로운 영혼의 소유자를 자처하는 롤 플레이가 성행하면서 아슬아슬한 줄타기들을 한다. 그런 그는 '어떤 사람'일까. 그가 처한 상황은 '어떤 상황'일까.

심리학자 리타 카터는 인간의 다채로움에 대해 두 가지 기준을 제시한다. 다면성과 다중성이 그것이다.

사람의 표면이 바뀌어도 깊은 속에는 확고하고, 단일하고, 변하지 않는 진정한 자아가 있다. 시각적으로 비유하자면 깎아 다듬은 보석을 서서히 돌려가며 빛에 비추는 모습을 상상하면 된다. 서로 다른 면들이 차례차례 빛을 받아 반짝이겠지만 중앙에는 변하지 않는 핵이 존재한다.

소위 변하지 않는 핵이 핵심이다. 변치 않는 핵이 존재하는 가운데 여러 면이 나타난다는 것. 이것이 인간의 다면성이다.

반면에 전혀 다른, 정반대에 가까운 다음 견해가 있다.

사람은 여러 얼굴들로 이루어질 뿐, 그 아래 숨은 진짜 자아 같은 건 없다. 한 자아는 다른 자아가 벌인 당황스러운 일을 돌아보고 한탄한다. 어떤 사람의 경우에는 한 자아가 다른 자아를 감시하며 다른 자아의 행동을 매번 뉘우친다. 그렇다고 뉘우치는 자아가 뉘우칠 일을 한 자아보다 더 진정한 것도 아니다. 그저 사후에 생각할 때 우리가 특정 인격을 다른 인격보다 더 자기답다고 느낄 뿐이다.

이것이 다중성이다. 서로 다른 여러 인격체가 공존한다는 것. 진짜 자아 따위는 별도로 존재하지 않는다는 견해다.

가정을 두고 바깥에서 애인을 만나는 행동은 다면성일까, 다중성일까? 바람피우는 현장에서 남편이나 아이에게 걸려온 전화를 태연히 받는 모습을 보라. 애인 위에 올라타 힘을 쓰는 중에 숨을 고르며 "냉장고 위 칸에 있는 찌개 덥혀 먹어"라든지, "학원 잘 다녀왔니?"라고 통화하는 '유부'들의 다면다중성은 짐짓 신기하면서도 새롭지 않은 장면이다. 애인을 끼고 앉아 아내의 귀가가 늦는다고 휴대전화에 대고 화를 펄펄 내는 남편상도 익숙한 풍경이 되고 있다. 과연 진정한 보금자리인 가정을 두고 잠깐씩 놀이를 즐기는 광경인지, 가정도 모텔도 대등한 삶의 현장인지 아리송하다.

실제 사례들을 돌아보면 남녀 차이가 발견된다. 남자 '유부'에는 다면이가 많고 여자 '유부'에는 다중이가 더 많아 보인다는 것. 가정에 충실하다고 칭송받는 든든한 가장이자 남편인데 흡사 007 작전처럼 바람을 피우는 사내들에게 애인은 단지 선택 사항이다. 그에게는 가정이 진정한 삶의 거처이고 존재의 뿌리와 같다. 그저 어쩌지 못해 바람을 피울 뿐, 가정과 등가일 수 없다.

역시 가정에 충실한 아내가 있다. 그녀에게 집 밖의 애인은 사랑의 이름으로 정당화된다. 감정이 식어버린 남편에게 본분을 다하지만 애인에게는 사랑을 느끼기에 공존이 가능하다는 것. 그런데 한번 애인을 만든 여자는 상대를 바꾸면서도 그런 관계를 지속하는 경향이 있다. 언제나 사랑의 이름으로. 남자 쪽 바람이 성욕을 본질로 하는 점에 비춘다면 바람피우는 아내들의 사랑 숭배는 애절한 면이 있다. 여자는 아내 역할, 애인 역할 모두에 충실하려 한다. 다중인격자처럼 역할 따라 다른 사람이 되어버린다.

남자에게 바람이 다면성의 발현인 것은 예로부터 언제나 그래왔기 때문이다. 공식에서 비공식으로 바뀌었을 뿐, 집 밖의 여자관계를 두는 것은 거의 태생적이다. 반면에 아내의 애인은 꽤 새로운 현상이다. 그래서 바람피운 아내를 용납하지 못하는 파탄의 드라마가 생겨난다. 감당이 안 되기 때문이다. 감당은 안 되는데 이 집 저 집에서 일이 자꾸 벌어진다. 어찌할 것인가. 이건 남북통일이나 지구온난화만큼이나 중차대한 과제다.

톺아보니 달랑 두 명이었다. 보탬 없는 진실이다. 딱 두 명. 희소성의 원칙에 따라 그 두 명의 희귀한 사내를 '훌륭한 사람'으로 인정하기로 하자. 그렇다면 나머지 수십 혹은 수백 명은? 에라 모르겠다. 그저 평범한 일반인이라고 칭해두기로 한다.

두 명 대 수백 명의 편차를 말하기 앞서 약간의 배경 설명이 필요하겠다. 나는 '줄라이홀'이라고 명명한 별도 공간에서 혼자 생활한다. 소위 작업실이다. 멀지 않은 거리에 집이 있고 아내와 아이가 산다. 끊임없이 공부해야 하는 직업을 가진 아내와 주야장천 시끄럽게 음악을 틀어대는 남편이 동거하기 어렵다는 결론을 내리는 데 결혼하고 3년이 걸렸다. 상의 끝에 별도 공간에 작업실을 마련해 혼자 살면서 주말에 가족 상봉을 한다. 신통하게 서로 불만이 없다. 얼굴 생김새가 다 다른 것만큼이나 생활 방식도 다를 수 있다고 확신하게 됐다.

작은 건물 지하층에 자리 잡은 작업실 줄라이홀은 교교하고 약간 카페 분위기를 닮았다. 그 때문인 모양이다. 홀로 고독에 몸부림친다고 외치지만 실은 은근히 방문객이 끊는다. 음악과 커피와 와인이 출렁이는 속에서 어떤 일이 벌어지겠는가. 밤이 깊어지면 사람들의 숨겨진 노출증이 발동하게 마련이다. 옷을 벗는 건 아니고 마음을 벗는다. 감춰두었던 이야기 태반은 연애 문제다.

언제부터였을까. 일종의 사례 연구를 하게 됐다. 결혼하고 한 번이라도 이른바 '딴짓'을 저지른 적이 있는지. 그 조사 과정에서 지금까지 딸랑 두 명이 나온 것이다. 설마 다른 짓 해본 경험자가 두 명이었겠는가. 결혼 후 아내 말고 다른 여자와 한번도 자본 적이 없다는 훌륭하신 천연기념물이 딱 두 명이었다는 말이다. 그런데 이게 그리 놀랍지도 신기하지도 않은 통계다. 서약을 나눈 기혼의 속사정이 실제로는 어떻게 흘러가는지 너도 알고 나도 알고 하늘이 아니까.

작업실에 남자만 찾아오겠는가. 여자 쪽 통계가 궁금할 터인데 당연한 일이지만 표본 수가 남자보다는 훨씬 적다. 아는 사람 연줄로 엮여 처음 찾아온 여인에게 "연애 해보셨나요?" "남편 말고 다른 남자와도 틈틈이 사랑을 나누시나요?"라고 물어볼 수는 없는 노릇이다. 그래도 야심한 대화 속에 남녀상열지사는 언제나 빈번한 화제다. 대놓고 까놓는 경우도 있고 충분히 짐작 가능한 암시도 있다. 어쨌거나 남자 쪽 천연기념물 두 명보다는 일부종사 사례가 훨씬 많지만 유경험자 여성이 상상 이상으로 많다는 사실은 증언할 수 있다. 자부심 느낄 일은 아니겠으나 그녀들 남편이 모르는 사정을 꽤 알고 있는 셈이다.

이 같은 결혼의 진실에서 내 관심사는 '그럼에도 불구하고'에 방점이 찍힌다. 소설이나 영화 같은 서사를 이루려면 혼외 관계가 모종의 드라마가 되어야 하는데 현실은 그렇지 않다. 집 바깥에서 온갖 사연이 아슬아슬하게 벌어지고 있건만 '그럼에도' 그로 인한 파탄의 드라마는 생각보다 적다. 입담에 오르내리는 연애 사건의 흥미성 때문에 무슨 일만 벌어지면 소문이 나고 가정 파탄의 난리굿이 펼쳐질 것 같지만 실상 대부분의 사연은 쥐도 새도 모르게 일어나고 감쪽같이 사라진다.

사람들은 자기 배우자에 대해 얼마나 알고 있을까. 얼마나 알아야 할까. 안다면 무엇을 알아야 하는 것일까. 모두가 사랑의 가정을 말하고 꿈꾸지만 막상 결혼해서 살아보면 그것이 생활 공동체, 경제 공동체에 가깝다는 것을 경험하게 된다. 부부간의 사랑은 어쩌면 가정의 틀을 유지하기 위한 명분이나 변명에 불과한 것인지도 모른다. 아내나 남편에게 애인이 있다는 사실을 알게 될 때 가슴이 찢어지듯이 아프고 괴로운 것은 사랑 때문이라기보다 내 소유물이 훼손됐다는 상실감 때문일 수 있다.

이쯤에서 생각의 가닥이 잡힌다. 전통 사회의 부부 일심동체론이 허구에 불과하다는 것. 과거의 일심이나 동체는 여자 쪽의 일방적이고 전면적인 희생을 배경으로 했다. 이제 부부란 상호 필요에 의해 구축한 이심 이체의 생활 공동체, 경제 공동체로 재규정해야 할 것 같다. 아울러 사랑과 성의 완전한 배타성이 결혼 관계에서 가장 중요한 전제인지도 고민해보아야 한다. 종족 보존의 본성상 성적 배타성을 벗어날 수는 없으나 모두가 한번쯤 일탈을 꿈꾸는 시대에 타협점을 찾아볼 수는 있다. 일부일처제 유지가 좀 더 안전한 생활 방식이라고 확신한다면 말이다.

그것은 자기 배우자에 대해 무엇을 얼마나 어디까지 알아야 하는지를 재고하는 일이다. 가정을 이루면 상대의 모든 것을 알 권리가 생기는 것일까. 부부 각자의 프라이버시는 허용될 수 없는 일인가. 모든 것을 속속들이 알아야 더 나은 가정이 꾸려지는 것일까.

칼릴 지브란은 남녀 혹은 부부 사이를 이렇게 표현했다.

신전의 두 기둥처럼 떨어져 있으라.

신전(가정)을 떠받치는 두 기둥은 일정한 거리가 유지되어야 균형이 생긴다. 부부라는 팀워크를 위해 서로 노력하고 헌신하지만 파도에 일렁이는 마음까지 전유하기는 불가능하다. '나는 내 마음을 돌릴 수 없고 촘촘히, 촘촘히 내리는 비'라고 시인 이성복은 사람의 마음을 표현했다. 상대의 마음속에 촘촘히 내리는 비를 침범하지 말라. 아내에 대해, 남편에 대해 너무 많은 것을 알려고 하지 말라. 부부 행복을 설파하는 카운슬러들의 지침과는 정반대로 서로에 대해 무지한 부분을 남겨놓고 살 일이다. 부부로 사는 긴 인생 과정에서 돌발사처럼 생겨나는 사연들에 대해 모르면 모를수록 좋을 수가 있다.

결국 은폐의 게임이다. 바람난 쪽에서 기를 쓰고 은폐하고자 노력하면 희망이 있는 부부다. 「매디슨 카운티의 다리」에서 잠깐이나마 뜨거운 정욕을 불태운 프란체스카는 죽고 나서 편지를 통해 자식들에게 진실을 알렸다. 아무것도 모른 채 한 생애를 마친 남편 존슨은 멍청이였을까. 아내 사연을 전혀 몰랐던 존슨은 그런 아내와 더불어 충만한 생애를 살다 간 것이다. 남편과 무관하게 프란체스카의 마음속에 '촘촘히 내렸던 비'는 오직 그녀만의 비밀이었기에 아름답게 기억될 수 있다. 감시의 눈초리를 넘어서 배우자 휴대전화, 이메일까지 훔쳐보고 뒷조사하는 태도로 어떻게 상대방의 애정을 기대할 수 있겠는가. 알려고 하지 말자. 문제가 발생했을 때 해결하려고도 하지 말자. 서로를 위해 때로

은폐하고 때로 방관하는 가운데 부부의 한 생애가 흘러간다. 시간은 놀랍게도 많은 것을 해결해준다.

앎의 기쁨, 작업하는 즐거움

음악은 내 인생에서 진지한 분야이기는 하지만 '작업'의 용도로 서도 상당한 역할을 하리라 생각한다.

앞서 이야기한 대중음악 외에 사실은 사람들의 뇌리를 99퍼 센트 장악하는 장르가 있다. 바로 가요다. 가요가 나쁘다는 게 아 니다. 귀에 닿는 대로 음악을 듣다가 여러 장르를 즐기듯이 가요 도 가끔 즐기면서 "유재하 노래가 좋아" "나는 김광석이 좋더라" 하는 건 상관없다. 그런데 모든 매체의 99퍼센트를 가요가 다 덮 어버렸다. 한국 사람은 가요를 들어야 한다고 말하는 사람들을 가끔 본다. 그럼 왜 한국 사람은 양복 입고 살고 아파트에 사는 가. 말도 안 되는 소리다.

어느 분야에나 인류가 뭔가를 축적해 최고 경지를 일군 세계 가 있다. 대중문화는 압도적으로 미국적이다. 기분 나빠도 할 수 없다. 최근 100년 동안 위대한 생산물이 거의 다 미국에서 나왔 다. 앞으로는 달라질 수도 있지만 말이다. 굉장히 근사한 것이 그 세계에 있는데, 근사한 게 뭔지도 모르고 그 곁가지에 시간과 창 의적 열정을 다 쏟는다면 참 아쉬운 일인 것이다.

이 책에서 독자는 대중음악의 기본 지식을 쌓았다. 앞으로 이성을 만난다면 그동안 갈고닦은 그 내공을 토대로 무슨 이야기를 할지 연습해보면 좋겠다. 음악 내공은 지식 경쟁이 돼서도 안되고 상대방이 불편해서도 안 된다. 뭔가 근사한 이야깃거리가 되면 좋은데 그런 얘기를 하면 사람이 좀 별쭝나 보일까 봐 그저 소박한 얘기만 하는 게 만남에서 일반화된 것 같다. 그런데 꼭 그런 것만은 아니다. 레벨 업 단계에 이르면, 즉 관계가 어느 정도 긴밀해지면 사람의 문화적 자양 같은 게 드러난다.

내 이야기를 좀 하면, 나는 마포에 있는 작업실에서 혼자 사는데 사람들이 찾아오고 또 물어서도 오고 그런다. 여성들도 많이 온다. 처음에는 다 비슷비슷해 보이지만 시간이 좀 지나서 밤 11시, 12시까지 이야기가 계속되면 사람마다의 문화적 자원이 드러난다. 그러면 그 사람이 보인다. 간혹 이런 사람이 있다. 일도 열심히 하고 외모도 열심히 가꾸면서 TV도 이따금 보지만 출간된 지 얼마 안 된 소설책을 읽었다든지, 좋은 영화가 들어온 것을 안다든지, 특정 음악에 관심을 갖고 꾸준히 듣는다든지 등등.

이런 소양과 깊이가 그 사람을 달리 보게 한다.

당연한 얘기 같지만 우리가 그런 걸 즐거움으로 받아들이고 자기 안에 쌓는 게 필요하다. 고단할 때, 외로울 때, 비참할 때 또는 정신 못 차릴 만큼 흥분될 때 균형을 잡아주는 자기만의 벙커, 내 존재의 벙커를 만드는 데 우리는 굉장히 둔한 것 같다. 그러니까 우리나라 자살률이 OECD 국가 중 1위인 것이다. 하다못해 음악을 굉장히 좋아하고 열심히 듣는 사람이라면 자살은 하지 않을 것이다. 과장이 아니라고 생각한다. 음악을 비롯해 문화생활을 좋아하는 때가 청소년 시기다. 뭐에 미친 듯이 열광하는 나이가 대개 열다섯에서 스물 살까지다. 거의 광분하는 시기인 그때 아이들이 모두 학원에 간다. 민감하고 예민한 아이라면 자살을 생각 안 할 수가 없다. 참 슬픈 현실이다.

예컨대 로큰롤을 안다는 것, 재즈를 안다는 것은, 실은 재밋거리이고 즐거움이다. 그런 소양이 자기 안에 혈액처럼 배어들고 녹아 있어서 자연스럽게 나오면 근사하지 않은가. 이성을 소개받았는데 둘이 뭘 해야 할지 잘 모른다? 왜, 예술영화 상영관

들 많지 않은가. 그런 데 가서 가령 「인사이드 르윈」을 보는 거다. 보고 있자니 뉴욕 포크 신에 관한 내용이 딱 나와. 그와 관련한 소양이 있으면 '저때 저랬구나' 하고, 관련 상식이 없는 사람보다 더 재미있게 즐길 수 있는 것이다.

문화적 자산만큼 사람을 돋보이게 하고 커뮤니케이션하는데 좋은 수단은 없는 것 같다. 우리나라의 경우에는 거의 모든 사람이 문화적 커뮤니케이션을 안 하는 분위기여서 오히려 그런 대화를 하면 중뿔나 보이지만 이른바 '선진 사회'라고 일컫는 나라들에서는 그런 얘기에 끼지 못하면 사람 취급도 안 한다고 한다. 지금은 오퍼상으로 크게 성공한 내 친구가 사업 초기에 독일 회사와 거래하는데 처음에 만난 독일 사람이 아주 이상하더란다. 오퍼상이면 거래하고 판매하는 일을 하는 것인데 그 사람을 만나면 대화 주제의 80퍼센트가 미술이었다고 한다. 클레(Klee)가 어떻고 화가 누가 어떻고, 미술 얘기만 해서 그 친구도할 수 없이 미술 공부를 열심히 해서 따라갔다. 처음에는 '그 사람이 이상한가?' 싶었는데 아니었다. 클라이언트가 바뀌었는데 누구는 연극 이야기를 주로 하고, 또 누구는 음악을 좋아하고, 모두 예술에 열광하더란다. '왜 그런가?' 궁금해하다가 나중에 아주 잘 통하게 된 사람에게 물어봤다고 한다. '내가 유럽인들하고 업무상 거래를 하는데 왜 당신들은 죄다 예술 얘기만 하냐?' 그랬더니 막 웃으면서 대답해주더란다. "우리는 그런 것 모르고 그런 얘기 할 줄 모르면 사람 취급을 못 받는다. 그거는 그냥 당연히 하는 것이다."

문화적 관심사가 있을 때 인생의 의미를 좀 더 깊이 있게 본질적으로, 내용적으로 따져볼 수 있게 된다. 그러지 못한 환경을 개탄할 수밖에 없다. 그런데 개인적 노력으로 그 환경에서 탈출해서 자기 삶의 예술적 영역, 문화적 영역, 인문적 영역을 가꿔가는 사람이 의외로 많다. 다들 그런 쪽에 한 다리씩 걸치면 참 좋겠고, 걸칠 수 있는 다리로는 음악이 대단히 좋다고 생각한다.

작업 인문학 아는 만큼 꼬신다

| 펴낸날 | 초판 1쇄   2016년 12월 20일 |
| | 초판 6쇄   2017년 2월 23일 |

지은이	김갑수
펴낸이	심만수
펴낸곳	(주)살림출판사
출판등록	1989년 11월 1일 제9-210호

주소	경기도 파주시 광인사길 30
전화	031-955-1350 팩스 031-624-1356
홈페이지	http://www.sallimbooks.com
이메일	book@sallimbooks.com

| ISBN | 978-89-522-3546-6   03000 |

※ 값은 뒤표지에 있습니다.
※ 잘못 만들어진 책은 구입하신 서점에서 바꾸어 드립니다.

이 도서의 국립중앙도서관 출판예정도서목록(CIP)은 서지정보유통지원시스템 홈페이지
(http://seoji.nl.go.kr)와 국가자료종합목록시스템(http://www.nl.go.kr/kolisnet)에서
이용하실 수 있습니다.(CIP제어번호: CIP2016027401)

책임편집·교정교열   선우지운·송경희·이주선